Uma mente em paz

BYRON KATIE
com STEPHEN MITCHELL

INCLUINDO UMA NOVA VERSÃO DO *SUTRA DO DIAMANTE*
POR STEPHEN MITCHELL

Uma mente em paz

Como quatro perguntas podem libertar sua mente, abrir seu coração e mudar seu mundo

Tradução
Edmundo Barreiros

Rio de Janeiro, 2022

Copyright © 2017 by Byron Kathleen Mitchell e Stephen Mitchell.
Todos os direitos reservados.
Copyright da tradução © 2022 por Casa dos Livros Editora LTDA.
Título original: *A Mind at Home With Itself*

Todos os direitos desta publicação são reservados à Casa dos Livros Editora LTDA. Nenhuma parte desta obra pode ser apropriada e estocada em sistema de banco de dados ou processo similar, em qualquer forma ou meio, seja eletrônico, de fotocópia, gravação etc., sem a permissão do detentor do copyright.

Diretora editorial: *Raquel Cozer*

Gerente editorial: *Alice Mello*

Editora: *Lara Berruezo*

Assistência editorial: *Anna Clara Gonçalves e Camila Carneiro*

Revisão: *João Pedroso*

Colaboração: *Rubem Cogo*

Design de capa: *Renata Vidal*

Diagramação: *Abreu's System*

Dados Internacionais de Catalogação na Publicação (CIP)
(Câmara Brasileira do Livro, SP, Brasil)

Katie, Byron
  Uma mente em paz : como quatro perguntas podem libertar sua mente, abrir seu coração e mudar seu mundo / Byron Katie, Stephen Mitchell ; tradução Edmundo Barreiros. – Rio de Janeiro, RJ : HarperCollins Brasil, 2022.

  Título original: A Mind at Home with Itself
  ISBN 978-65-5511-359-4

  1. Autoaceitação (Psicologia) – Aspectos religiosos 2. Autorrealização (Psicologia) – Aspectos religiosos 3. Vida espiritual I. Mitchell, Stephen. II. Título.

22-110256   CDD-158.1

Índices para catálogo sistemático:
1. Autoaceitação : Psicologia aplicada   158.1
Eliete Marques da Silva – Bibliotecária – CRB-8/9380

Os pontos de vista desta obra são de responsabilidade de seu autor, não refletindo necessariamente a posição da HarperCollins Brasil, da HarperCollins Publishers ou de sua equipe editorial.

HarperCollins Brasil é uma marca licenciada à Casa dos Livros Editora LTDA.
Todos os direitos reservados à Casa dos Livros Editora LTDA.
Rua da Quitanda, 86, sala 218 – Centro
Rio de Janeiro, RJ – CEP 20091-005
Tel.: (21) 3175-1030
www.harpercollins.com.br

Para você

SUMÁRIO

Apresentação — *9*
Sobre a investigação — *19*
Sobre o Sutra do Diamante — *21*
Sobre esta versão do Sutra do Diamante — *24*

1 A piada cósmica — *25*
2 Curvando-se a um grão de areia — *35*
3 O momento radiante — *47*
4 Dar é receber — *53*
   O Trabalho em ação: "*Dave não falou comigo*" — *59*
5 Budas do dia a dia — *75*
6 A mente é tudo, a mente é boa — *83*
7 Em paz no comum — *91*
8 Generosidade suprema — *97*
9 O amor retorna por si mesmo — *103*
10 Vivendo em investigação — *111*
11 A dádiva da crítica — *117*
12 Ensinando um gato a latir — *123*
   O Trabalho em ação: "*Minha mãe me agride*" — *131*
13 O mundo além dos nomes — *153*
14 Nada nos pertence — *157*

15	Voltando à paz	*167*
16	Tudo acontece para você, não com você	*171*
17	Vida sem separação	*179*
18	Liberdade é não acreditar em seus pensamentos	*187*
	O Trabalho em ação: "*Sophia não me escuta*"	*191*
19	Riqueza inconcebível	*203*
20	O corpo perfeito	*207*
21	Nada a perder	*213*
22	Recolhendo o lixo	*217*
23	A gratidão não tem porquê	*221*
24	A causa de todo o sofrimento	*231*
	O Trabalho em ação: "*Daniel não cumpre suas promessas*"	*237*
25	Sabedoria igual	*245*
26	Um Buda em casa	*253*
27	O espaço entre pensamentos	*259*
28	"Escove os dentes!"	*265*
29	Sendo transparente	*269*
30	Um mundo completamente bondoso	*275*
	O Trabalho em ação: "*Glenn está bebendo outra vez*"	*279*
31	A verdadeira natureza de tudo	*287*
32	Amando o sonho	*293*

Apêndice: Como fazer O Trabalho — *297*
Informações de contato — *317*
Agradecimentos — *319*

APRESENTAÇÃO

1

Uma mente em paz é um livro sobre generosidade. Como podemos ser generosos não apenas de vez em quando, mas sempre, todos os dias de nossas vidas? Parece um ideal inatingível, mas e se não for? E se a generosidade puder se tornar tão natural quanto respirar? Este livro explica como isso é possível. Tudo o que é preciso é ter uma mente aberta, uma mente disposta a questionar qualquer pensamento estressante que surja em seu interior. Quando entendemos quem realmente somos, por trás de todos os nossos pensamentos confusos, descobrimos a generosidade natural que é nossa por direito.

Byron Katie Mitchell (todo mundo a chama de Katie) fala do fundo da realização. Seu método de autoinvestigação, que ela chama de O Trabalho [The Work, em inglês], é uma espécie de *mindfulness* amplificado. Ao fazermos O Trabalho, não apenas permanecemos cientes de nossos pensamentos estressantes — os que provocam toda raiva, tristeza e frustração no mundo —, mas os questionamos, e, por meio desse questionamento, eles perdem o poder sobre nós.

"Grandes textos espirituais", afirma Katie, "descrevem o *quê* — o que significa ser livre. O Trabalho é o *como*. Ele mostra exatamente como identificar e questionar qualquer pensamento que o afaste dessa liberdade. Dá a você uma entrada direta para a mente desperta." *Uma mente em paz* vai permitir que você veja o mundo através dos olhos de alguém que despertou para a realidade, que perceba o momento radiante, o estado de graça no qual não há separação, em que o coração transborda de amor.

2

Para leitores que não conhecem Byron Katie, eis aqui um pouco de contexto. Em meio a uma vida americana comum — dois casamentos, três filhos, uma carreira de sucesso —, Katie entrou em uma espiral declinante de depressão, agorafobia, autoaversão e desespero suicida que durou dez anos. Ela bebia em excesso, seu marido lhe dava potes de sorvete e comprimidos de codeína que ela engolia como se fossem balas, e ela acabou pesando quase 100 quilos. Ela dormia com um revólver Magnum .357 embaixo da cama. Toda noite rezava para não acordar de manhã, e foi só pela preocupação com os filhos que ela não se matou. Nos últimos dois anos desse tormento, quase nunca conseguia sair de casa; ficava no quarto por dias, sem conseguir tomar banho nem escovar os dentes. ("Para quê?", pensava ela. "Isso tudo não leva a nada.") Finalmente, em fevereiro de 1986, aos 43 anos, ela se internou em uma casa de recuperação para mulheres com transtornos alimentares — a única que o plano de saúde cobria. Os residentes ficaram com tanto medo dela que a puseram em um quarto no sótão e colocavam armadilhas na escada à noite; eles achavam que ela podia descer e fazer algo terrível com eles.

Certa manhã, após aproximadamente uma semana na casa de recuperação, Katie teve uma experiência que mudou sua vida. Enquanto estava deitada no chão (não se sentia digna o suficiente para dormir em uma cama), uma barata subiu por seu tornozelo e seu pé. Ela abriu os olhos, e toda a depressão, o medo e todos os pensamentos que a estavam atormentando haviam desaparecido. "Deitada lá no chão", disse ela, "entendi que quando estava dormindo, antes da barata ou do pé, antes de qualquer pensamento, antes de qualquer mundo, não havia — não há — nada. Nesse instante, nasceram as quatro perguntas d'O Trabalho." Ela se sentiu intoxicada de alegria. A alegria durou horas, depois dias, depois meses e anos.

Quando voltou para casa, os filhos, que viviam com medo de seus surtos, mal conseguiram reconhecê-la. Seus olhos tinham mudado.

"O azul tinha ficado muito límpido, muito bonito", disse sua filha, Roxann. "Quem olhasse neles, veria que ela era inocente como um bebê. Ela passava o dia inteiro feliz, todos os dias, e parecia estar repleta de amor."

Katie passava a maior parte do tempo em silêncio, sentada por horas junto à janela ou do lado de fora, no deserto. Seu filho mais novo, Ross, disse: "Antes da mudança, eu não conseguia olhar em seus olhos; depois, eu não conseguia parar de olhar neles".

Katie levou anos para aprender a falar sobre seu estado de ser. Ela não tinha nenhum contexto externo para sua nova percepção; nunca tinha lido livros de espiritualidade e nem ouvido falar de práticas espirituais. Tinha apenas a própria experiência para guiá-la, e tudo de que precisava era a investigação que vivia em seu interior.

O renascimento de Katie foi mais radical que o tipo de experiência de conversão que William James documenta em *As variedades da experiência religiosa* — tão radical, na verdade, que ela teve que reaprender (ou, de seu ponto de vista, aprender) tudo sobre ser humana: como funcionar no tempo e no espaço, como desmembrar a realidade em substantivos e verbos para poder se comunicar com as pessoas, como fingir que o passado e o futuro eram reais. E o efeito disso foi exatamente o contrário da experiência habitual de conversão no sentido de não resultar na aceitação de uma crença religiosa. Sua clareza não permitia e não podia permitir nem uma crença. Essa clareza se mantinha viva através de conceitos religiosos junto a todos os outros pensamentos. Depois de despertar, ela continuou a sentir — a *ser* — a presença ininterrupta do amor como a qual havia despertado. "Sentia que se falasse da minha alegria", dizia ela, "explodiria o teto da casa de recuperação, do planeta inteiro. Eu ainda me sinto assim."

Durante aquele primeiro ano, em meio à sua grande alegria, crenças e conceitos continuaram a surgir em sua mente. A forma como ela lidava com eles era por meio da investigação. Ela frequentemente ia sozinha para o deserto, que começava a apenas algumas quadras de sua casa em Barstow, Califórnia, para investigar esses pensamentos.

Sempre que uma crença aparecia em minha mente, a maior sendo "minha mãe não me ama", ela explodia no corpo como uma bomba atômica. Eu percebia tremores, contrações e a aparente aniquilação da paz. A crença também podia ser acompanhada de lágrimas e rigidez do corpo. Para quem visse de fora, eu podia muito bem parecer tomada dos pés à cabeça por problemas e tristeza. Mas de fato eu sempre continuava a experienciar a mesma clareza, paz e alegria que haviam surgido quando acordei no chão na casa de recuperação, sem "eu", sem mundo, e com riso simplesmente jorrando da minha boca. A crença que havia surgido sempre despencava e se dissolvia à luz da verdade. O que abalava o corpo era o que restava da crença, que aparecia como uma sensação desconfortável. A partir desse desconforto, eu automaticamente sabia que a história não era verdade. Nada era verdade. A consciência disso foi experienciada como humor glorioso — uma alegria gloriosa e arrebatadora.

A investigação continuou por aproximadamente um ano, até que todas as crenças e os conceitos foram consumidos. O método foi testado no laboratório de sua experiência, com um padrão de sanidade mais rígido que até o cientista da mente mais meticuloso poderia conceber. Qualquer pensamento ou evento mental que tivesse a tendência de tirá-la do equilíbrio, qualquer coisa que provocasse nela uma reação que resultasse na diminuição de sua paz e alegria, era submetido à investigação meticulosa, até o pensamento ser abraçado pelo entendimento.

"Sou alguém que quer apenas o que é", afirma Katie. "Ir ao encontro de cada novo conceito como um amigo se revelou ser minha liberdade. É aí que O Trabalho começa e termina: em mim. O Trabalho revela que é possível amar tudo, exatamente como é. E mostra como fazer isso." Ao fim desse processo, durante o segundo ano após seu despertar, restava apenas a clareza.

Logo após o retorno de Katie da casa de recuperação, espalhou-se por Barstow a notícia de uma "mulher radiante", e algumas pessoas se sentiram magneticamente atraídas por ela e sua liberdade. À medida que mais pessoas a procuravam, ela se convenceu de que o que precisavam — se é que precisavam de alguma coisa — não era da presença física dela, mas de um jeito para descobrir por si mesmos o que ela havia compreendido. O Trabalho é a personificação do questionamento sem palavras que havia despertado dentro dela. Ela o havia vivido e testado. Agora ela o formulava, como se fosse em câmera lenta, para ser usado por outras pessoas. Ao longo dos últimos trinta anos, ele ajudou milhões de pessoas ao redor do mundo a começarem a se libertar do estresse, da frustração, da raiva e da tristeza.

3

Uma mente em paz é estruturado em torno do *Sutra do Diamante*, um dos maiores textos espirituais do mundo. O sutra é uma meditação sobre desprender-se de si, que, em seu significado comum, é quase um sinônimo de *generoso*. No sentido literal em inglês, porém, é sem *self*, ou seja, sem eu, o que significa tanto "não ter um eu" quanto "perceber que não há algo como o eu". Você pode achar que esse significado é um conceito espiritual, já que tentar se livrar de seu eu pode parecer tão impossível quanto se afastar de sua sombra. Mas, depois de praticar a investigação ou a meditação por algum tempo, você poderá ver que, de fato, o conceito discutido aqui é o "eu", em vez de "não ter um eu". Por mais que você tente, é impossível encontrar qualquer coisa na realidade que corresponda a esse conceito. Para a mente límpida, não há eu nem outro, como afirma o sutra, e quando você entende essa verdade, o egoísmo se reduz radicalmente. Quanto mais seu senso de eu se dissolve à luz da consciência, mais generoso você se torna naturalmente. Em todas as suas variações, essa é a verdade central para a qual o sutra tenta nos despertar.

4

Um de meus trabalhos como coautor deste livro foi encontrar um equilíbrio entre a experiência da Katie e o que é inteligível para o público em geral. O processo terminou em relativo fracasso, embora "fracasso" seja um conceito alheio a ela. "O *Sutra do Diamante*", ela me escreveu por e-mail do sofá a um metro de distância da minha poltrona, "clama por uma consciência além de qualquer coisa que possa ser articulada. O sutra sabe que a maneira mais simples de apresentar a verdade é negar qualquer coisa que possa ser dita. O que é preciso e generoso. Eu falo ou escrevo meus comentários, e você dá forma a eles e os organiza, e os leva ao mais próximo possível da minha experiência vivida, e ainda assim as palavras são mentiras. Você tem um trabalho difícil, querido. Eu sou a onda que você está tentando controlar."

Gostei do trabalho de domador de onda. Onde não tive sucesso nestas páginas, as palavras de Katie parecem se levar a sério. Onde tive sucesso, elas soam como Katie soa em pessoa: clara, amorosa, engraçada, generosa, moderna e alarmantemente útil.

Incluí algumas histórias do primeiro ano de Katie após sua experiência do despertar para a realidade. Isso tem a desvantagem de apontar para o que Katie chama de "a mulher", a pessoa Byron Katie, o que não é algo que ela veja razão para fazer; por isso tive que extrair as histórias dela por meio da sinceridade do meu fascínio. Mas incluí-las aqui tem a vantagem de tornar as verdades do *Sutra do Diamante* mais vívidas e pessoais. As histórias podem ser perturbadoras, e até mesmo assustadoras, para alguns leitores; elas podem fazer com que pareça que a experiência de Katie foi uma espécie de surto mental e, portanto, dispensável. Mas, por mais loucas que algumas delas pareçam, em essência são sobre uma mulher se tranquilizando, por meio de um processo de tentativa e erro extático, até a sanidade profunda e equilibrada.

Há muito pouco escrito sobre a experiência de uma autoconscientização profunda partindo de quem a experienciou. Temos apenas esboços e frases dos mestres antigos: "Quando ele viu a florada de pêssegos", diz o antigo relato; ou "Quando a porta bateu sobre sua perna e a quebrou"; "Ele de repente acordou". Nada é dito sobre como o mundo desmoronou e se transformou para o investigador atônito. E não há quase nada sobre os resultados posteriores dessas experiências. Além disso, despertar sem nenhuma preparação é muito raro; há apenas um exemplo que conheço no século XX que se compara em profundidade com o de Katie: o do sábio indiano Ramana Maharshi. Ramana descreveu as consequências de seu despertar com detalhes, mas como ele era o equivalente a um monge e vivia em uma cultura na qual esse tipo de experiência é reconhecida e reverenciada, não teve problemas com a integração. Algumas pessoas iam alimentá-lo e vesti-lo; fora isso, deixavam-no sozinho, em um estado de *samadhi* (concentração profunda). Ele ficava lá na montanha. Não tinha que voltar para uma família, dirigir um carro nem fazer compras de supermercado. ("Nem eu tinha", diz Katie.)

O despertar habitual que acontece por meio da prática profunda de meditação é muito mais irregular: um clarão de um insight que dá a você grande encorajamento e limpa sua vida em certa medida, e depois disso, uma caminhada muito arrastada à medida que o insight se assenta e o transforma. "Não é que não sou alegre", disse o futuro mestre zen Tung-shan para seu professor depois que seu olho interior se abriu. "Mas é como se eu tivesse coletado uma pérola em uma pilha de bosta." Mais tarde, pode haver outro insight ou insights, e mais clareza, e mais arrastar-se através de detritos cármicos. Essas são experiências extraordinárias, e cada insight é uma pérola valiosíssima, pela qual você venderia de bom grado tudo o que possui. Mas eles não são tão incomuns. O que acontece, então, quando há uma ruptura total? Vamos ver isso com as histórias de Katie.

Um dos benefícios do comentário de Katie é que ele desmistifica o termo *iluminação*. Por que o *Sutra do Diamante* diz que a iluminação não existe? Por que o mestre zen Huang-po disse: "Iluminação é a conscientização de que iluminação não existe"? Através das palavras esclarecedoras de Katie, nós podemos descobrir. Segundo ela:

> Iluminação explicada da maneira mais simples significa um jeito mais despreocupado de experienciar o mundo aparente. Se você acredita que o mundo é mau, por exemplo, e depois descobre por meio de investigação que ele na verdade é bom, você mesmo se torna mais bondoso, mais livre, menos deprimido, menos temeroso. Gosto de usar a palavra *iluminação* não para um estado exaltado da mente, mas para

a experiência muito praticável e realista de entender um pensamento estressante. Por exemplo, eu acreditava no pensamento "minha mãe não me ama". Depois de questioná-lo, perceber que não era verdade, rastrear os efeitos de acreditar nele (os efeitos que a crença tinha em minhas emoções e ações), ver quem eu seria sem esse pensamento, invertê-lo e encontrar exemplos vivos de como cada uma das inversões era verdade, fui iluminada em relação a esse pensamento, e ele nunca mais me incomodou. É muito importante entender isso. As pessoas acham que a iluminação deve ser algum tipo de experiência mística e transcendental. Mas não é. Ela está tão próxima de você quanto seu próprio pensamento mais perturbador. Quando você acredita em um pensamento que discorda da realidade, você fica confuso. Quando questiona esse pensamento e vê que ele não é verdade, você fica iluminado em relação a ele, fica livre dele. Nesse momento, está tão livre quanto o Buda. Então surge o próximo pensamento estressante, e você acredita nele ou o questiona. É sua próxima oportunidade para se iluminar. A vida é simples assim.

As histórias falam de uma pessoa despreparada para sua experiência de despertar para a realidade. Ela não desejava isso, não tinha praticado para isso, nem sabia o que era. Ela não tinha como rotular o que aconteceu, nem qualquer outra pessoa ao seu redor. Tudo o que ela sabia era que sua vida tinha mudado radicalmente. Uma mulher paranoica, agorafóbica e suicida tinha se tornado instantaneamente alegre e serena, e tinha ganhado um método capaz de mantê-la enraizada nesse estado sem sequer voltar ao mundo de ilusão. "Descobri que quando acreditava em meus pensamentos, eu sofria", disse Katie, "mas quando não acreditava neles, eu não sofria, e isso é verdade para todos os seres humanos. A liberdade é simples assim. Descobri que o sofrimento é opcional. Descobri uma alegria dentro de mim que nunca desapareceu, nem por um momento. Essa alegria está em todo mundo. Sempre."

Ela não tinha lembranças da sua vida de antes, e se inseriu na história de sua família com um destemor que deixaria as pessoas perplexas. Seu marido e seus filhos de repente apareceram na casa de recuperação, do nada. "Esse estranho grandão é meu marido? Esses três jovens, que nunca vi antes, são meus filhos? Tudo bem." A lousa tinha sido apagada. Não havia professor nem tradição para ajudá-la ou dar a ela uma referência para o que tinha acontecido. Ela teve que descobrir tudo por conta própria. Não sabia quais eram nossas normas sociais. Então quando via um estranho na rua, ia até ele e olhava fixamente em seus olhos, intoxicada de amor, ou entrava na casa de alguém porque sabia que tudo lhe pertencia, ela não fazia ideia de que as pessoas iam considerá-la louca. Nunca houve qualquer recuo após a experiência inicial. Mas houve um processo gradual de ajuste. Ela aprendeu a controlar seu ardor. Aprendeu a dizer "eu" e "você", "mesa" e "cadeira", embora soubesse que as palavras eram mentiras.

Essas histórias também nos mostram como são radicais os insights do *Sutra do Diamante*. Quando o autor do sutra diz que não existe eu e não existe outro, ele não está brincando. Ele não quer dizer simplesmente que todas as coisas estão interconectadas. Ele quer dizer que literalmente não existe uma entidade como um eu — que o "eu" não passa de uma construção mental, assim como a aparente realidade de qualquer coisa externa a nós (ou interna, na verdade). As histórias de Katie mostram como deve ser a aparência e a sensação de alguém que compreende essa verdade no âmago de seu ser. Por mais selvagem que a forma da consciência possa parecer do exterior, internamente ela se movimenta em perfeita harmonia. O barco desce o rio gentilmente, alegre, alegre, alegre, alegre — sem um sonhador, apenas o sonho. (E nem mesmo isso.)

Stephen Mitchell

Sobre a investigação

Nos capítulos seguintes, quando Katie usa a palavra *investigação*, ela quer dizer especificamente O Trabalho. O Trabalho consiste em quatro perguntas e no que ela chama de inversão, que é um jeito de experienciar o oposto daquilo em que você acredita. As perguntas são:

1. Isso é verdade?
2. Você pode saber com certeza absoluta que isso é verdade?
3. Como você reage, o que acontece, quando você acredita nesse pensamento?
4. Quem você seria sem esse pensamento?

Na primeira vez em que você se depara com elas, essas perguntas podem parecer meramente intelectuais. O único jeito de realmente entender como funcionam é usá-las você mesmo. Mas testemunhar seu uso por outras pessoas pode lhe proporcionar um vislumbre, até uma experiência, de seu poder, e você pode encontrar muitos vídeos de Katie fazendo O Trabalho com outros em seu site, www.thework.com. Quando as perguntas são respondidas com honestidade, ganham vida; refletem verdades que não conseguimos ver quando olhamos para dentro. (Há instruções sobre como fazer O Trabalho no Apêndice, e mais instruções detalhadas no site e no livro *Ame a realidade*.)

O Trabalho já foi chamado de autoajuda, mas é muito mais que isso: é autorrealização. Ao questionarmos um pensamento estressante, vemos por conta própria que não é verdade; conseguimos ver sua causa e seu efeito e observar com riqueza de detalhes exatamente que tipos de dor e confusão resultam de acreditar nele; aí captamos um vislumbre do espelho vazio, o mundo além de nossa história do mundo, e vemos como seria nossa vida sem o pensamento. Por fim, conseguimos experienciar o oposto daquilo em que tanto acreditávamos e encontrar exemplos de como esses opostos são verdade. Quando questionamos profundamente um pensamento, ele perde o poder de nos fazer sofrer, e no fim deixa até mesmo de surgir. "Eu não deixo meus pensamentos irem", diz Katie. "Eu vou ao encontro deles com entendimento. Aí *eles me* deixam ir."

S.M.

Sobre o Sutra do Diamante

> "... *o ouvinte, que escuta na neve,*
> *E, sendo ele mesmo nada, não contempla*
> *Nada que não está ali e o nada que é.*"
>
> Wallace Stevens, "The Snow Man"

O título do sutra em sânscrito é *Vajracchedika Prajñaparamita Sutra*, que significa "A escritura de sabedoria transcendental do cortador de diamante" ("Cortador de diamante" porque é uma escritura de sabedoria tão comprimida e adamantina que corta por meio da dúvida da mesma forma que um diamante corta vidro). Estudiosos consideram que ele foi escrito por volta de 350 EC, embora, segundo a convenção habitual nas escrituras Mahayana, ele tenha a forma de um diálogo com o Buda histórico, cujas datas tradicionais são 563-483 AEC. Depois de ter sido traduzido para o chinês em 401 EC, ele se espalhou pela Ásia Oriental e se tornou popular em muitas escolas do budismo, especialmente o Zen. Uma cópia chinesa do sutra gravada por meio de blocos de madeira, que atualmente se encontra no Museu Britânico, é o livro impresso mais antigo do mundo, antecedendo em 586 anos a Bíblia de Gutenberg.

Embora o sutra seja um diálogo, ele não é um texto literário, e não tem o charme dos *Diálogos de Platão*, por exemplo. É muito repetitivo. Mas quando uma afirmação merece ser feita, ela merece ser repetida. A intenção do autor não é nos impressionar nem divertir; ele não está tentando ser interessante ou espirituoso. Ele quer nos despertar para a realidade, e caso não tenhamos entendido algo na primeira vez, repete uma segunda ou uma terceira ou uma quarta vez.

O sutra era famoso nos círculos Zen especialmente por causa de Hui-neng, o sexto patriarca do Zen, que quando rapaz era um lenhador analfabeto. Segundo a história, um dia, parado diante de uma loja onde tinha acabado de entregar uma pilha de lenha, ele ouviu um monge recitar o sutra. Com as palavras "desenvolva uma mente que não resida em lugar nenhum", a mente de Hui-neng se abriu. Depois de se tornar um mestre Zen, ele, ou uma versão fictícia sua, louvou o *Sutra do Diamante* nos termos mais elogiosos: "O Buda fez este discurso especialmente para estudantes muito inteligentes. Ele permitirá que você perceba a essência da mente. Quando você perceber que a sabedoria é inerente à sua própria mente, você não precisará depender da autoridade de nenhuma escritura, já que poderá utilizar a própria sabedoria por meio da prática constante da meditação".

É um texto radical, subversivo e que solapa constantemente as próprias afirmações, nunca permitindo que o leitor fique confortável com qualquer conceito espiritual, até mesmo um tão refinado quanto o "não-eu". Como investigação, ele continua nos indicando a mente que não reside em lugar nenhum.

Há outra história famosa sobre o *Sutra do Diamante*:

> Te-shan, um estudioso sábio do *Sutra do Diamante*, soube que havia uma doutrina irreverente chamada Zen, que ensinava que havia "uma transmissão especial fora dos sutras". Cheio de indignação, ele viajou para o sul para exterminar a heresia. Quando chegou à estrada que levava a Li-chou, parou para comprar um lanche com uma idosa que vendia bolinhos em uma barraca na beira da estrada. A mulher perguntou: "Vossa reverência, o que são todos esses livros que está levando em seu carrinho?". Te-shan respondeu: "Minhas anotações e comentários sobre o *Sutra do Diamante*". A mulher disse: "Soube que o *Sutra do Diamante* diz: 'A mente passada é inalcançável, a mente futura é inalcançável, e a mente presente é inalcançável'. Qual mente quer comer o lanche?". Te-shan ficou pasmo e não conseguiu respon-

der. Depois de alguns momentos, ele perguntou: "Há algum mestre Zen aqui perto?". A idosa disse: "O mestre Lung-t'an mora a menos de um quilômetro daqui".

Te-shan foi até o templo de Lung-t'an e lhe fez perguntas noite adentro. Quando ficou tarde, Lung-t'an disse: "É melhor você ir para a cama". Te-shan curvou-se para o mestre e ergueu as persianas para ir embora, mas estava escuro como breu. "Está escuro lá fora", disse ele. Lung-t'an acendeu uma vela e a entregou a ele. Quando Te-shan estava prestes a pegá-la, Lung-t'an a apagou. Com isso, Te-shan teve um despertar súbito.

No dia seguinte, ele levou suas anotações e comentários sobre o *Sutra do Diamante* diante do Salão Dharma e acendeu uma tocha, dizendo: "Apesar de ter dominado os ensinamentos mais profundos, é como colocar um único fio de cabelo na vastidão do espaço. Embora você tenha aprendido todas as verdades do mundo, é como deixar uma gota de água cair em uma ravina profunda". Então ele ateou fogo a seus escritos, fez uma reverência para Lung-t'an e foi embora.

Em *Uma mente em paz*, Katie funciona tanto como a idosa que faz a pergunta fundamental quanto como o mestre Zen que apaga a vela — a pequena chama que tenta iluminar a escuridão envolvente. Se você acha que compreendeu alguma verdade com este livro, ficará feliz, mais tarde, ao descobrir que o sopro por trás das palavras de Katie as apagou como as velas em um bolo de aniversário. "Não acredite em nada que eu digo", diz com frequência. "Teste tudo você mesmo. O importante é descobrir o que é verdade para *você*, não para mim."

S.M.

Sobre esta versão do *Sutra do Diamante*

Eu não leio sânscrito, e a versão em inglês deste livro não é uma tradução; é uma adaptação interpretativa. Ao prepará-la, me aprofundei nas traduções existentes em inglês, especialmente nas de Edward Conze, Thich Nhat Hanh, Bill Porter (Red Pine), A.F. Price e Mu Soeng.

Muitos leitores contemporâneos acham o *Sutra do Diamante* impenetrável. (Um amigo, um buscador sincero, tentou lê-lo em quatro ocasiões, em quatro traduções diferentes, mas nunca conseguiu passar da primeira meia dúzia de capítulos.) Por essa razão, achei que valeria a pena basear o diálogo em linguagem simples e não técnica, despi-lo de todos os elementos esotéricos e trazê-lo à vida, de modo que todos possam se beneficiar de sua sabedoria. O texto original é ainda mais repetitivo, então cortei um pouco de seu fraseado elaborado. Além disso, sempre que possível, alterei a ênfase do metafísico para o aqui e o agora. Minha intenção foi, acima de tudo, criar um texto que permita a entrada do brilho da luz clara da mente búdica.

S.M.

1

A PIADA CÓSMICA

Assim eu ouvi: o Buda estava em Shravasti no jardim de Anathapindka no Bosque Jeta com uma comunidade de 1.250 monges. No início da manhã, quando chegava a hora de comer, ele vestia sua túnica, pegava sua tigela e ia para a cidade pedir comida de casa em casa. Quando terminava, voltava para o jardim e fazia sua refeição. Então guardava sua túnica e sua tigela, lavava os pés e se sentava.

———

Fui criada numa cidadezinha no deserto ao sul da Califórnia onde as pessoas acham que o Buda é o sujeito gordo e feliz cuja estátua vemos em restaurantes chineses. Só quando conheci Stephen, meu marido, foi que aprendi que o sujeito gordo é Pu-tai, o deus chinês da prosperidade. O Buda é o magro, disse-me ele, o que tem um sorriso sereno no rosto. Eu respeito a explicação de Stephen, mas para mim o sujeito barrigudo também é o Buda. É ele que entende a piada. A piada de que é tudo um sonho — toda a vida, tudo. Nada nunca é; nada nunca pode ser, já que no instante em que parece ser, desaparece. Isso é realmente muito engraçado. Qualquer um que entenda a piada tem o direito de rir, dar aquela gargalhada maravilhosa que toma o corpo inteiro e faz a pança balançar.

Eis aqui outra maneira de dizer isso. Para mim, a palavra *Buda* significa generosidade pura: generosidade meticulosa e alegre, sem esquerda ou direita, nem em cima ou embaixo, ou possível ou impossível — a generosidade que flui naturalmente de você quando está desperto para o que é real. Generosidade é o que resta de você depois que percebe que não existe algo como um eu. Não há nada a saber, e ninguém para saber isso. Então como é que eu sei disso? Que divertido!

O *Sutra do Diamante* começa com o simples ato de mendigar. Fiquei comovida quando soube que o Buda mendigava por comida. Já que entendia como o universo funciona, ele sabia que sempre iam cuidar dele, e não se via na posição de um ser altivo e transcendente, ou mesmo um mestre espiritual. Ele se recusava a ser tratado como alguém especial, alguém a quem seus alunos deviam servir. Aos seus próprios olhos, ele era um simples monge, e era seu trabalho sair toda manhã pedindo comida. Uma refeição por dia era tudo o que era necessário. Ele era sábio o bastante para ir a qualquer casa e parar na porta da frente sem se perguntar se a família iria alimentá-lo. Ele entendia que o universo é sempre amigo — entendia isso tão bem que podia estender uma tigela em silêncio para qualquer chefe de família e esperar calmamente por um sim ou um não. Se o chefe de família dissesse não, o não era recebido com gratidão, porque o Buda entendia que o privilégio de alimentá-lo pertencia a outra pessoa. A comida não era o importante. Ele não precisava dela. Não precisava se manter vivo. Estava apenas dando às pessoas uma oportunidade de serem generosas.

Stephen também me disse que a palavra *monge* significa alguém que está sozinho. Eu adoro essa definição porque, na verdade, *estamos* todos sozinhos. Cada um de nós é o único que existe. Não há outro! Então para mim *monge* não descreve alguém que entrou para um mosteiro. É uma descrição honesta de todo mundo — de mim e também de você. Em minha mente, um verdadeiro monge é alguém que entende que não há nenhum eu para proteger ou defender. É alguém que sabe que não tem uma casa específica, por isso está em casa em todo lugar.

Quando despertei para a realidade em 1986, percebi que todo meu sofrimento vinha de discutir com o que é. Eu tinha passado muitos anos profundamente deprimida e culpava o mundo por todos os meus problemas. Agora eu via que minha depressão não tinha nada a ver com o mundo ao meu redor; ela era causada pelo que eu *acreditava* sobre o mundo. Percebi que, quando acreditava em meus pensamentos, eu sofria, mas quando não acreditava neles, eu não sofria, e isso é verdade para todos os seres humanos. A liberdade é simples assim.

Quando abri os olhos naquela manhã, eu não tinha mais uma casa, uma família ou um eu. Nada disso era real. Eu não sabia nada, embora tivesse o arquivo de memória de Katie e pudesse usar a história dela como ponto de referência. As pessoas me diziam: "Isso é uma mesa", "Isso é uma árvore", "Esse é seu marido", "Esses são seus filhos", "Essa é sua casa", "Esta é minha casa". Elas também me diziam: "Você não é dona de todas as casas" (o que, para mim, era um absurdo). No início, alguém tinha que escrever o nome, o endereço e o telefone de Katie em um pedaço de papel, e eu o guardava no bolso dela (meu). Eu percebia pontos de referência e os guardava em minha mente para marcar o caminho, de modo que conseguisse voltar para o que as pessoas chamavam de minha casa. Tudo era tão novo que não era fácil para mim encontrar o caminho de volta, mesmo a apenas cinco quadras de distância na cidade pequena onde eu tinha crescido, então às vezes Paul, o homem que diziam ser meu marido, ou um de meus filhos andava comigo.

Eu estava em êxtase contínuo. Não havia "meu" ou "seu". Não havia nada a que eu pudesse me apegar, porque eu não tinha nome para nada. Frequentemente, quando estava perdida, eu abordava pessoas e dizia: "Você sabe onde ela mora?". (Naqueles primeiros dias, era impossível para mim dizer "eu". Isso parecia fora da minha integridade; era uma mentira que eu não conseguia me fazer dizer.) Todo mundo era infalivelmente simpático. As pessoas reconhecem inocência. Se alguém deixa um bebê na calçada, as pessoas vão pegá-lo, cuidar dele e tentar encontrar sua casa. Eu entrava em qualquer casa, entendendo que ela era minha. Eu simplesmente abria a porta e entrava. Sempre ficava chocada por não perceberem que todos somos donos de tudo. Mas as pessoas eram muito gentis comigo; elas sorriam e não se ofendiam. Às vezes riam, como se eu tivesse dito algo engraçado. Algumas delas diziam: "Não, esta é a *nossa* casa". Então me pegavam pela mão e me conduziam até a porta.

Toda manhã, assim que eu acordava, levantava da cama, me vestia e saía para andar pelas ruas. Eu era fortemente atraída na direção de seres humanos. Aquilo era muito estranho, considerando que fazia muito pouco tempo "eu" era paranoica e agorafóbica e odiava pessoas tanto quanto eu me odiava.

Às vezes, eu me aproximava de um estranho, sabendo que ele (ou ela) era eu mesma, apenas eu novamente, e eu passava os braços ao redor dele ou segurava sua mão. Parecia muito natural para mim. Quando eu via medo ou desconforto nos olhos das pessoas, eu me afastava. Se não, eu conversava com elas. Nas primeiras vezes, apenas dizia às pessoas o que via: "Há apenas um! Há apenas um!". Mas imediatamente percebi o desequilíbrio naquilo. Parecia que eu estava me impondo às pessoas. As palavras não pareciam naturais e não podiam ser ouvidas. Algumas pessoas pareciam gostar do que viam em mim e riam e se sentiam seguras com aquilo; elas não pareciam se importar que o que eu dizia não fazia sentido. Mas outras olhavam para mim como se eu estivesse louca. Também percebi que não era confortável não dizer toda a verdade. Então eu dizia: "Não há nada! Não há nada!", e formava um zero com os dedos. Mas quando eu dizia isso, tinha a mesma sensação de quando dizia às pessoas que havia apenas um. Então parei. Isso se revelou uma bondade.

A verdade é que não existe nada, até o "Não há nada" é a história de alguma coisa. A realidade existe antes disso. Eu existo antes disso, antes de nada. É indizível. Mesmo dizê-la é se afastar dela. Rapidamente percebi que nada do que eu entendia podia ser posto em palavras. E mesmo assim elas pareciam muito simples e óbvias para mim. Soavam assim: *O tempo e o espaço* não existem. Não-saber é tudo. Há apenas amor. Mas essas verdades não podiam ser ouvidas.

Passei meses andando pelas ruas de Barstow, onde eu morava. Eu vivia em um estado de arrebatamento contínuo, tão intoxicada de alegria que me sentia uma lâmpada ambulante. Às vezes ouvia as pessoas me chamando de "a mulher radiante". Eu sentia que isso me separava das outras pessoas. Com o tempo, embora o brilho continuasse (e continue até hoje), ele foi para o interior, e eu comecei a parecer mais comum. Até eu ficar comum e equilibrada, não fui de muito valor para as pessoas.

Stephen me diz que artistas frequentemente imaginam o Buda com um halo em torno da cabeça. Mas qualquer luz vinda dele ou de outros como ele é um brilho interior. É o brilho que vem de estar completamente confortável no mundo, porque você entende que o mundo nasce de sua própria mente. O Buda viu através de todos os pensamentos que podiam bloquear a experiência da gratidão. Quando ele sai para mendigar, experiencia um receber tão profundo que é em si uma dádiva. É o alimento além do alimento. Ele volta para o Bosque Jeta, se senta com o que recebeu e come sua refeição, em seguida lava a tigela que comporta todas as possibilidades, lava os pés e se senta em silêncio, pronto, sem saber se vai falar ou não, se as pessoas vão ouvir ou não, sereno, grato, sem nenhum indício de um mundo antes daquele momento ou depois dele: sentado como o alimentado, o sustentado, o que é nutrido além do que qualquer alimento pode fornecer. E ali, sentado em silêncio, a mente fica prestes a questionar a si mesma por meio do outro e ir ao encontro de si com entendimento, sem passado ou futuro, contida no eu que não tem nome, o eu que não pode existir, o não-eu radiante.

Você diz que a vida é um sonho. O que motiva você a ser boa com as outras pessoas se elas são apenas personagens em seu sonho?

Eu amo tudo o que penso, por isso amo todo mundo que vejo. É apenas natural. Eu amo os personagens do meu sonho. Eles só estão ali como meu próprio eu. Como a sonhadora, é meu trabalho notar o que no sonho me machuca e o que não, e a falta de bondade sempre machuca. Nisso eu escuto a voz do Buda, o antídoto, a bênção, a porta e a consciência infalível no interior.

Você diz que, depois de despertar, as pessoas tiveram que dizer a você "Esse é seu marido" e "Esses são seus filhos", porque você não tinha nenhuma lembrança deles. As lembranças voltaram depois?

Eu me vi casada com Paul do nada. A mulher que se casou com ele em 1979 tinha morrido, e algo diferente estava vivendo aqui. Eu nem o reconhecia; eu literalmente não sabia quem ele era. A mulher na casa de recuperação trouxe aquele homem grandão e disse: "Este é seu marido". Ele era um estranho completo para mim. Olhei para ele e disse para mim mesma: "Isso também, meu Deus? Esse é meu marido? Tudo bem". Eu estava completamente entregue ao que era, casada com o que era, eu era o que era. Então pode-se dizer que o que quer que tivesse emergido como Katie no corpo dela naquela manhã nunca tinha sido casada com ninguém. E quando eles me disseram que meus filhos estavam chegando, eu esperei por bebês. Não fazia ideia de que "meus" filhos estivessem na adolescência ou já na casa dos vinte. Achei que iriam trazer crianças de 2 ou 3 anos. Quando entraram, olhei e deixei o sonho se desenrolar. Eu não os reconheci, da mesma forma que não reconheci mais ninguém. Mas não sabia por que não deveria aceitar que eles eram "meus". Simplesmente vivi a história. O amor obedece. Ele vai se encontrar em qualquer forma, incondicionalmente.

Eu sempre deixava que as pessoas definissem sua relação comigo — quem eles achavam que eram, quem achavam que eu era. A lembrança de Paul e das crianças nunca voltou. Não foi necessário. Eles traziam suas histórias para mim, e eu via quatro mulheres diferentes todas juntas em um "eu". Na época, havia uma espécie de eco, uma sombra de lembrança, à medida que eles começavam a me definir. Eu conhecia todos eles, era como uma essência, como uma música que estava muito ao fundo e não podia ser alcançada. Eles preencheram a história. Eles *amavam* suas histórias sobre mim. Diziam: "Lembra daquela vez quando...? Lembra quando nós..., e você disse isso e eu fiz aquilo?", e tudo começava a se completar, embora nunca tivesse acontecido de verdade. Eu passei a habitar suas histórias, e isso estava bom para mim.

Durante os primeiros sete meses, as pessoas continuaram a me definir. O que restou da pessoa que chamamos de Katie era estranho para mim, e mesmo assim eu tinha seus traços, suas lembranças — pelo menos algumas delas. Era como se eu tivesse sua impressão digital, e soubesse que não era minha. Tudo aquilo era a história dela. Eu era apenas o eu se autorrealizando — ou mais precisamente, o "eu" se dando conta de seu não-eu.

Depois de sua experiência, você disse não ter noção de "meu" ou "seu". Como isso é diferente da noção que um bebê tem do mundo? Se tornar adulto não é uma questão de desenvolver limites e diferenciações adequadas entre "meu" e "seu"?

Sem a noção de uma identidade me aprisionando, eu acordava em uma cama, e estava tudo bem, já que as coisas eram daquela forma. Havia outro ser humano deitado ao meu lado, e tudo bem. Eu tinha pernas, aparentemente, e elas me levavam porta afora, e tudo bem. Aprendi os costumes desta época e deste lugar com minha filha de 16 anos, Roxann. Eu calçava uma meia azul e uma meia vermelha, e Roxann ria de mim. Eu saía pela porta da frente de pijama, e ela corria atrás de mim e me puxava de volta. *Ah, está bem*, pensava eu, *nada de pijama em público. Não fazemos isso aqui.* Ela me pegava pela mão (era muito paciente) e me conduzia por tudo aquilo. Ela explicava tudo para mim, repetidas vezes. Como ela podia saber, por trás de minhas lágrimas, que eu estava tendo um caso amoroso e feliz com a vida? Para que me importar com nomes? Em um mercado, por exemplo, ela pacientemente parava e dizia: "Isso é uma lata de sopa. Isso é ketchup". Ela me ensinava, como uma mãe ensina um filho pequeno.

Então, de certa forma, eu era um bebê. Mas, por outro lado, eu era muito prática, muito eficiente. Eu podia ver onde as pessoas estavam presas em seus pensamentos estressantes, podia mostrar a elas como questionar esses pensamentos e investigar sua infelicidade, se fosse isso o que quisessem e suas mentes estivessem abertas à investigação. Minha comunicação era um pouco confusa no começo. Eu aprendi a ser mais clara.

Às vezes digo que qualquer fronteira é um ato de egoísmo. Você não precisa de nenhuma fronteira quando tem clareza — sobre os sins e os nãos, por exemplo. Nos primeiros dias, alguns homens quiseram fazer sexo comigo; eles tinham certeza que se dormissem comigo seriam iluminados. Embora eu amasse a honestidade estimada e iludida desses homens e sua fome por liberdade, eu dizia: "Obrigada por perguntar, e não. Isso não vai lhe dar aquilo que você está procurando".

Mas "não" não é um limite? "Não, eu não vou fazer sexo com você", por exemplo?

Todo não que digo é um sim para mim mesma. Ele me parece certo. As pessoas não têm que adivinhar o que eu quero ou não quero, e não preciso fingir. Quando você é honesto sobre seus sins e seus nãos, é fácil levar uma vida bondosa. As pessoas entram e saem da minha vida quando falo a verdade, e entrariam e sairiam se eu não dissesse a verdade. Por um lado, não tenho nada a ganhar e por outro, tenho tudo a ganhar. Eu não fico tentando adivinhar as coisas ou me sentindo culpada.

Se um homem quer fazer sexo comigo, por exemplo, eu não preciso pensar em minha resposta. Sou casada e monógama; meu "não" é dito com um sorriso. Eu de fato estou dando ao homem o maior presente que posso dar: minha verdade. Você pode ver isso como uma fronteira, mas se uma fronteira é uma limitação, uma contração, isso não é o que me parece. Vejo isso como integridade. Não é algo que estabeleço; é algo que já foi estabelecido para mim. Dizer "não" não é um ato de egoísmo, é um ato de generosidade, tanto comigo quanto com o outro aparente.

Você disse que ficou intoxicada de alegria quando descobriu a verdade de que não existe eu e outro. Você ainda está intoxicada de alegria?

A alegria se equilibra, mas ainda assim permanece a mesma.

Como você se relaciona com o Buda mendigando por comida? Você pode se imaginar sem dinheiro e sem teto, como um monge, totalmente dependente de outras pessoas para se alimentar?

Mas eu *sou* totalmente dependente! Se as pessoas não cultivarem hortaliças, não há hortaliças nos supermercados. Se as pessoas não pagarem a mim e a meu marido, eu não posso comprar comida.

O Buda só pede o que já pertence a ele. Ele nunca sofre de fome, ainda assim é generoso o bastante para pedir comida. Ele sabe quando pedir e o que pedir. Ele sabe o que comer, que é exatamente o que você dá a ele e nada além. Sempre estou livre de fome até o momento em que chega a comida; estou sempre perfeitamente alimentada, perfeitamente na hora, com a comida certa, doada por meio da graça. Se você me der comida, eu agradeço não em palavras, mas dentro de seu próprio eu. Se você não me der comida, eu agradeço e, talvez, como faria o amor, em outra hora e consciência, você esteja pronto para comer o único alimento que vale a pena ser comido, a coisa da qual todos sentimos fome, e o que eu ofereço realmente: servir ao que serve.

Generosidade é o que resta de você depois que percebe que não existe algo como o eu.

2
CURVANDO-SE A UM GRÃO DE AREIA

Então o monge Subhuti, que estava no meio da assembleia, se levantou, desnudou o ombro direito, apoiou-se sobre o joelho direito, entrelaçou as mãos em reverência, e se dirigiu ao Buda. "Que grande consideração tem o Senhor. O Senhor sempre está preocupado com o bem-estar de seus estudantes, e é generoso com seu ensinamento. Senhor, quando homens e mulheres sinceros buscam iluminação, o que eles devem fazer, e como devem controlar suas mentes?"

O Buda disse: "Uma pergunta excelente, Subhuti. Se homens e mulheres sinceros buscam iluminação, é essencial que eles controlem suas mentes. Escute, e vou explicar como".

Subhuti disse: "Por favor, faça isso, Senhor. Estamos todos escutando".

Subhuti se levanta e, com os mais belos gestos, expressa sua reverência pelo Buda. Do ponto de vista do Buda, todo mundo está desperto, então *Buda* ("O Desperto") é apenas uma palavra para si mesmo, uma palavra para Subhuti, e também para cada um dos monges na plateia. O diálogo que se segue é entre o Buda e o Buda. É o eu interno se encontrando consigo mesmo. Mais precisamente, não existe eu, e esse não-eu se encontra consigo mesmo. Não existe outro, e esse não-outro se encontra com o não-eu.

As pessoas às vezes me abordam com esse tipo de reverência, e sei que não é pessoal. Elas me procuram depois de um evento público, quando estão muito emocionadas porque através d'O Trabalho entenderam algo profundamente significativo. Elas me abordam com olhos brilhantes, juntam as mãos e, às vezes, até se ajoelham ou fazem reverências. Sei qual é a sensação da reverência e amo que elas a estão experienciando. O reconhecimento da mulher Byron Katie é apenas o reconhecimento da própria natureza verdadeira. Não pode haver um "eu" na equação. É o reconhecimento delas próprias; pertence a elas e, com esse reconhecimento, fico empolgada. Sempre estou me curvando internamente aos pés de tudo e de todos, e entendo que qualquer coisa aquém disso é um estado de separação. Quando alguém se curva à minha frente, sou eu quem me curvo e para quem se curvam. As duas posições são iguais. Não há nada pessoal nisso.

Não seria diferente se eu me curvasse em reverência a um grão de areia. É um mergulho, uma fusão. É assim que experiencio a reverência. É o eu, íntimo de... não consigo nem dizer "o eu íntimo de si mesmo"; é simplesmente o eu, íntimo. Isso é a verdadeira intimidade, não dividida. Não há nada fora dela, e nada dentro.

Humildade significa demostrar esse tipo de reverência para a areia, para a poeira, para o som que se está ouvindo no momento. Se nossas mentes estivessem claras, mostraríamos reverência a tudo no mundo, já que tudo é o Buda. É disso que se trata a autorrealização. Você não consegue nem entender do que está se realizando. O pensamento de que você está percebendo qualquer coisa não é verdade; está a pelo menos uma geração de pensamento de distância da verdade. É um belo momento de graça, mas ainda assim você é identificado como aquele que se autorrealizou. Depois que você passa pela dor — e com o tempo a alegria — de se entregar, você reconhece algo além de sua capacidade de identificar e mergulha em um estado de absoluta gratidão.

Subhuti diz que o Buda está preocupado com o bem-estar de seus discípulos. Essa, também, é minha experiência, embora eu não veja ninguém como discípulo. Para mim, há apenas amigos. E estou preocupada apenas se eles estão preocupados; a preocupação deles é toda a preocupação que resta em mim. Quando me fazem uma pergunta — "Como devo praticar a investigação?", "E se um pensamento estressante ainda me parece verdadeiro depois que eu o investigo?" —, eu os vejo como meu eu confuso. Eu os vejo como Katie costumava acreditar ser: sofrendo, sem saída. Eu daria a essas pessoas tudo o que tenho. A pergunta é necessária, assim como a tigela do pedinte. É necessária para a mente iluminada; ela é a mente iluminada, se acendendo. E se as pessoas não me fazem perguntas, nunca me preocupo com o bem-estar delas, porque sei que todo mundo está perfeitamente bem, qualquer que seja o sofrimento aparente pelo qual possam estar passando.

Então Subhuti faz uma pergunta ao Buda, e é uma boa pergunta. Há homens e mulheres que querem realmente ir além de si mesmos. Há homens e mulheres sinceros que querem ser livres do sofrimento. Eu era uma dessas pessoas, mesmo sem perceber. Testei o que acontecia quando eu não respondia aos pensamentos de "eu quero", "eu preciso", "eu não devo", "eu devo". Testemunhei o mundo além dessas exigências aparentes e descobri que nenhuma delas é verdade. Nenhum desses pensamentos resiste à investigação.

Você poderia descobrir isso até tentando por apenas 24 horas, com uma refeição. Alguém pode lhe dar uma pequena tigela de arroz, o bastante para 24 horas, e a mente eu-sei diria: "Isso não alimenta o suficiente. Ainda estou com fome. Estou fraco demais. Vou ficar doente. Vou morrer". Mas quando você permite que cada pensamento seja recebido por "Isso é verdade?", a vida vai se revelando. Com o tempo, você vai se ver terminando cada pensamento com um ponto de interrogação, não um ponto final. Você vai conseguir descansar na iluminação sem fim da mente eu-não-sei.

Quando despertei para a realidade, tinha filhos com necessidades, imóveis com necessidades, um marido com necessidades e pessoas com necessidades ao meu redor, e nada disso se revelou ser verdade. Nem mesmo a fome era verdade. Eu testei. Descobri que não precisava de comida, e que ninguém nunca precisava de mim. E com a perda de tudo isso veio ainda outra perda do eu. Ele se desenrolou no mundo. A casa havia desaparecido, os filhos haviam desaparecido, o marido havia desaparecido. Não havia nenhum "eu" para perdê-los. Tudo, sem exceção, era mais bem cuidado sem uma Katie, tudo se encaixava em uma função mais elevada, um modo mais bondoso. Todo mundo da família se tornou meu mestre, me eliminando do processo.

A pergunta de Subhuti é boa, mas há algo levemente confuso na forma como é estruturada, já que ele pergunta como "controlar" a mente. É uma pergunta natural. No mundo dos sonhos e no mundo do sofrimento, a mente parece caótica, e as pessoas acham que ela precisa ser controlada. Algumas pessoas dariam qualquer coisa para saber como controlá-la. Mas a mente nunca pode ser controlada; ela só pode ser questionada, amada e acolhida com entendimento.

A mente é como uma criança indisciplinada. Como crianças não amadas, pensamentos chegam, um atrás do outro, para nos importunar e exigir nossa atenção. Nossa tarefa é discernir, saber a diferença entre um argumento interno e um estado em que estamos abertos a ouvir e a receber. O sofrimento surge quando tentamos controlar a realidade, quando achamos que somos a fonte e não uma imagem no espelho ou que somos mais ou menos que qualquer coisa refletida no espelho. Mas tudo no mundo é igual. Tudo é um reflexo da mente.

Podemos controlar a mente apenas até esse ponto: quando um pensamento surge, podemos simplesmente notá-lo, sem acreditar nele. Podemos notá-lo com uma mente questionadora. O pensamento que se afirma e quer ser acreditado vem da mente eu-sei, a suposta mestre. O questionamento vem exclusivamente do discípulo. Na mente questionadora nós experienciamos um fluxo. Não há interrupção, não há limite. "Controlar" é apenas uma questão de notar. Não significa impor à mente uma ordem. Se você é um aluno de fato, o pensamento sempre vai terminar com um ponto de interrogação.

Você chamou isso de um diálogo entre o Buda e o Buda. Poderia falar mais a respeito?

O Buda é sempre generoso. Não há nada que ele reteria, porque, para ele, dar é receber. Ele está sempre falando apenas consigo mesmo. Todo esse sutra é o eu (a consciência que é mais precisamente chamada de não-eu) discutindo consigo mesmo. O "outro" aparente, a pessoa com quem estamos falando, é uma autoimagem. Não há nada fora de nossa percepção; ou percebemos algo ou imaginamos que existe. Se posso ouvir uma pergunta, ela está dentro de mim; vindo de dentro de mim, não de um "lá fora!" imaginado. É imediato. Não há distância nisso, e responder à própria pergunta, como o Buda responde à pergunta de Subhuti, sabendo que ela é uma pergunta dele mesmo, é o que o amor faz; sempre a serviço de si.

O "outro" é grato, naturalmente, já que o outro é sempre um reflexo de meu próprio eu. Eu não pediria nada a mim mesma que estivesse além de mim. Isso é sempre gratificante. É a mente límpida, amada, sempre em expansão, esticando-se, elevando se como beleza, bondade e criação sem limite. Não responder seria limitar tal majestade. Quando as perguntas surgem, as respostas não exigem esforço. Mas a qualidade da resposta depende do aluno.

Se estou com alguém que acha saber alguma coisa, ele se limitou, e minhas respostas refletem essa limitação. Mas se o aluno pergunta com uma mente realmente aberta, a resposta é livre. Ela vem da fonte infinita. Por isso em 31 anos nunca me cansei de pessoas me fazendo as mesmas perguntas repetidas vezes. As perguntas são sempre novas.

Por que você, como disse, se curvaria a um grão de areia?

O grão de areia se entrega por inteiro. Embora eu possa estar totalmente inconsciente disso, ele espera pela oportunidade de se mostrar para mim e de evidenciar que existe por meio de mim. Ele é paciente, firme em seu propósito, imutável em sua identidade presente; ele não finge, não se importa se eu pisar nele, louvá-lo ou diminuí-lo; ele permanece o que é, sem disfarce ou enganação; ele permite com perfeição, não resiste ao nome que lhe dou, se permite ser qualquer coisa de que eu lhe chame. Quem em sã consciência não se curvaria diante de tal consciência? Eu a honro como mestre e encontro sua natureza em tudo o que testemunho. Se você me jogar fora, pisar em mim, me considerar inútil ou me desprezar, vou permanecer com a mesma natureza generosa e constante do grão de areia? Isso é a mente búdica. Foi para isso que despertei. Também aprendi com o grão de areia que a reverência física é desnecessária. Minha reverência agora é uma experiência interna incessante, como o esvaziamento pelo qual passei no deserto por tantos meses após despertar, um esvaziamento que me deixou com reverência em relação a tudo o que encontrava. Ele me deixou como a aluna. Subhuti na presença do Buda. O Buda na presença de Subhuti.

O que você aprendeu quando estava no deserto?

Tudo o que eu ouvia no deserto era "eu quero", "eu preciso", "minha mãe deveria me amar", "Paul não deveria ver tanta televisão", "as crianças não deveriam deixar a roupa suja no chão", "elas devem me respeitar", "elas deveriam ser saudáveis, mas só para seu próprio bem". Por mais dolorosa que fosse cada história, elas não resistiam à investigação. E vê-las exatamente como o que eram parecia uma dádiva para o mundo. "Há uma cascavel por perto." Eu tenho realmente como saber disso? Eu me sentava no deserto com os olhos fechados e experienciava essas histórias, e sabia que preferia ser mordida por cem cascavéis a abrir os olhos e não trabalhar essas histórias dentro de mim.

Qual a diferença entre humildade e humilhação?

A humildade parece muito comum. É como olá e adeus. Às vezes, no início, pode se parecer com lágrimas; às vezes, com morrer. É entrega total. A coisa de que você tanto se orgulhava agora é vista como egoísta; você a valorizava, e ela desmoronou, e aí está uma mudança que acontece internamente. Se há qualquer sinal de humilhação, isso significa que seu ego ainda não se rendeu; se você se sente humilde, isso significa que seu ego se rendeu; e é o sentimento mais delicado e adorável, e nessa experiência você vê todo mundo como seu mestre. Você se põe no que sobrou de você e morre, e continua a morrer. É como a árvore que solta suas folhas. Aquela bela vestimenta caiu, e a árvore simplesmente permanece ali de pé no frio do inverno, totalmente exposta.

Você diz que para você não há alunos, há apenas amigos. Você não se considera uma mestra?

Sou sempre a discípula. Amo estar nessa posição, me curvando, ouvindo, aos pés de tudo o que vejo. Isso não exige uma mente aberta: isso é a mente aberta. Ela nunca precisa assumir responsabilidade por saber ou não saber. Ela recebe tudo sem defesa, sem julgamento, já que o julgamento lhe custaria tudo o que ela é. No momento em que você acha ser alguém ou acha ter alguma coisa a ensinar, o mundo interno paralisa e se torna o domínio da ilusão. É esse o custo de quando você se identifica como a pessoa que sabe. É uma elaboração da mente. Na figura de mestre, você se encolhe: limitado, separado, preso.

Mas não há mestres espirituais com mentes abertas?

Claro que há. Mas o mestre que pensa em si mesmo como um mestre, aquele que deseja ser mestre, aquele que está investido nisso, ele está tentando ensinar ao discípulo o que ele mesmo precisa aprender. Se eu me identifico como mestra e vejo meus discípulos como menos que mestres, estou reforçando o que acredito saber. O mestre que é sempre um discípulo, que vive com a mente aberta, é livre para continuar a expandir sua consciência. Para o verdadeiro mestre (ou seja, o verdadeiro discípulo), mestre e discípulo são sempre iguais.

Você diz que a mente nunca pode ser controlada. Mas, às vezes, diz que a mente é tudo. A primeira mente é a mente do ego e a segunda mente a conscientização?

Sim. "Conscientização" é um jeito de dizer que o ego é perfeitamente compreendido. A conscientização nunca é enganada pelo que pensa o ego. Ela sempre sabe a diferença entre o que é e o que não é.

Se alguém fizesse a você a pergunta de Subhuti — "Como as pessoas devem controlar suas mentes?" —, o que você diria?

Primeiro, eu iria convidá-lo a tomar consciência de seus sentimentos estressantes. O sentimento é como o companheiro de um pensamento que está surgindo. É como a esquerda e a direita. Se você tem um pensamento, há um sentimento simultâneo. E um sentimento desconfortável é como um despertador que diz: "Você está preso no sonho". É hora de investigar, só isso. Mas se não respeitarmos o despertador, tentaremos alterar e manipular o sentimento em um mundo externo aparente. Normalmente tomamos consciência do sentimento primeiro. Por isso digo que ele é um despertador que avisa que você está preso em um pensamento que talvez você queira investigar. Se ele está lhe causando qualquer desconforto, você deve investigá-lo e fazer O Trabalho.

Depois eu convidaria a pessoa a questionar os pensamentos estressantes que surgem em sua mente. O Trabalho é isso, e ele lhe mostra exatamente como questionar esses pensamentos.

Aqui vai um exemplo que gosto de dar. Muitos anos atrás, durante um de meus eventos públicos em Nova York, um empresário de idade e de aparência elegante ficou de pé e disse que queria fazer O Trabalho comigo sobre seu sócio. "Estou com raiva do meu sócio", começou a dizer o homem, "por ter me chamado de encrenqueiro diante de nossos funcionários. Ele não tinha direito de fazer isso. Ele prejudicou minha reputação. Meu sócio deveria se desculpar." Perguntei a ele: "Isso é verdade?". Ele respondeu: "É verdade, sim. Ele me insultou. Claro que deveria se desculpar". Ele tinha certeza disso.

Mas ele era um homem inteligente, e queria estar livre de seu sofrimento emocional. Então quando fiz a ele a segunda pergunta d'O Trabalho: "Você pode saber com certeza absoluta que seu sócio tem que se desculpar?", ele foi até o interior de si mesmo e realmente olhou para sua afirmação. Depois de um tempo em silêncio, disse: "Não".

"Como você encontrou o seu não?", perguntei.

"Bom, na verdade, não sei de onde ele veio. Não tenho como saber o que se passa na mente de outra pessoa. Ele provavelmente acredita que tem razão. Então não tenho como saber com certeza absoluta que ele precisa se desculpar." Essa resposta pareceu soltar algo dentro dele. Naquele instante, uma afirmação que ele acreditava ser verdade não parecia obviamente verdadeira para ele.

Então fiz a ele a terceira pergunta: "Como você reage, o que acontece, quando você acredita que seu sócio deveria se desculpar com você?".

"Fico com raiva", disse ele. "Quando ele vem com uma boa ideia, eu a derrubo. Eu o critico pelas costas. Quando o vejo, eu o evito. Quando vou para casa, levo o ressentimento comigo e reclamo com minha esposa." Então ele começou a ver a causa e o efeito daquilo, o estresse resultante de acreditar em um pensamento que poderia não corresponder com a realidade.

Eu disse: "De que você chamaria alguém que derruba as boas ideias de seu sócio e o critica pelas costas?".

Ele respondeu, com uma expressão de surpresa: "Ah, meu Deus, eu *sou* um encrenqueiro. Ele tinha razão!".

Em seguida, fiz a quarta pergunta: "Quem você seria sem esse pensamento? Quem você seria, trabalhando com seu sócio, se não acreditasse que ele devia se desculpar?".

O homem disse, baixinho: "Eu seria um amigo. Estaria trabalhando com ele outra vez, e nossa empresa ia se beneficiar disso. E eu daria um exemplo melhor para todo mundo e seria muito mais feliz em casa".

Depois dessas perguntas, pedi a ele que fizesse a inversão do pensamento — para experimentar os opostos do pensamento e ver se eles poderiam ser tão verdadeiros quanto a declaração original.

"*Eu* deveria me desculpar com *ele*", disse o homem. "É, eu consigo ver isso. Ele pode ter me insultado em público, embora, agora, eu não tenha certeza disso, mas posso ver que fui mau com ele em particular." Uma outra inversão foi "eu deveria me desculpar comigo mesmo". "Eu deveria me desculpar comigo mesmo", disse o homem, "porque ao acreditar em meu pensamento e ficar com tanta raiva custei dinheiro e um amigo a mim mesmo. Então eu devo desculpas a mim mesmo." Uma terceira inversão foi "Meu sócio *não* deve se desculpar comigo". "Mesmo que meu sócio tenha sido inapropriado ou saído da linha ao dizer o que disse, agora me parece arrogante acreditar que ele devesse se desculpar. Talvez ele não tivesse tido a intenção de me insultar. Talvez estivesse apenas sendo honesto. Talvez estivesse realmente tentando ser um bom amigo apontando um problema que estava prejudicando a empresa."

Tudo isso aconteceu durante um diálogo que durou uns quarenta minutos. Ao fim, o homem pareceu imensamente aliviado. Ele havia passado da posição de muita raiva e aborrecimento para uma posição de mais compreensão com seu sócio; um pouco mais de humildade e muito mais ceticismo em relação a estar certo. Quando mudamos nossa percepção, mudamos o mundo que percebemos.

Se você acha que outra pessoa é a causa de seu problema, você está louco. Faça O Trabalho em seu pensamento, limpe sua bagunça, e os problemas desaparecem. A vida sempre se torna mais simples e bondosa quando questionamos nossos pensamentos estressantes. Esses pensamentos não são pessoais; todo mundo os tem em algum momento. Eles são antigos: em todas as línguas do mundo não há sequer um pensamento estressante que seja novo; foram todos reciclados, várias e várias vezes. Mas quando nós os questionamos, a mente começa a mudar de forma radical. Finalmente, os pensamentos são recebidos com entendimento. E, da próxima vez que surgirem, os mesmos pensamentos que costumavam nos deprimir podem provocar o riso. Como o homem do exemplo: "Ele precisa se desculpar comigo". Muito riso se originou do mesmo pensamento que costumava causar raiva, ressentimento e depressão, porque ele se deu conta do que era realmente verdadeiro para ele.

A mente nunca pode ser controlada; ela só pode ser questionada, amada e acolhida com entendimento.

3

O MOMENTO RADIANTE

O Buda disse: "Todos os *bodhisattvas* que buscam sinceramente a verdade devem controlar suas mentes e se concentrar em apenas um pensamento: 'Quando atingir a iluminação, vou liberar todos os seres sencientes em todos os domínios do universo e permitir que eles adentrem a paz eterna do Nirvana. Mesmo assim, quando miríades vastas, incontáveis e impensáveis de seres tiverem sido liberadas, na verdade nenhum ser terá sido liberado'. Por quê? Porque ninguém que seja um verdadeiro *bodhisattva* acolhe tais conceitos de 'eu' e de 'outro'. Assim, na realidade não há eu para atingir a iluminação; e nenhum ser senciente para ser liberado".

Neste capítulo, o Buda fala sobre o *bodhisattva*, alguém que atinge a iluminação pelo bem de todos os seres. Segundo algumas tradições, me disseram, o *bodhisattva* jura não entrar no Nirvana antes que todos os outros seres tenham entrado primeiro. Essa é uma ideia muito caridosa, mas é confusa.

Se você acha que tem que adiar a liberdade, ou que é capaz de adiá-la, então não sabe o que é liberdade. O adiamento não é nada que você faça por generosidade. Ele pressupõe que a própria paz de seu coração não é a maior ajuda que você pode oferecer a todos os seres. Pressupõe que devido à sua generosidade e sua compaixão você precisa continuar a sofrer. Não faz nenhum sentido. Como seu sofrimento pode ajudar alguém? A única coisa que pode ajudar é você acabar com seu próprio sofrimento.

Esse conceito também pressupõe que seres precisam sofrer até que algum tipo de ser mais sábio e mais elevado venha salvá-los. O que também não faz sentido. A realidade é que uma pessoa bem-intencionada, mas confusa, imagina todas as coisas aparentemente terríveis que acontecem no mundo e todos os seres aparentes que estão sofrendo, e se ela se prende a qualquer uma dessas imagens como se elas existissem, em sua imaginação a liberdade de todos esses seres é adiada, e eles continuam a sofrer com ela. Mas, quando ela percebe a verdade de tudo isso, todos os seres imaginados são libertados, e nisso o *bodhisattva* é iluminado. Seres senscientes estão aqui para servir à iluminação do *bodhisattva*, não o contrário. Todos os seres estão dentro do *bodhisattva*; eles só parecem estar fora dele. Estão aqui consistente e ininterruptamente para iluminá-lo.

O Buda fala sobre iluminação. Mas ele sabe que a iluminação não é nada. Não existe. Ao despertar de um sonho, você se dá conta de que nunca foi real. Você estava apenas dormindo. Estava dormindo porque acreditava em histórias que eram tão convincentes que criavam até o narrador.

Todos os seres existem dentro da mente. São todos formas-pensamento e entram no Nirvana tendo permissão ou não. Todos voltam para o lugar de onde vieram: lugar nenhum. E como o tempo não é real, eles já entraram no Nirvana. Não há "depois". Entrar não é nem mesmo necessário. Todos os seres são libertados por meio da iluminação daquele que, inicialmente, os criou. E ele não é nada mais nada menos do que aquilo que pareceu entrar no Nirvana. Isso inclui tanto o Buda quanto o ser, tanto o sonhador quanto o sonhado.

O Buda sugere que os *bodhisattvas* devem se concentrar em um pensamento: "Quando atingir a iluminação, vou liberar todos os seres senscientes". Mas então ele corta esse pensamento com o seguinte; ele diz corretamente que, após tudo ser dito, nenhum ser foi libertado. O juramento "Quando atingir a iluminação..." é um truque nobre do ego. É nobre porque indica generosidade e compaixão. Mas pressupõe um futuro, e qualquer futuro é uma ilusão. Nada vai acontecer no futuro. O que quer que aconteça, só pode acontecer agora.

As pessoas costumavam me perguntar se eu era iluminada, e eu respondia: "Não sei nada sobre isso. Sou apenas alguém que sabe a diferença entre o que machuca e o que não machuca". Separação machuca. Qualquer identidade, por mais sedutora que seja — *bodhisattva*, o Buda — subestima a verdade, já que acrescenta um nome ao que já é completo. Todos os nomes são mentiras; eles pressupõem haver seres separados, desviando assim da realidade. E o nome *iluminação* faz com que haja algo a ser alcançado. É uma palavra cheia de esforço. Ela faz de você uma pessoa que está em busca de uma identificação autêntica. No outro extremo, "sou aquele que encontrou" é tão limitado quanto "sou aquele que busca".

Você não precisa saber tudo sobre iluminação, e você *não tem como* saber. A única coisa importante a saber é a seguinte: se um pensamento machuca, questione-o. "Iluminação" é apenas um conceito espiritual. É apenas mais uma coisa a buscar em um futuro que nunca chega. Até a verdade mais elevada é apenas mais um conceito. Para mim, experiência é tudo, e é isso que a investigação revela. Toda dor se desfaz — agora... agora... agora. Se você se acha iluminado, vai adorar ter seu carro rebocado. Esse é o verdadeiro teste! Como você reage quando seu filho está doente? Como reage quando seu marido pede o divórcio? Você está empolgada por ele estar proporcionando a si mesmo a vida que quer? Você o ama com todo o coração enquanto o ajuda a fazer as malas? E se não, que pensamentos estão entre você e a generosidade pura? Quaisquer que sejam esses pensamentos, escreva-os e questione-os. Nenhum pensamento estressante, nenhuma separação consegue resistir ao poder da investigação. Toda a iluminação de que você vai precisar para investigar está à sua disposição agora mesmo.

Por que você diz que o juramento do *bodhisattva* é confuso — o juramento de não entrar no Nirvana antes que todos os outros seres tenham entrado? Colocar os outros à frente de si mesmo não é uma generosidade?

O *bodhisattva* é o Nirvana. Nirvana não é um lugar. Ele ou ela não precisam entrar nele. Todos os "outros" seres são *bodhisattvas* sem estarem cientes. Eles já são livres, mas ainda não estão cientes disso, e às vezes começam a se tornar cientes e pedem ajuda. O *bodhisattva* não tem função, não tem propósito sem todo o chamado do sofrimento aparente. Sua natureza é responder. Ele não tem nenhum sentimento de generosidade em relação a colocar os outros à sua frente, já que para ele não há outros; é a si mesmo que ele está sempre servindo. É doloroso acreditar que alguém precise ser salvo. Eu faço O Trabalho com as pessoas porque elas me pedem, *elas* acham que precisam dele, e como foi isso que dei a mim mesma, então é claro que dou a elas. Elas são minha vida interna. Então suas perguntas são minhas perguntas. Responder a elas é um ato de amor-próprio. É perfeitamente ganancioso.

Aqui há um exemplo do *bodhisattva* em ação: alguém diz "oi" para ela, e ela diz: "Olá. Não está um dia lindo?".

Você diz que a iluminação não é nada. Mas não é óbvio que a maioria das pessoas é infeliz, enquanto as pessoas que tiveram experiências de iluminação são felizes o tempo todo?

"Nada" é um estado de iluminação. O sofrimento é o chamado do algo aparente. Responder a esse chamado é o que o amor faz. Nenhum sofrimento: nenhuma causa. Nenhuma causa: nenhum efeito. Na ausência de sofrimento, resta apenas a felicidade.

Você diz que todos os seres estão dentro da mente. Você quer dizer dentro da sua mente pessoal?

Para ser mais precisa, não existe algo como dentro. A mente não está presente dentro de você. Ela cria você, e como começa a se identificar como um "você", o caos e o sofrimento nascem no mundo. Stephen me diz que o Buda histórico afirma que a vida é caracterizada pela insatisfação ou pelo sofrimento. Mas isso só acontece porque a vida é a imaginação incompreendida. Há uma percepção que transcende vida e morte. A mente búdica, a mente que questiona, desperta para si mesma, vê que não é nada, e assim se liberta para levar uma vida infinita, incontida, criativa, brilhantemente bondosa e inimaginável.

*A única coisa importante
a saber é a seguinte:
se um pensamento
machuca, questione-o.*

4
DAR É RECEBER

O Buda disse: "Além disso, Subhuti, quando *bodhisattvas* agem com generosidade, eles não devem se apegar ao conceito de que estão agindo com generosidade. Isso se chama 'agir com generosidade sem se apegar à forma' e 'agir com generosidade sem se apegar à imagem, ao som, ao cheiro, ao gosto, ao toque ou aos conceitos'. Se *bodhisattvas* agirem com generosidade sem se apegarem a conceitos de generosidade, o mérito deles será incalculável.

"Deixe-me lhe perguntar uma coisa, Subhuti. O espaço para o leste é incalculável, não é?"

"Sim, Senhor. De fato, é."

"Bom, Subhuti. E não acontece o mesmo em qualquer direção do universo? O espaço em qualquer direção não é incalculável?"

"Correto, Senhor."

O Buda disse: "Subhuti, igualmente incalculável é o mérito alcançado por *bodhisattvas* que agem com generosidade sem se apegarem ao conceito de que estão agindo com generosidade. Se *bodhisattvas* focarem neste ensinamento com uma concentração direcionada, vão entender o que é essencial".

Neste capítulo o Buda fala sobre generosidade, e suas palavras vão ao âmago da questão. A verdadeira generosidade ocorre sem nenhuma percepção de estar sendo generoso. Você simplesmente dá. É isso. Nada se prende à ação. É um ato de receber tanto quanto de dar. O dar é o receber. E não é que *bodhisattvas* não devam se apegar ao conceito de que estão agindo com generosidade; é que eles *não se apegam*. Não é algo que precisem monitorar ou pelo qual tenham que se esforçar. Quando você está sendo generoso e dando alguma coisa com todo o coração, você simplesmente não está ciente de nenhuma generosidade. Você não está preocupado com sua imagem. Na verdade, riria se alguém o chamasse de generoso; isso iria parecer ridículo. Quando uma mãe amamenta seu bebê, ela pensa: "Quanta generosidade a minha!"? Nada passaria mais longe de sua mente. Dar para o bebê é dar para si mesma.

Quando eu tinha 5 anos meu bem mais precioso era um sininho de latão em forma de boneca. Ele tinha um cabo de madeira entalhada com o rosto feminino desbotado e pintado à mão, e o sino era a saia. Eu gostava tanto dele que mal deixava que saísse da minha vista. Lembro-me de levá-lo comigo quando subi uma colina um dia, e meu pai disse: "Se você estiver com problemas, é só tocar o sininho que vou te socorrer". Então, na festa de Natal do jardim da infância, eu o dei para minha melhor amiga, uma menininha chamada Betty Jo. Vi que ela o queria, por isso dei a ela. É assim que somos em nosso estado natural, antes de aprendermos o contrário. O sino foi a primeira coisa que considerei "minha", mas "minha" ainda não era um conceito concreto; era fluido, e o sino imediatamente se tornou "dela".

Quando cheguei em casa, minha mãe me perguntou onde estava o sino, e quando lhe contei, ela ficou furiosa. "Byron Kathleen!", disse. (Ela normalmente me chamava de Katie ou Kat, mas quando ficava com raiva eu era Byron Kathleen, com ponto de exclamação.) "Vá à casa de Betty Jo agora mesmo e peça para ela devolver!"

Então, no dia seguinte, ele era meu outra vez. Nunca entendi por que minha mãe ficou tão irritada. Ela sabia o quanto eu gostava do brinquedo e talvez estivesse projetando um sentimento de perda sobre mim. Ou talvez estivesse tentando me ensinar o valor dos bens materiais. Qualquer que tenha sido o motivo, me senti envergonhada. Eu não entendia. Tudo o que sabia era que eu tinha feito alguma coisa errada. Senti muita vergonha por ter feito algo tão tolo aos olhos da minha mãe.

Depois da minha experiência em 1986, nunca mais tive um sentimento de posse sobre as coisas. As pessoas frequentemente me davam presentes, só para expressar sua gratidão, e eu dava ou repassava o presente assim que alguém gostasse dele. Dei até a aliança de ouro de casamento que Stephen havia me dado. Eu a dei a um jovem amigo nosso, mas ele a devolveu após poucos minutos. Alguns anos depois, dei novamente a aliança, depois de um de meus eventos, para um homem querido com esclerose múltipla, e ele a guardou. Stephen achou divertido, porque entende de onde vem essa tendência. Estávamos em Nova York na época, e ele me levou à Tiffany's e comprou outra aliança. Ele disse que enquanto tivesse dinheiro, sempre manifestaria uma aliança de casamento, como o gênio das *Mil e Uma Noites*. Ele se preocupa com nossas alianças de casamento, e sua preocupação é o único lembrete da minha.

Para mim, a realização não tem valor algum se eu não puder lhe dar tudo. E eu não dou de propósito; esse tipo de generosidade é simplesmente quem todos nós somos sem uma história. Para saber o quanto você está apegado a qualquer história e o quanto você se prende a ela. Quando você se prende, você sente. Não é confortável.

Por 31 anos vivi minha vida a serviço. Eu me dediquei ao fim do sofrimento neste mundo aparente. Mas não faço isso por acreditar que alguém esteja realmente sofrendo. Faço porque estou prestando um serviço a mim mesma. É assim que entendo compaixão: como egoísmo puro. Eu amo todos e tudo o que vejo, porque tudo sou eu. Às vezes digo que é uma completa vaidade. Stephen me diz que o significado antigo de vaidade é "vazio". Adoro isso.

É como o *bodhisattva* imaginado que retorna para salvar todos os seres que estão sofrendo. Quando alguém me diz: "Katie, estou desesperado, preciso de você", eu entendo. Conheço essa sensação. E dou a eles o que a mim foi dado. Não há escolha. Se alguém está sofrendo — em outras palavras, se alguém, por acreditar em um mundo de sofrimento, faz com que ele exista —, é isso o que resta de mim. É meu velho eu; é uma de minhas células, uma das células do meu corpo, que não é tão livre quanto merece ser. E eu sei que a célula é perfeita, exceto que ela está dizendo para mim que não é. Então eu fico ali em minha clareza, inalterável. Sei que sou a única que pode me ajudar. Sou eu quem está aterrorizada. Sou eu a desesperada. Sou eu que estou servindo com as quatro perguntas e inversões d'O Trabalho. Eu sou o *bodhisattva* levado adiante, como sua imaginação. Sou os dois lados da polaridade, servindo a mim mesma o tempo todo. Nada poderia ser mais generoso que isso.

Anteriormente, você disse que a memória de Paul e das crianças nunca retornou. Mesmo assim, neste capítulo você descreve uma lembrança viva de sua boneca de sino de latão. Como explicaria essa discrepância?

Não faço ideia. Imagens surgem ou não em minha mente. Não pergunto por que fazem ou deixam de fazer isso. O que as pessoas chamam de memórias são, em minha experiência, imagens com palavras silenciosas ligadas a elas. Eu as vejo e, assim que são percebidas, elas desaparecem. Só vejo o que não pode ser visto. De modo que posso dizer com sinceridade que não tenho memórias.

Se você não acredita que alguém está realmente sofrendo, como pode sentir empatia por eles ou levar seus problemas a sério?

O sofrimento que as pessoas me descrevem necessariamente vêm de um passado imaginado ou de um futuro imaginado, já que uma mente identificada está sempre lembrando ou antecipando o que não está acontecendo na realidade. Eu percebo que todo mundo está sempre bem; as pessoas estão sempre em estado de graça, quer percebam isso ou não. *Empatia*, diz o dicionário, é a capacidade de entender os sentimentos da outra pessoa. Para mim isso faz sentido. Eu entendo que quando as pessoas estão sofrendo, elas são eu, aprisionadas em um passado doloroso ou antecipando um futuro perigoso, e eu respeito isso, como respeito uma criança que tem um pesadelo. Para o sonhador, não é um sonho. Minha tarefa nunca é despertar os sofredores, mas ver o que eu vejo sem passar por cima ou desrespeitar seu sofrimento, já que o sofrimento é muito real para eles. Minha tarefa é entender.

Algumas pessoas acham que empatia significa sentir a dor da outra pessoa. Mas não é possível sentir a dor do outro. O que acontece é que as pessoas projetam qual deve ser a sensação da dor de alguém e então reagem à essa projeção. Esse tipo de empatia é desnecessário para a ação compassiva; ele na verdade atrapalha. Empatia, em minha experiência, não tem relação com imaginar dor. É uma conexão destemida e um amor inabalável. Uma forma de estar inteiramente presente.

Eu levo os problemas das pessoas a sério, mas apenas do ponto de vista delas, e fico o mais perto possível. Em meu mundo, não é possível ter um problema sem acreditar em um pensamento prévio. Não digo isso às pessoas, porque dizer a elas o que eu vejo seria indelicado. Eu as escuto e aguardo ser de alguma utilidade. Eu também estive presa na câmara de torturas da mente. Eu escuto as ilusões das pessoas, sua tristeza ou seu desespero, e fico completamente disponível, sem medo, sem tristeza, vivendo na graça da realidade do momento. E ao fim, como faria o amor, se suas mentes estiverem abertas à investigação, os problemas começam a desaparecer. Na presença de alguém que não vê um problema, o problema se desfaz — o que lhe mostra que, para começar, não havia um problema.

Eu me dediquei ao fim do sofrimento neste mundo aparente. Mas não faço isso por acreditar que alguém esteja realmente sofrendo. Faço porque estou prestando um serviço a mim mesma.

O Trabalho em ação:

"Dave não falou comigo"

Nota: Este e os próximos diálogos ocorreram diante de plateias de 150 a 1.200 pessoas. Cada homem ou mulher sentado à frente de Katie no palco tinha completado o Formulário Julgue Seu Próximo; as instruções eram: "Complete as lacunas abaixo, escrevendo sobre alguém que você ainda não perdoou 100%. Não escreva sobre você mesmo. Use frases curtas e simples. Por favor, não se censure — permita-se julgar e ser tão mesquinho quanto você realmente se sente. Não tente ser 'espiritual' nem 'bondoso'".

Uma primeira experiência d'O Trabalho, como leitor ou observador, pode ser desconcertante. A profunda compaixão de Katie, que é completamente impiedosa porque vê a todos como livres, pode parecer dura para aqueles que estão acostumados a sentir pena dos outros e de si mesmos. "Eu sou o seu coração", disse Katie. "Se você me convidar a entrar, eu sou a profundeza que você não escutou. A profundeza tinha que ficar mais alta, que aparecer como eu, porque suas crenças a estavam bloqueando. Eu sou você do outro lado da investigação. Sou a voz tão encoberta por crenças que você não consegue ouvi-la no interior. Então eu apareço aqui fora, na sua cara — que está na verdade dentro de si mesmo." Ajuda lembrar que todos os participantes — Katie, a pessoa fazendo O Trabalho com ela e o público — estão, aqui, no mesmo lado; todos estão à procura da verdade. Se Katie alguma vez parecer insensível diante de alguém, você perceberá, após uma análise mais atenta, que ela está zombando do pensamento que está causando o sofrimento, nunca da pessoa que está sofrendo.

Você perceberá que Katie é muito liberal no uso de termos carinhosos. Isso irrita algumas pessoas; uma leitora de *Ame a realidade* reclamou que se quisesse ouvir uma mulher chamar todo mundo de "querido" ou "amado", ela iria a uma parada de caminhoneiros em Oklahoma. Para ela, esses termos carinhosos pareciam convencionais e falsos; para Katie, eles são a verdade literal. Todos que ela conhece são o amado.

JOANNA [*lendo seu formulário*]: *Estou aborrecida com Dave porque ele saiu sem me dar um abraço nem falar comigo.*

KATIE: Qual é a situação? Onde você está? Me dê o contexto da situação em que você e Dave estão.

JOANNA: Estávamos em casa, e ele saiu para ir para o carro.

KATIE: "Ele saiu sem lhe dar um abraço nem falar com você", isso é verdade?

JOANNA: É. Ele me deu as costas, saiu de casa e foi para o carro. Eu fui atrás dele, insistindo, e ele olhou para mim, e eu disse: "O que está acontecendo?". E ele disse: "O quê?". Eu perguntei: "Você vai simplesmente sair?". Eu me senti completamente ignorada.

KATIE: Querida, a resposta para as duas primeiras perguntas tem uma sílaba: sim ou não. Quando fazemos O Trabalho, meditamos sobre um momento estressante no tempo. Perceba como sua mente vai querer justificar sua posição, defendê-la e falar sobre ela. Apenas perceba isso. Então volte a meditar sobre a pergunta "Isso é verdade?" até que veja um sim sólido ou um não sólido. Está bem? "Ele foi embora sem lhe dar um abraço ou falar com você." Você pode saber com certeza absoluta que isso é verdade? Você não precisa tentar adivinhar. Imagens vão lhe mostrar a resposta. Isso requer quietude. Seja uma detetive. Se você acredita que é verdade, seja uma detetive. Tente provar que você está errada, mas seja autêntica. Você não pode enganar a si mesma. Deixe que as imagens mostrem a você. É preciso coragem para olhar. Então, você pode saber com certeza absoluta que isso é verdade?

JOANNA [*depois de alguns minutos*]: Não.

KATIE: Apenas sinta essa resposta. Dê a ela tempo para ser assimilada. Se você encontrar um não, bom; se você encontrar um sim, também é bom. Dê à sua resposta algum espaço para ser absorvida. Às vezes é difícil quando a resposta é não. Nós podemos até achar que não é justo que ele tenha razão. Nós não queremos dar isso a ele. [*Pausa*] Está bem, vamos avançar agora para a terceira pergunta. Continue a meditar sobre aquele momento no tempo, com os olhos fechados. Perceba como você reage, o que acontece emocionalmente quando você acredita no pensamento "Ele não me deu um abraço nem falou comigo". Você sente um aperto no peito? Sente palpitações no estômago? Você fica irritada? Sente ansiedade? Você o ataca com palavras ou um olhar? Uma exigência? Um insulto ou alguma forma de punição? Observe. Como você reage quando você acredita no pensamento "Ele saiu sem me dar um abraço nem falar comigo"?

JOANNA: Eu fico muito ansiosa e carente. Muito carente. Eu duvido de mim mesma. Duvido do meu valor. Minha autoestima cai. Então eu sinto como se tivesse que mendigar atenção. Aí começo a pensar: "Ah, estou carente demais". E questiono tudo, tenho uma sensação quase de desespero. Como se eu tentasse alcançar e agarrar algo que não é real.

KATIE: Apenas experiencie isso e mantenha os olhos fechados. Quem ou o que você seria nessa situação sem aquele pensamento, quando você vê o homem que ama indo até o carro. Quem você seria sem o pensamento "Ele saiu sem me dar um abraço nem falar comigo"?

JOANNA: Eu iria apenas vê-lo ir até o carro. [*O público ri*]

KATIE: Continue a testemunhar esse momento sem o pensamento.

JOANNA: Eu provavelmente também iria perceber o homem bonito que ele é. [*Mais risos*] Então isso significa que no futuro, quando ele sair andando, eu devo reconhecer...

KATIE: O que importa é o aqui e o agora, enquanto você testemunha esse momento, apenas aquele que você está contemplando agora.

JOANNA: Não devo esperar que ele me dê um abraço? Devo apenas aceitar que isso é o que ele faz?

KATIE: Agora entramos em uma discussão, e discussões nunca vão resolver seu problema. Vamos voltar para O Trabalho.

JOANNA: Está bem.

KATIE: Este Trabalho é sobre perceber o que estava realmente acontecendo, não o que você pensava sobre o que estava acontecendo. Não é um plano para o que fazer em seguida. Neste exato momento estamos vendo quem você seria naquela situação sem o pensamento, sem essa condição que você impôs sobre ele. Às vezes é difícil para nós respondermos a essa pergunta. O ego quer ter razão, não quer deixar que seu marido se safe por não ter sido capaz de ler sua mente. Nós achamos que se víssemos quem seríamos sem o pensamento, então ele terá razão e nós estamos erradas, e vale a pena se aferrar a sua raiva porque ele está errado e nós temos razão.

JOANNA: Não acho que seja raiva. É só um sentimento de rejeição. Como você...

KATIE: É. Machuca.

JOANNA: Eu não quero mais sentir isso.

KATIE: Você o ama?

JOANNA: Amo.

KATIE: Muito bem. Feche os olhos. Esqueça sua história, só por um momento. Olhe para ele indo até o carro. Olhe como ele é livre. Ele te ama tanto que não precisa abraçá-la. [*Risos*] Esse é um cara seguro de si. Se você solta a sua história, fica aberta ao aprendizado. Mas enquanto você acredita em sua história, está apenas aberta à dor. De fato, você se torna a causa de seu sofrimento — mas apenas totalmente. Como eu sei disso? Isso machuca. Ele é livre. Ele não precisa se despedir de você.

JOANNA: É, ele é livre. Ele não entende.

KATIE: Ele é completamente inocente. Percebe?

JOANNA: Sim, com muita clareza.

KATIE: Bom. "Ele saiu sem me dar um abraço nem falar comigo." Como você faria a inversão disso? Qual seria um oposto disso?

JOANNA: Ele...

KATIE: "Ele saiu sem me dar um abraço nem falar comigo." Faça a inversão disso.

JOANNA: Ele me abraçou e falou comigo.

KATIE: Está bem. Então me diga, enquanto você testemunha a situação, onde ele a abraçou e olhou para você?

JOANNA: Bom, quando chegou no carro, ele falou comigo quando deixei claro o que ele não havia feito, ou que eu senti que ele não havia feito. Ele olhou para mim e perguntou: "O que você quer que eu faça?".

KATIE: E você disse: "Você é tão bonito! Eu queria que você me desse um abraço, querido!".

JOANNA: Eu disse isso.

KATIE: Disse?

JOANNA: Disse. Mas não nesse tom. [*Risos altos*]

KATIE: Ah, abraçar você é muito divertido. Naquele momento.

JOANNA: É, eu podia dizer que não foi como... eu disse: "Ei, você vai sair sem me dar um abraço nem falar comigo?". Exatamente assim. Ele estava apenas se preparando para sair.

KATIE: Então você *não* pediu um abraço.

JOANNA: Você tem razão. Eu não pedi.

KATIE: Você está fazendo uma pergunta para a qual já tem uma resposta.

JOANNA: Certo.

KATIE: E aí ele abraçou você?

JOANNA: Abraçou.

KATIE: E você nem chegou a pedir?

JOANNA: Foi... um abraço. Não foi exatamente o que eu queria, mas foi um abraço.

KATIE: Não foi o abraço que você queria. Você lhe deu instruções?

JOANNA: Pareceu que ele estava fazendo aquilo só porque eu pedi.

KATIE: Porque você o ameaçou. [*Risos*] Você não pediu a ele.

JOANNA: Exatamente.

KATIE: Isso está começando a fazer sentido para você?

JOANNA: Está, sim.

KATIE: Eu amo O Trabalho. Amo que por meio da investigação você começa a ver com quem ele mora. [*Risos*] Então, "Ele não me abraçou nem falou comigo". Faça a inversão disso: "Eu não...".

JOANNA: Eu não o abracei nem falei com ele. Isso é verdade. Eu poderia ter corrido e o agarrado e abraçado.

KATIE: Poderia. Ao contrário do que acredita, você é tão livre quanto ele. Isso é algo bonito. Está bem, vamos olhar para a declaração dois. Naquela situação, o que você queria dele?

JOANNA: *Quero que Dave me abrace e fale comigo antes de sair. Apenas fale comigo.*

KATIE: Você quer que ele a abrace e fale com você antes de sair?

JOANNA: Isso. Às vezes eu sinto que ele não está realmente me vendo quando olha para mim.

KATIE: Está bem. Agora testemunhe essa situação. Feche os olhos. "Você quer que ele a abrace e fale com você antes de sair." Isso é verdade? Você sabe as coisas que realmente quer? Talvez não. Você nem para para se perguntar. Simplesmente segue acreditando. Então, nessa situação, "Você quer que ele a abrace e fale com você antes de sair". Isso é verdade?

JOANNA: Naquele momento, era.

KATIE: E depois do que você viu agora? É verdade?

JOANNA: Não como... Não. Na verdade, não.

KATIE: Não. Agora perceba o que acontece com você e como você reage quando acredita nesse pensamento. E, mais uma vez, não estamos tentando adivinhar, estamos? [*Para o público*] Vocês conseguem ver a imagem dos dois? Quantos de vocês se tornaram vítimas instantâneas de seus pensamentos? Um mártir? [*Para Joanna*] E nada está acontecendo além do homem estar indo até o carro! [*Risos*] Você está sofrendo. Você é uma vítima. E é tudo culpa dele! Então, quem é a causa do sofrimento? É ele? Ou é você?

JOANNA: Sou eu.

KATIE: E note como você o trata quando acredita nesse pensamento. Ele é livre. Ele está indo para o carro. "Quero que ele me abrace e fale comigo antes de sair."

JOANNA: Eu começo a acreditar em todo tipo de história: que ele na verdade não se importa, que não me ama.

KATIE: Então quem você seria sem o pensamento, observando-o ir até o carro, sem o pensamento "Quero que ele me abrace e fale comigo"?

JOANNA: Eu simplesmente ficaria feliz com o que aconteceu. Ficaria feliz e grata com o que ele está fazendo. Por ser exatamente quem ele é, como é, naquele momento. Eu iria apenas amá-lo.

KATIE: Certo. Agora vamos fazer a inversão. "Quero que ele me abrace e fale comigo antes de sair."

JOANNA: Eu não quero que ele me abrace ou olhe para mim antes de sair.

KATIE: O que isso significa para você?

JOANNA: Não quero que ele faça isso porque ele não quer. Ele não quer, necessariamente. Isso não significa nada.

KATIE: Ele provavelmente nem sabe que você está ali. Quero dizer, só você pode saber enquanto olha para a situação. O que mais ela significa para você? "Não quero que ele me abrace ou fale comigo antes de sair." Eu tenho uma hipótese. Você gostaria de ouvir?

JOANNA: Por favor. Com certeza.

KATIE: Você perguntou a ele: "Você poderia me abraçar e falar comigo antes de sair?".

JOANNA: Não, eu não pedi, apenas presumi.

KATIE: Ele lê mentes? [*Risos*]

JOANNA: Não. Acho que eu só queria que ele quisesse fazer isso.

KATIE: Você queria que ele...

JOANNA: Fosse apenas natural. Que fosse natural para ele querer isso.

KATIE: Ele *está* sendo natural. Ele está indo para o carro. Naturalmente. Isso é o natural dele. [*Risos*] Há dois homens: o homem na sua cabeça e ele. [*Risos*] E quando ele não é o homem da sua imaginação, você o pune. Você se torna fria, ou o que quer que você tenha feito. Como dizer: "Você ia sair sem me abraçar?", nesse tom de voz. Entende? Você se torna a mulher por quem ele não se apaixonou.

JOANNA: Certo, isso é verdade.

KATIE: "Quero que ele me abrace e fale comigo antes de sair." Isso é verdade? Sei que não é verdade porque você não pediu. [*Para o público*] Se você pedir e ele não fizer, você, mais uma vez, se encontra com o homem com quem está casada. [*Para Joanna*] Então vamos interpretar esses papéis. Tudo bem? Você vai ser o homem que não quer. É isso que você está pensando, certo? Tudo bem, eu vou ser você, e você vai ser Dave. "Você pode me abraçar e olhar para mim antes de sair?"

JOANNA: "Não posso. Estou com muita raiva de você para fazer isso."

KATIE: "É porque você está com muita raiva de mim? Ah, eu entendo isso, totalmente. E você poderia me abraçar e olhar para mim mesmo estando com raiva? Você poderia fazer isso? É muito importante para mim. Eu na verdade não me importo com o que você está sentindo agora." [*Risos*]

JOANNA: "Ah, que pena, porque eu também não me importo com como está se sentindo, então tenha um bom dia."

KATIE: "Uau! Isso é mesmo um bom conselho: 'Tenha um bom dia'. Obrigada, querido. Vou trabalhar nisso."

JOANNA: Então você quer dizer para não levar as coisas para o lado pessoal e que ninguém...

KATIE: Não, quero dizer que eu não posso mudá-lo. Você quer abraçar e olhar alguém nos olhos quando não tem vontade?

JOANNA: Não, claro que não. Mas não é isso que queremos do amor da nossa vida?

KATIE: Bom, quando eu quero isso, peço a Stephen: "Querido, você poderia olhar nos meus olhos e me abraçar?". Se ele está ocupado, tenho uma população inteira a quem pedir. [Risos] Posso simplesmente sair pela porta e pedir à primeira pessoa que vir. [Risos] Stephen nunca está ocupado demais, em minha experiência. Mas se estivesse, e eu quisesse muito ser abraçada, por que isso iria me impedir? Estou falando sério. Você entende?

JOANNA: Mas eu quero isso de uma pessoa, de mais ninguém.

KATIE: Bom, na verdade, isso tudo se trata de mim. Sou eu quem quer ser abraçada. Sou eu quem quer que alguém olhe nos meus olhos. O que isso tem a ver com ele? É só que ele está ali, disponível. [Risos]

JOANNA: Está bem, então...

KATIE: Você quer que ele a conserte. Não é isso o que está acontecendo? "Me dê aquilo de que preciso para me sentir segura, ou vamos ter um problema. Quero dizer, quem é o centro das atenções aqui sou eu." Seria mais honesto se você dissesse: "Eu na verdade não estou muito bem, e sei que você não quer me abraçar agora, e sei que está com muita raiva, mas preciso que me ajude porque não conheço nenhuma outra maneira. Por favor, me ajude. Me ajude. Me ajude".

JOANNA: E essa pessoa provavelmente não tem como ajudar.

KATIE: Ele diz não.

JOANNA: E provavelmente porque é incapaz disso, por mais que tente.

KATIE: Bom, ele simplesmente diz não. Certo? Então, sou eu quem fica comigo mesma, já que, na verdade, tudo tem a ver só comigo. Sou deixada para cuidar de mim mesma. Você pode encontrar outra inversão? Se coloque em todas. "Quero que eu..."

JOANNA: Ah. Quero que eu me abrace e fale comigo antes de sair.

KATIE: Isso, antes de sair da realidade completamente. Eu estou um caos. Preciso ser abraçada. Enquanto você o observa sair, pode ficar ali sentada, se abraçar delicadamente e se embalar, porque você tem um grande problema, e não é por causa dele. Então envolva-se com os braços, se abrace, fique parada. Se tenho um problema, não procuro meu marido para solucioná-lo; isso não é tarefa dele. Eu olho para mim mesma. Isso é um bom atalho. É para pessoas com pressa. E como resultado, estou perto do meu marido — muito perto. Essa proximidade é minha. É íntima. Estou conectada. Então vamos continuar a viagem. Você está se saindo muito bem. "Quero que eu me abrace..."

JOANNA: Quero que eu me abrace e fale comigo...

KATIE: É. Se isso não atrai seu interesse, por que atrairia o dele? [*Risos*]

JOANNA: Certo.

KATIE: E você pode mesmo se abraçar. Há muitas maneiras de fazer isso. E você pode ir em frente ao espelho e se olhar nos olhos. Se você soltar sua história e realmente olhar, vai encontrar o amor da sua vida. Nós não podemos receber isso de outro ser humano até conseguirmos encontrar dentro de nós mesmos, até finalmente descobrirmos que não é possível ser rejeitada. Vamos olhar para a declaração três em seu formulário.

JOANNA [*rindo*]: *Dave deveria me mostrar mais afeição, deveria iniciar mais a intimidade física e deveria igualar suas ações a suas palavras.*

KATIE: Certo. Agora perceba como você está rindo de algo que, mais cedo, era muito sério para você.

JOANNA: Ele não deveria fazer nada disso.

KATIE: "Ele deveria me mostrar mais afeição."

JOANNA: Ele conserta coisas. Ele gosta de fazer isso. Ele diz muito "eu te amo" e gosta de consertar tudo. Ele está sempre consertando coisas pela casa, sempre querendo consertar coisas.

KATIE: Então o que ele deve fazer?

JOANNA: Ah, ele está sempre tentando consertar coisas, mas não há intimidade física e afeição suficientes. Era isso o que eu estava dizendo. Ele devia me mostrar...

KATIE: É, querida. E você pode se divertir muito quando chegar em casa e mostrar a ele o quanto quer intimidade.

JOANNA: Certo.

KATIE: É bem possível que ele goste muito disso. [*Risos*]

JOANNA: Certo.

KATIE: "Ele deveria me mostrar mais afeição." Vamos fazer a inversão da coisa toda: "Eu deveria...".

JOANNA: Eu deveria mostrar mais afeição a ele, deveria iniciar mais a intimidade física e deveria igualar minhas ações a minhas palavras. Isso.

KATIE: Então você consegue ver que a inversão é um conselho para si mesma. É a maneira de viver feliz consigo mesma e com ele. Agora vamos olhar para a declaração quatro.

JOANNA: *Preciso que Dave me dê mais do seu tempo e esteja mais presente para mim.*

KATIE: Está bem. Isso é verdade? É disso que você precisa para ser feliz? Você está percebendo o quanto é dependente?

JOANNA: Não, eu não *preciso* disso. Eu *quero*.

KATIE: A pergunta é: ele dar a você mais tempo e estar mais realmente presente naquela situação a deixaria mais feliz em vez de aborrecida ou com raiva?

JOANNA: Não.

KATIE: E note como você reage quando acredita nesse pensamento. Note como você trata Dave quando você acredita nesse pensamento, e qual é a sensação.

JOANNA: Eu duvido dele constantemente. E ele fica aborrecido, porque diz que eu duvido dos seus sentimentos e não entende por quê. E ele sempre diz: "Não entendo por que você está dizendo isso".

KATIE: Porque você está vivendo uma vida privada. Uma vida completamente secreta, em que você tem um grande drama se desenrolando que não está compartilhando com ele. Você está presumindo que ele consegue ler sua mente. Ele está apenas indo para o carro, e de repente ele é o inimigo, que não a ama mais. E tudo o que ele fez foi ir até o carro. [*Risos*] Provavelmente indo comprar uma ferramenta para consertar alguma coisa.

JOANNA: É! Ele estava! Ele estava indo! [*Risos*]

KATIE: [*Para o público*] Então, mulheres. Vocês escolheriam ter afeição ou alguém que troque o óleo? [*Risos*] Um pouco disso e um pouco daquilo. Equilíbrio. [*Para Joanna*] Está bem, feche os olhos, querida. Olhe para ele sem acreditar no pensamento "Preciso que ele me dê mais de seu tempo e esteja mais presente comigo". Deixe sua história ir. Olhe para Dave. O que você vê?

JOANNA [*chorando*]: Um lindo presente em minha vida de... Um homem bonito que é um presente. Um homem bom.

KATIE: Sim.

JOANNA: Muito amoroso e generoso.

KATIE: Agora olhe para si mesma sem sua história. Olhe para si mesma observando-o ir até o carro. Fora o que você está pensando e em que está acreditando, você está bem?

JOANNA: Tirando o que estou pensando e no que estou acreditando, é o paraíso. A sensação é fantástica.

KATIE: É. Olhe para si mesma! Aí está você, saudável, feliz, completa, amada. Agora olhe para si mesma acreditando na história. Olhe que diferença radical.

JOANNA: Quando acredito na história, é falta, necessidade, abandono e solidão. Ninguém nunca está ali. É um pesadelo. É um pesadelo.

KATIE: Isso com a história. Agora olhe para a situação sem a história.

JOANNA: Sem a história, há paz e gratidão.

KATIE: E saúde e beleza e amor. Está tudo ali. "Preciso que Dave me dê mais de seu tempo e esteja mais presente comigo." Faça a inversão. "Preciso dar a mim mesma..."

JOANNA: Preciso dar a mim mesma mais do meu tempo?

KATIE: Mais do seu tempo para investigar seus pensamentos não questionados sobre si mesma e sobre ele.

JOANNA: E estar mais presente comigo mesma.

KATIE: Naquele momento.

JOANNA: É nisso que eu preciso trabalhar. Só estar presente e...

KATIE: "Preciso dar a mim mesma mais de meu tempo, nesse momento, e estar mais presente comigo mesmo, porque estou enlouquecida."

JOANNA: É verdade, eu estava agindo como uma louca. Nesses momentos, eu me sinto mesmo louca. É irracional. Eu me sinto irracional.

KATIE: É. Então você precisa dar a si mesma um pouco mais do seu tempo antes de ir atrás de Dave. [*Risos*]

JOANNA: Certo. Que está apenas indo para o carro.

KATIE: E estar mais presente consigo mesma, para o bem de vocês dois.

JOANNA: Ah, meu Deus. Isso é verdade. Então, quando você está presente consigo mesma, quando teve aquele momento que a deixou magoada, você apenas medita sobre ele e...

KATIE: Bom, você simplesmente sabe que está enlouquecida naquele momento e sabe que Dave não pode lhe dar o que você precisa. É hora do Formulário Julgue Seu Próximo; você o preenche com aquilo em que está acreditando e então investiga aquilo. Em outras palavras, exatamente o que você fez aqui, só passe mais tempo investigando. O Trabalho é meditação. É sobre se pôr em quietude o suficiente para experienciar as respostas que surgem para irem ao encontro das perguntas.

JOANNA: Certo.

KATIE: Este Trabalho é 100% gratuito no thework.com. Os formulários, as instruções — está tudo no site, e está tudo no YouTube. E desenvolvemos um aplicativo para celular que custa US$1,99 e que permite fazer O Trabalho em qualquer lugar. E temos um para tablets, no qual você pode preencher o Formulário Julgue Seu Próximo, e tem também um aplicativo no qual pode questionar apenas uma crença de cada vez. De modo que você possa preencher um formulário enquanto está esperando seus filhos na escola, na fila do supermercado ou em qualquer lugar, sempre que você estiver confusa, magoada ou estressada. Quando Dave sair com o carro, sente-se, identifique seus pensamentos, anote-os e faça seu Trabalho. Então, quando ele sair de carro, você vai conseguir dizer, com honestidade: "Eu te amo". Não importa se ele a ouvir ou não. Quando você ama alguém, qual é a sensação? A quem ela pertence? A ele ou a você? É sua. Quando digo "Stephen, eu te amo", ele sabe que quero dizer "Eu amo", e ele fica feliz por mim. Por que eu daria o crédito a ele? [*Risos*] E é tão bonito isso. Claro que eu quero compartilhar. "Stephen, eu te amo." Quero dizer que, de qualquer modo, ele sou eu. O que quero dizer com isso? Dave, por exemplo, vai ser sempre única e exclusivamente quem você acredita que ele é — nem mais, nem menos. Entende? É você que acredita em quem ele é e em quem ele não é. Ele vai ser sempre quem você acredita que ele é. Você nunca vai conhecê-lo. Conhecer a si mesma é o que importa. Conhecer a si mesma é realmente conhecer a todos nós. Certo, vamos olhar para a declaração número cinco.

JOANNA: *Dave está alheio, distante e na verdade não me ama.* Minha nossa.

KATIE: Tudo bem. "Nesse momento, estou..."

JOANNA: Estou alheia, distante e na verdade não amo a mim mesma.

KATIE: Nem um pouco.

JOANNA: Não.

KATIE: Você estava pensando todo tipo de coisas horríveis sobre si mesma. E há outra inversão. "Estou alheia, distante e na verdade não amo Dave."

JOANNA: Eu na verdade não amo Dave?

KATIE: O homem de quem você se aproximou para impor exigências. Ele não era o Dave que você imaginava que fosse, o Dave de coração de pedra.

Ele simplesmente era o Dave que ia para o carro. Então você o está atacando por ser alguém que ele não é.

JOANNA: Ah. Tudo bem.

KATIE: Tem o Dave como ele é, o Dave pessoa, e também o Dave que você imagina que ele seja. Um é o Dave. O outro, não. Talvez você nunca tenha conhecido Dave. Estou falando sério. Digo com frequência: "Não há duas pessoas que tenham realmente se conhecido".

JOANNA: Isso é verdade, porque há momentos em que essa mesma pessoa faz tudo do jeito que você quer, e não pode haver duas pessoas diferentes; ele não mudou de repente. Isso aconteceu em sua mente.

KATIE: Saiba apenas que ele é sempre perfeito. Ele é sempre alguém possível de ser amado, exceto pelo que você está pensando e acreditando sobre ele. [*Risos*]

JOANNA: Está bem.

KATIE: E quando você se deparar com isso, é hora de um formulário.

JOANNA: Está bem.

KATIE: Bom. Agora a declaração seis.

JOANNA: *Nunca quero que Dave me deixe questionando ou duvidando do que ele sente por mim.*

KATIE: Está bem. "Eu estou disposta a…"

JOANNA: Estou disposta a Dave me deixar questionando e duvidando do que ele sente por mim.

KATIE: "Eu não vejo a hora que…"

JOANNA: Eu não vejo a hora que Dave me deixe questionando e duvidando do que ele sente por mim.

KATIE: Esse é mais um formulário.

JOANNA: Minha nossa! Quer dizer que... Vai haver um dia em que ele saia e eu me sinta bem com tudo e em paz, se eu fizer isso o suficiente?

KATIE: Isso se chama uma vida feliz.

JOANNA: É isso o que eu quero.

KATIE: É. Se Stephen pegar o carro e for embora, não se despedir e nunca mais entrar em contato comigo, vou simplesmente supor que ele está tendo uma vida maravilhosa. E quando você ama alguém, não é isso o que você quer para a pessoa? Então se ele fica, bom; se ele vai, bom. Eu o amo. É isso. Isso é concreto.

JOANNA: Obrigada. Muito obrigada, Katie.

KATIE: Não há de quê.

5
BUDAS DO DIA A DIA

O Buda disse: "Deixe-me lhe perguntar uma coisa, Subhuti. Alguém pode reconhecer o Buda por alguma característica física marcante?".

Subhuti disse: "Não, Senhor. O Buda não pode ser reconhecido por nenhuma característica física marcante porque, como o Buda disse, as características físicas do Buda na verdade não são verdadeiras características físicas".[1]

O Buda disse: "Tudo que tem uma forma física é uma ilusão. Assim que você vê a natureza ilusória de todas as coisas, você reconhece o Buda".

As pessoas costumavam acreditar que como o Buda tinha descoberto algo extraordinário sobre a mente, ele devia ter um corpo extraordinário, marcado por características físicas milagrosas como pele dourada, um calombo na cabeça e marcas de uma roda nas solas dos pés. Esse tipo de reverência, embora tenha uma essência genuína,

---

[1] Na mitologia indiana, as 32 características físicas de um grande homem incluem traços como o sinal de uma roda com mil linhas radiais nas solas dos pés, dedos dos pés e das mãos de fina textura, pênis bem retraído, um corpo de tom dourado, uma aura de três metros, olhos azuis profundos e uma protuberância carnosa no topo da cabeça.

é limitadora; cria separação. Se você acredita que uma pessoa tem que ter um calombo na cabeça para ser um buda, como você pode entender que qualquer pessoa que despertou para a realidade é um buda, qualquer que seja a aparência dele ou dela, e que qualquer um que não tenha despertado também é um buda? Pensar que o Buda é o corpo dele, ou mesmo que ele *tem* um corpo, torna as coisas difíceis. Isso mantém você limitado. A verdade é que o Buda não tem corpo. Ninguém tem.

Este corpo é totalmente imaginado. Enquanto estou aqui sentada no sofá, com os olhos fechados, vejo imagens do corpo, tenho sensações associadas a ele, e tudo acontece dentro da minha percepção; não há nada externo nisso. Eu abro os olhos, olho para as mãos e os pés, e essas ditas partes do meu dito corpo ainda são imagens e sensações dentro da minha percepção. Posso separá-las do resto do mundo visual e chamá-las de meu corpo, mas essa separação ainda é um ato da mente, e as imagens são sempre de um passado, mesmo que esse passado tenha acontecido um nanossegundo atrás. Elas são partes de um filme da realidade; não são propriamente a realidade. Por que devo acreditar que um filme na tela mental é real? Toda vez que tento me concentrar no que é real em relação a este corpo, ele desaparece, e o "eu" que se concentra também desaparece. Não há nada sólido. Não apenas o sonho, mas também o sonhador desapareceram para sempre. E o corpo sonhado — eu o sinto, o levanto, ando com ele, alimento-o, escovo seus dentes, visto-o com roupas, levo-o para a cama à noite e o retiro da cama pela manhã, e nada disso é real. Tudo é uma projeção da mente. Imaginar que haja alguma coisa fora da mente é pura ilusão.

Até a dor física é imaginada. Quando você está dormindo, seu corpo dói? Quando você está sofrendo, o telefone toca, e é a ligação pela qual você estava ansiosamente esperando, e você fica mentalmente focado na conversa, naquele momento não há dor. Se seu pensamento muda, a dor muda.

Uma vez enfiei a mão no processador de um extrator de suco. Ouvi o som de trituração e, quando puxei a mão, ela estava escorrendo sangue. O sangue era vermelho vivo; eu nunca tinha visto nada tão bonito. Roxann, que estava do meu lado, ficou horrorizada. Ela tinha que estar horrorizada, porque sua mente estava focada no passado e no futuro, na imagem da minha mão no extrator, no som que já tinha acabado, na dor que ela projetava em mim e em um futuro no qual ela tinha uma mãe que havia perdido alguns dedos. Mas, na verdade, experiência toda foi linda. O sangue na ponta de meus dedos era saudável, adorável e livre. Eu não projetei um passado ou um futuro, então eu não tinha como sentir dor alguma. Não havia nada para obscurecer o momento radiante. Os dedos machucados eram o Buda; o sangue era o Buda; a filha amada e horrorizada era o Buda também. Esperei que a dor surgisse, e estava aberta à ilusão que criaria dor, mas graças ao amor, não houve nenhuma. Perdi algumas unhas e a ponta de um dedo ficou um pouco machucada. Pegamos água oxigenada e gaze e envolvemos os dedos, mas não havia necessidade de cuidar de mim, pois não havia nada para cuidar. Os dedos, o sangue, o extrator de suco, a filha, a testemunha — eles eram todos características do Buda.

 Outra vez, no início dos anos 1990, quando Paul e eu estávamos de carro em uma autoestrada movimentada, o carro à nossa frente parou de repente e Paul bateu em sua traseira. Isso fechou toda a faixa, e houve um enorme engarrafamento. Eu voei para a frente, e minha cabeça rachou o para-brisa. Eu estava ciente de um sorriso dentro de mim que vinha da alegria de voar pelo ar. Então senti a alegria do impacto. Foi mais como uma união que um "eu" atingindo um objeto. Fui parar no chão do carro, com o sorriso no rosto. Quando o policial chegou, ele disse que eu estava em estado de choque e que teriam que me levar ao hospital de ambulância. Eu disse: "Sabe, querido, eu estou bem. Se isso mudar, a gente faz alguma coisa. Estou perfeitamente disposta a isso, mas neste momento, estou bem". Onde eu poderia estar machucada? O que poderia me machucar? Não foi isso o que eu disse a ele, claro, porque àquela altura eu sabia que essas palavras não teriam como ser ouvidas.

 Essas experiências foram incomuns. Não é que eu não sinta dor. Quando minha neuropatia surgiu oito anos atrás — ela apareceu de repente, enquanto eu andava pela cozinha, tive uma sensação violenta de uma facada na sola dos meus pés — a dor às vezes era tão intensa que eu não conseguia andar. Organizei vários eventos e uma edição inteira da Escola d'O Trabalho em uma cadeira de rodas ou em um diciclo Segway, rolando para cada sessão. Mas isso não muda o fato de a dor ser uma projeção da mente. Se você a observar de perto, vai ver que ela nunca chega; ela está sempre de saída. E está sempre acontecendo na superfície da percepção, enquanto por baixo há o oceano vasto da alegria.

Qualquer coisa percebida pela mente desperta é bela. É a imagem-espelho da mente, como vista por ela. E entender isso é perder o conceito de mente. Que beleza não iria querer se olhar no espelho? Se você não ama o que vê no espelho, sua visão tem que estar distorcida. Isso inclui sofrimento, pobreza, loucura, crueldade, raiva, desespero: qualquer experiência humana. Todas as coisas existem, se é que existem, dentro da mente búdica, que vê tudo como belo. Para a mente búdica, não há nada feio, nada inaceitável. Isso não quer dizer que o Buda seja passivo ou que tolere a falta de bondade. Ele é a essência da bondade, e faz tudo o que pode para dar fim ao aparente sofrimento do mundo. Mas sua bondade surge do sentido mais profundo de paz com o que quer que perceba. Se você vê alguma coisa no mundo como inaceitável, pode ter certeza de que sua mente está confusa. Se você acha que qualquer coisa está fora da própria mente, isso é uma ilusão. E, além disso, nem o interior nem o exterior são reais. Um é alegria, o outro é sofrimento; um é estar dormindo, o outro é estar desperto; e todos, no fim, são iguais.

Quando você procurar o Buda, não procure alguém extraordinário. Procure algo mais perto de si, mais perto *que* si. Ao compreender sua própria mente, você começará a encontrar alguém que é mais sábio que suas expectativas. Alguém tem que ser um buda no espaço que você ocupa; alguém tem que lavar a louça ou não lavar a louça. Observe como esse buda vive. Você não pode fazer nada errado, embora sua mente imagine que você pode. Quem você seria sem a sua história? Quem você seria sem se comparar com sua imagem de um ser iluminado? A maioria dos budas vive em segredo; é raro que a notícia se espalhe. Quando você usa seu conceito de um buda para se diminuir em comparação, você está criando estresse. Sem conceitos, é fácil ser iluminado. Você leva as crianças para a escola, passeia com o cachorro, varre o chão, sem esforço, e nenhum conceito se gruda às ações. É isso o que um buda faz. Você pode ser o exemplo vivo, agora mesmo, e ninguém precisa saber.

Eu costumava dizer a meus filhos: "Sejam amigos da mediocridade". Você pode alcançar a iluminação perfeita simplesmente lavando louça. Não há nada mais espiritual que isso. Alguém pode passar três anos meditando em uma caverna, e a sua prática de lavar louça todos os dias é equivalente àquilo. Você consegue amar o equilíbrio e a harmonia de varrer o chão? Essa harmonia é o sucesso extremo, seja você um mendigo ou um rei. Você pode alcançar isso de qualquer lugar em que esteja. Não há clarins tocando; há apenas paz.

A paz reside no comum. Ela não está mais longe que isso.

Você diz: "O corpo é totalmente imaginado". Por que você imaginou um corpo que ficou cego, fez dois implantes de córnea e desenvolveu neuropatia? Por que não imaginar um corpo que seja sempre jovem e não morra?

Eu imaginaria de bom grado um corpo mais jovem e saudável se precisasse de um, mas este é o corpo para mim. Por que eu iria querer qualquer coisa diferente? Eu o amo com todo meu coração. Ele é sempre jovem, já que em todo momento ele é novo. Ele nunca morre, pois, para começar, ele foi apenas imaginado.

Como pode afirmar que a dor é imaginada? O que isso significa?

Eu entendo de onde vem a dor e entendo exatamente onde ela termina. Uma vez que você entende onde ela termina, ela terminou. Já acabou. Isso é algo que você pode experienciar se prestar muita atenção ao que está acontecendo na mente. Quando você percebe a causa da dor, você entende que toda dor está no passado. É impossível sentir dor no presente, porque nunca existe um presente. Liberdade é entender que mesmo o "agora" é uma ilusão. É só mais um conceito.

Como podemos permanecer cientes em estados de dor física extrema?

Quando você está sentindo mais dor do que pode aguentar, você muda para uma realidade alternativa. Geralmente, quando pensa que a dor é insuportável, é uma mentira. A dor é suportável: você a está suportando. O que é tão doloroso é você estar projetando um futuro. Você está acreditando em pensamentos como "Isso vai durar para sempre", "Isso só vai piorar" ou "Eu vou morrer". A história do futuro é a única maneira de você ter medo. Enquanto você projeta o que vai acontecer, perde o que está realmente acontecendo.

Nós podemos acompanhar isso mais de perto. Quando a dor está realmente além do que você pode aguentar, a mente muda para dentro de outra realidade, porque ela não tem controle. Ela não pode imaginar um futuro que não tenha experienciado no passado. E como você nunca esteve naquela posição antes, não sabe projetar o que vem em seguida. A mente não tem referência para isso, então ela muda de sua identificação corporal. É por isso que algumas pessoas dizem que enquanto estavam sendo estupradas ou torturadas deixaram seus corpos; elas estavam flutuando, olhando para baixo. A mente muda de identidade, porque ela não tem como projetar o que vai acontecer com o corpo em seguida. Ela deixa aquilo para o qual não tem referência.

Você diz que não há nada inaceitável. E quanto ao genocídio e ao terrorismo, ao estupro e à crueldade com crianças e animais? Isso é aceitável para você?

Todo genocídio, terrorismo, estupro e crueldade com crianças e animais estão no passado. Eles não existem neste momento, e isso é a graça pura. Eu aceito essa graça com uma sensação de profunda gratidão.

Quando acredita que esses horrores aparentes não deveriam acontecer, embora eles aconteçam, você sofre. Então você está acrescentando o sofrimento de mais uma pessoa ao sofrimento do mundo, e com que propósito? Seu sofrimento ajuda alguém que está sendo maltratado? Não. Isso motiva você a agir pelo bem comum? Se você prestar atenção, verá que também não é assim. Ao questionar a crença de que essas coisas não deveriam acontecer, você pode dar fim ao próprio sofrimento pelo sofrimento dos outros. E quando você fizer isso, perceberá que isso torna você um ser humano mais bondoso, alguém motivado pelo amor e não por ultraje ou tristeza. O fim do sofrimento no mundo começa com o fim do sofrimento em você.

Se você vê alguma coisa no mundo como inaceitável, pode ter certeza de que sua mente está confusa.

6
A MENTE É TUDO, A MENTE É BOA

Subhuti disse: "Senhor, sempre vai haver pessoas maduras que, ao ouvir essas palavras, ganhem um entendimento claro da verdade?".

O Buda disse: "Claro que sim, Subhuti! Vai haver muitas pessoas que encontram a verdade simplesmente ao ouvir estas palavras e as contemplar. Pessoas assim, embora possam não estar cientes disso, não cultivaram clareza mental como alunos de apenas um buda; elas cultivaram a clareza mental como alunos de centenas de milhares de budas. Quando ouvem essas palavras e as contemplam, veem a realidade em um único momento, com clareza, exatamente como é. O Buda conhece bem e aprecia essas pessoas à medida que despertam para sua verdadeira natureza.

"Como elas fazem isso? Quando veem a realidade com clareza, essas pessoas nunca mais se apegam aos conceitos de 'eu' e de 'outro'. Tampouco se apegam aos conceitos de 'verdade' e 'não verdade'. Se suas mentes se apegarem a conceitos de coisas separadas, elas vão se apegar aos conceitos de 'eu' e de 'outro'. Se negarem a existência das coisas, ainda vão estar apegadas aos conceitos do 'eu' e do 'outro'. Por isso você não deveria se apegar a conceitos de coisas separadas, e não deveria se apegar à negação de coisas separadas.

"É por isso que digo às pessoas: 'Meu ensinamento é como uma jangada'. Uma jangada serve para levá-lo até o outro lado do rio; depois que você atravessou o rio, você deixa a jangada para trás na margem. Se até ensinamentos corretos devem ser deixados para trás, muito mais deve ser feito com ensinamentos incorretos!".

O Buda diz que pessoas maduras vão "ver a realidade em um único momento, com clareza, exatamente como é". Quando veem a realidade como ela é, elas imediatamente percebem que não há algo como um passado ou um futuro. Então todas as centenas de milhares de budas com quem estudaram existem no momento presente; esses budas são as centenas de milhares de pensamentos não questionados que elas perceberam e estão percebendo nas próprias mentes. Cada pensamento é ele mesmo; cada pensamento é o Buda, mostrando a você aonde não ir. O amor vai ao encontro dessas ilusões, frutos da imaginação, e canta a canção "Isso não, aquilo não". É por isso que um estudante maduro se curva em reverência a cada pensamento que volta para o nada de onde veio.

Quando percebi pela primeira vez que o passado e o futuro não existem, eu vivia em um estado de êxtase contínuo. Eu estava vendo tudo com novos olhos; minha mente era uma tela em branco. Um dia a diretora da casa de recuperação me pediu para ir de carro até outra cidade para buscar alguns livros que ela queria, eu disse: "Isto não pode. Isto não sabe o caminho para lugar nenhum". A diretora disse: "Sei que você consegue. Vou lhe dar instruções". Eu disse: "Isto precisa de alguém para ir junto". E ela disse: "Não, você vai sozinha". E, através de suas palavras, pude ouvir a possibilidade. Então, ela me entregou as chaves da van e me deu instruções. Foi muito estranho. Eu não tinha futuro, então não fazia sentido "ir buscar" alguma coisa. Não havia livros; não havia nada, exceto o que eu podia ver — e olhe lá. Era como se tivessem me dito para me jogar de um penhasco. Eu não conseguia prever que iria me machucar, mas sabia que estava seguindo direto para o abismo.

E a experiência foi a seguinte: Você não sabe onde está a van, você não sabe *o que é* uma van, você não sabe como sair do prédio; ou mesmo se há um lado de fora. Mas se levanta, sai andando e continua a andar, e de algum modo a van está ali. Então você entra nela e surge o pensamento: "Chave!", e você pega a chave no bolso e encontra um lugar onde enfiá-la, e o volante é novo, o para-brisa é novo, o espelho retrovisor é novo, tudo é novo e estranho. Você olha para baixo e não sabe qual é o pedal do acelerador e qual é o do freio, você não sabe de que lado da rua dirigir, não sabe o que significam os sinais verde e vermelho, mas de algum modo tudo acontece sem esforço. *Isso* sabe o que fazer e aonde ir. Tudo é um fluxo sem esforço, e você sente um êxtase intenso — com empolgação e reverência intensas — por tudo estar acontecendo por conta própria, sem seu envolvimento, sem ter que tomar qualquer decisão. E quando você sai andando da van, sente que a cada passo pode cair eternamente pelas frestas do universo, como se estivesse caindo através dos espaços vazios entre os átomos da calçada. E por todo esse tempo, eu continuava vendo que não era "eu" quem estava fazendo aquilo. Eu, na época, não tinha a linguagem para aquilo, mas foi isso o que vi: que algo que não eu estava fazendo aquilo — que não é eu, mas ainda assim é. Então, passo a passo você vai até a borda do universo, olha além dela e vê que não há nada ali. Mesmo assim vem o próximo passo, e o próximo, e tudo está acontecendo por conta própria. Mas você não está nem olhando para além da borda, você está *caindo* para além dela a cada passo. Ainda assim, nunca cai e continua a aprender que cair não é possível. E isso também é incrível. Então o não-saber e o êxtase são totalmente entrelaçados.

As primeiras semanas foram assim: a surpresa e o êxtase de cair da borda do universo, a total admiração de ver tudo ser feito sem um autor, o coração transbordando com a beleza de tudo o que eu via, e o estado búdico de tudo, o estado de tudo ser o que é. E a paz que existe por trás de tudo. Eu estava conscientemente sempre vindo dessa posição. Havia uma queda e uma perda constantes em primeiro plano, contra um fundo de paz total. A coisa que estava sempre se desfazendo, de qualquer maneira, era inexistente. O mundo estava sempre encolhendo, e não restava nada além da paz. Essa paz nunca mudou.

A comunicação do Buda nesse sutra é impecável. É tão precisa e bem sintonizada que qualquer outra palavra é desnecessária. Enquanto escuto Stephen ler o capítulo para mim, me vejo sentada aos pés do Buda. Também me sento aos pés de qualquer um que me procure, e me sento aos pés de um talo de grama, uma formiga, um grão de poeira. Quando você percebe que você é o Buda sentado aos pés do Buda, você encontra a liberdade de tudo. Essa mente clara é extraordinária. Não há nada a adicionar ou subtrair.

É verdade que não há eu nem outro. É verdade que não há verdade e não verdade. Não há coisas separadas, e não há coisas não separadas. Não existe mundo fora de você, e também não há mundo dentro de você, porque até você acreditar que existe um "você", você não criou um mundo. Se você acredita haver um mundo, você tem dois: você e o mundo; e se acredita não haver mundo fora de você, você ainda tem dois. Mas não há dois. Dois é uma criação da mente confusa. Há apenas um e nem mesmo isso. Não há mundo, não há eu, não há substância — apenas o perceber sem um nome.

Não há verdades. Há apenas a coisa que é verdade para você no momento, e se você a investigasse, iria perdê-la também. Mas honrar aquilo que é verdade para você no momento é sempre uma questão de manter a própria integridade.

As chamadas verdades universais também retrocedem. Elas também não existem. A última verdade — eu a chamo de a última história — é "Deus é tudo; Deus é bom". (Uso a palavra *Deus* como sinônimo para *realidade*, porque a realidade dá as regras.) Você também pode dizer: "A mente é tudo; a mente é boa". Fique com essa versão, se preferir, e tenha uma vida feliz. Qualquer coisa que se oponha a isso machuca. É como uma bússola que sempre aponta na direção do verdadeiro norte.

O Buda compara seu ensinamento com uma jangada que leva as pessoas da margem do sofrimento à margem da liberdade. Ele diz que esse é o único propósito da jangada. Quando você chega à outra margem, deixa a jangada para trás. Seria ridículo prendê-la nas costas e carregá-la enquanto você anda. É o mesmo com ensinamentos espirituais, afirma ele, mesmo os mais claros, mesmo o *Sutra do Diamante*. Amo como o Buda destrói as próprias palavras e nos deixa sem chão.

O Trabalho também é como uma jangada. As quatro perguntas e as inversões ajudam você a ir da confusão à clareza. Em algum momento, por meio de prática, você não impõe mais seu pensamento sobre a realidade, e pode vivenciar tudo como realmente é: como graça pura. A essa altura, as perguntas em si se tornam desnecessárias. São substituídas por um questionamento sem palavras que desfaz todo pensamento estressante imediatamente à medida que surge. É o jeito da mente ir ao seu próprio encontro com entendimento. A jangada foi deixada para trás. Você se tornou as perguntas. Elas se tornaram tão naturais quanto respirar, então não são mais necessárias.

Quando chegamos à "outra" margem, nós nos damos conta de que nunca deixamos a margem de onde partimos. Há apenas uma margem, e já estamos lá, embora alguns de nós ainda não tenham se dado conta disso. Nós consideramos que é preciso ir daqui para lá, mas o *lá* se torna *aqui*. Era aqui o tempo todo.

Quando você está sentado em estado de contemplação, vendo o que realmente existe, excluindo tudo lembrado ou antecipado, a mente búdica se torna aparente, e você acorda como o não nascido. Se você realmente deseja paz, se entende que a autoinvestigação vai além da vida e da morte, sua prática vai deixá-lo na outra margem, que se revela não ser a outra, mas a única margem. Pensamentos sobre uma margem diferente eram imaginação, e quando você se dá conta disso, percebe que sempre esteve na margem apontada pelo Buda. Nenhuma jangada é necessária.

Se você não tem um sentido de passado ou futuro, como pode conseguir fazer qualquer coisa?

Um passado ou um futuro não são necessários para fazer as coisas. Eu simplesmente faço o que está à minha frente, o que quer que apareça no momento. Observo e testemunho; permaneço como o que percebe; continuo a expandir sem passado ou futuro, sem ir a lugar algum, além dos limites de velocidade. Mas se alguma vez eu necessitasse de um passado ou de um futuro, não hesitaria em conseguir um.

O Buda diz que pessoas que negam a existência das coisas ainda estão ligadas aos conceitos de "eu" e de "outro". Quando você diz que a vida é um sonho, não está negando a existência de coisas separadas?

"Nada existe" pode parecer uma verdade, já que aponta para algo mais preciso que um eu sólido olhando para um mundo sólido. Mas a inexistência das coisas tem que ser constatada profundamente antes de ser algo diferente de um mero conceito. Se você acredita que nada existe, ainda está identificado como um "você" que acredita que nada existe. Se você entende que o mundo vive somente como imaginação, é livre; não há você; fim de história. Você não pode se identificar com nada. É o fim de acreditar, e até os pensamentos mais profundos perdem significado. "Nada" é o que sobra à mente eu-sei.

"A mente é tudo; a mente é boa", você diz. Está falando de estar ciente? Por que você usa a palavra mente aqui? Por que nunca usa palavras como alma ou espírito?

Além da mente, o que existe para se estar ciente? Então a mente ciente de si é o dar-se conta de estar ciente. E quando a mente está ciente de si mesma, ela dá-se conta não só que não é pessoal, ela nem existe; é uma ilusão. Antes do "eu" não havia nada. O "eu" vem em segundo, vindo do primeiro que não tem nome. A mente aparente que questiona a si mesma começa a entender de onde ela vem, que é do amor puro, por falta de uma palavra melhor. Então se não é a canção do amor, é uma distorção da natureza da qual nasceu.

Em relação a palavras como *alma* e *espírito*, não as uso porque não sei o que significam.

Você diz que quando as pessoas fazem O Trabalho como uma prática, as palavras acabam substituídas por um questionamento sem palavras. Você poderia descrever como é isso?

A prática da investigação exige ouvir com cuidado, testemunhar o que vai ao encontro das perguntas. Com o tempo, a mente questiona automaticamente todo julgamento que surge nela e assim encontra liberdade dos próprios pensamentos. As pessoas percebem que não estão fazendo nada; que estão sendo feitas; elas não estão nem pensando, estão sendo pensadas. Quando O Trabalho está vivo dentro de você, qualquer pensamento potencialmente estressante que surja na superfície da mente é imediatamente recebido pelo questionamento sem palavras que dá origem ao "Isso é verdade?". Quando você vai ao encontro de um pensamento dessa maneira, ele perde o poder de causar sentimentos negativos. Ele se desfaz instantaneamente, se desconstrói, evapora, e o que resta é a sua natureza original. A bondade de todas as coisas se torna evidente com cada momento que você se dá conta dela. Tudo é uma ilusão, mas uma ilusão boa, não a amedrontadora com a qual nasci do útero de uma mãe.

Então em certo ponto da prática a investigação se torna desnecessária?

Digo frequentemente que quando você se dá conta de que a natureza de tudo é boa e que tudo é bom, você não precisa de investigação. Isso é muito claro para mim desde o momento em que me dei conta disso pela primeira vez 31 anos atrás. Stephen me contou uma história que estava circulando na internet — que segundo Einstein existe apenas uma pergunta: "O universo é amistoso?". (Quando ele verificou a citação posteriormente, descobriu que era falsa; ela não era de Einstein, afinal. Mas isso não importa.) "O universo é amistoso?" Em 1986 eu despertei com um "sim" ressonante, e nem tinha me dado conta de que havia uma pergunta. Eu entendi simples e imediatamente. Passei a ver que todo o universo, e tudo o que acontece nele, é bom. As quatro perguntas e as inversões d'O Trabalho são o caminho interno para esse entendimento.

*Em algum momento,
por meio de prática,
você não impõe mais
seu pensamento sobre a
realidade, e pode vivenciar
tudo como realmente é:
como graça pura.*

7
EM PAZ NO COMUM

O Buda disse: "Deixe-me perguntar uma coisa, Subhuti. O Buda alcançou a iluminação? E ele tem um ensinamento a oferecer?".

Subhuti disse: "Pelo que entendo, Senhor, não existe algo como iluminação. Tampouco qualquer ensinamento que seja oferecido pelo Buda. E a razão é: o Buda não tem nada a ensinar. A verdade é inatingível e inexprimível. Ela nem é nem não é. Toda pessoa madura sabe que não há nada a ser sabido".

———

Se você entende que o mundo não é separado entre eu e outro, vai ver com clareza que não há algo como a iluminação. Não pode haver. Afinal de contas, quem está aí para ser iluminado? Você teria que *ser* alguém antes de poder experienciar a iluminação. Deveria haver um ego para ser libertado. Mas egos não são libertados.

É verdade que quando você desperta do transe, está livre de todo o sofrimento. Mas dizer isso dessa maneira ainda aponta para alguém, um ser que está supostamente "desperto". É só quando você vê o Buda como um eu separado que consegue formar um conceito de que ele é iluminado. Todos esses conceitos espirituais são apenas criação da mente. O que "eu" sei sobre essa forma imaginária que vocês chamam de "eu"?

Muitos monges que estavam escutando o Buda devem ter se dado conta de quem ele era: ninguém. Mas alguns podem ter desejado tratá-lo como um guru, botá-lo em uma categoria diferente, pensar que o Buda era superior a eles, um ser mais evoluído ou exaltado. Eles podem ter olhado para ele com uma adoração deslumbrada. A resposta do Buda era amá-los e continuar a ajudá-los a questionar seu modo de pensar, de modo que pudessem encontrar a própria liberdade. Como ele poderia ter algum efeito nas projeções deles? Ele sempre dizia não ter nada que *eles* não tivessem. Constantemente fazia com que se voltassem para si mesmos, para o único caminho possível. A beleza da investigação é que esse tipo de veneração não dura muito, embora, para a pessoa que está venerando, isso possa ser muito agradável. A investigação nivela tudo, deixa todos iguais. A história de ter um mestre iluminado, por mais agradável que possa ser, é uma história de separação.

As pessoas acham que a autorrealização é algo especial. Mas não estamos em paz até estarmos em paz no comum. É aí que se encontra o conforto. Alguém vai perguntar "Como você está?", e eu posso responder "Bem". As coisas se juntam e penetram. Então sou irreconhecível. Estou parada com todas as outras pessoas na esquina, comendo um cachorro-quente, vendo a banda passar. Não sou nem mais nem menos que você. Se somos sequer uma respiração a mais ou a menos que qualquer outra pessoa, não estamos em paz.

Subhuti faz uma pergunta ao Buda, ou o Buda faz uma pergunta a Subhuti. Nos dois casos, é o Buda perguntando e o Buda respondendo. É a pergunta que dá origem à verdade. Antes de responder, tenho que compreender por mim mesmo o que é verdade, já que eu não gostaria de criar inverdades em meu mundo. "Tenho um ensinamento a oferecer." Isso é verdade? Posso saber com certeza absoluta que isso é verdade? Claro que não. Esse é o ensinamento. O ensinamento é sempre para mim mesma; não tenho ensinamento para mais ninguém. À medida que você faz as perguntas e eu respondo, é somente a mim mesma que eu ilumino, e é a sua sabedoria — a sabedoria fazendo as perguntas — que me ilumina. Ela é a fonte da minha iluminação. É assim que funciona. Alguém me pergunta "Aonde você vai?", e a pergunta me desperta. O eu, eu, eu aparente — tudo inautêntico, tudo autêntico aos olhos do observador. Acredite ou não; iluminado ou não.

Pergunte-se: "Quem está pensando?". Não há resposta para isso. A pergunta provoca um curto-circuito na mente. Você pode nunca ter uma resposta. Você poderia esperar um milhão de anos, e ainda haveria silêncio. E, na verdade, não há resposta para nada. Não podemos explicar *nada* essencial em nossas vidas. Mas por que você iria querer explicar? Isso o faria mais feliz? Costumo dizer: "Você prefere estar com a razão ou livre?". Não tenho explicações, e não tenho problemas há 31 anos.

Minha tarefa é remover o mistério de tudo. É muito simples, porque não há nada. Há apenas a história que aparece agora: a história de budas e não budas, a história de que algumas pessoas são iluminadas e algumas não são, a história de que você precisa de mais do que já tem, a história de que precisa atingir algum estado espiritual elevado antes de poder ser inteiro. Você pode simplesmente observar essas histórias surgirem e irem, ciente de que nesse momento apenas a história existe.

Cada um de nós é a imagem-espelho da fonte. Isso é tudo o que sou: mulher sentada no sofá, mulher ouvindo homem ler o *Sutra do Diamante*. E quando investigo essa afirmação, ela é verdade? Não. Posso ver que sou anterior à imagem-espelho. Sou aquilo que é ciente antes disso. Sou ninguém e alguém, sou tudo e nada, sou o começo (mente irrefletida) e sou o fim (mente irrefletida). E sou tão vaidosa que quero me ver no espelho. Mulher ouvindo homem. Mulher respondendo perguntas.

Subhuti se dá conta que não só não existe iluminação, como também não existe ensinamento. Não pode haver nenhum ensinamento oferecido pelo Buda, porque todos os ensinamentos são dissolvidos, da mesma forma que o construto acontecendo em sua mente neste exato momento enquanto lê. É tudo imaginado; não há nada a ensinar. Aonde vai o vento em um dia sem brisa? E o ar que você acabou de inspirar — nesse momento, ele não existe apenas como pura imaginação? Você percebeu o ar entrando por suas narinas, e quando você não tem nenhum pensamento de um passado, esta é a primeira inspiração, e agora ela se foi. Como você pode saber que ela sequer aconteceu?

A verdade é muito simples. Toda palavra dita e todo ensinamento dado, por mais valiosos que sejam, deixam um construto onde, na realidade, não existem. Isso pressupõe alguém ouvindo, alguém falando, algo a ser conhecido. Ao tentar dizer a verdade, cria-se algo extra. Acrescenta algo desnecessário ao que é, e assim se torna uma mentira.

A mente búdica já está completa. Ela não precisa de iluminação. Não precisa ensinar. Não precisa se dar conta de nada. Ela é tudo o que sempre achou que queria — neste exato momento. Tudo é feito por ela, sem esforço. Ela se movimenta sem resistência, como uma bela canção. Tudo o que ela poderia ter ou fazer ela tem e faz. Ela simplesmente flui como o que é ciente. A história de um problema, quando investigada, se torna risível. E mesmo tal história é a mente búdica.

A busca pela iluminação é um desperdício de esforço?

Se a definição de iluminação é "liberdade do sofrimento", então não. Como a busca para acabar com a ilusão de sofrimento pode ser um desperdício de esforço? O ego, também, tem a ver com o fim do sofrimento, embora de um jeito totalmente autoiludido: "Se eu tivesse mais dinheiro (ou sucesso, ou sexo), seria feliz". Então, questionar os pensamentos que estão causando sua infelicidade faz todo o sentido, e quando o "lá fora" é reconhecido como uma projeção da mente, faz ainda mais sentido.

Se palavras sempre acrescentam algo desnecessário ao que é, e assim se tornam uma mentira, por que o Buda se deu ao trabalho de ensinar? Por que você escreveu este livro?

Mesmo um texto tão profundo quanto o *Sutra do Diamante* não importa de verdade. O mundo sem ele é igual ao mundo com ele, já que nenhum desses mundos na verdade existe. Quem quer que tenha escrito o sutra o escreveu porque é isso que o amor faz. Quando alguém pergunta, o amor responde. Por isso escrevi este livro. As pessoas sempre pediam por um novo livro de Katie, e Stephen pedia que eu falasse sobre o *Sutra do Diamante*, e claro que eu disse sim. Fiquei feliz em dar a ele a matéria prima de que ele necessitava, e feliz por minhas palavras terem passado por Stephen. Se você achar o livro útil, fico feliz. Se você achar que é simplesmente uma perda de tempo, fico igualmente feliz. Projeto essa felicidade sobre todo mundo. Segundo vejo, as pessoas fazem o possível para acreditar no que pensam. Entretanto, bem no fundo, não conseguem fazer isso, e na verdade não acreditam. Eu testei. Conforme a mente se abre para as respostas advindas da clareza em seu interior, as pessoas acham que por mais que tentem, não acreditam nos pensamentos estressantes em que imaginam acreditar.

O Buda entendeu que não há maneira para ele ou qualquer pessoa trazer para o mundo o que nunca pode ser trazido. Mas não há mal na consciência aparente existir. Ninguém na verdade acredita, e é isso o que a investigação torna óbvio: a mente búdica, nenhuma mente, nada.

Se somos sequer uma respiração a mais ou a menos que qualquer outra pessoa, não estamos em paz.

8
GENEROSIDADE SUPREMA

O Buda disse: "Deixe-me perguntar uma coisa, Subhuti. Se alguém acumulasse uma riqueza inconcebível e então doasse tudo para a caridade, o mérito obtido por essa pessoa não seria grande?".

Subhuti disse: "Muito grande, Senhor. Mas embora o mérito seja grande, não há nele substância. Ele é apenas *chamado* de 'grande'".

O Buda disse: "É, Subhuti. Mesmo assim, se uma pessoa de mente aberta ao ouvir este sutra pudesse tomar plena consciência do que ele está ensinando e então incorporá-lo e viver de acordo com ele, o mérito dessa pessoa seria ainda maior. Todos os budas e todos os seus ensinamentos sobre iluminação têm origem no que este sutra ensina. E ainda assim, Subhuti, não há ensinamento".

O que o Buda quer dizer nessa passagem é que quando você se dá conta de que não existe o eu nem existe o outro, você dá um presente incomparável. É a generosidade suprema, tanto para os outros quanto para você mesmo (nenhum dos quais existe). Toda a percepção búdica — ou seja, qualquer mente que veja a realidade como ela realmente é — vem de se dar conta disso.

Não há distância da mente. É tudo uma viagem imaginada. A mente nunca se altera como a fonte. Ela não "volta" para si mesma, porque ela nunca parte. O céu e a terra nasceram quando eu nasci, e a única coisa que nasceu foi o "eu". Todo o mundo se ergue desse "eu" inquestionado. E com isso vem o mundo dos nomes, e os truques da mente ligados a esses nomes. Dessa história vêm mil — dez mil — formas de sofrimento. "Eu sou isso." "Eu sou aquilo." "Sou um humano." Sou uma mulher." "Sou uma mulher com três filhos cuja mãe não a ama."

Você é quem acredita ser. Outras pessoas são, para você, quem você acredita que são; elas não podem ser nada além disso. Se você se deu conta de que a mente é uma, que tudo e todos são uma projeção sua (inclusive você), vai entender que está sempre lidando consigo mesmo. Vai acabar amando a si mesmo, amando todos os pensamentos que pensar. Quando você ama todos os pensamentos, você ama tudo o que os pensamentos criam, ama todo o mundo que criou. No início, o amor que transborda em você parece estar relacionado a se conectar com outras pessoas, e é maravilhoso se sentir intimamente conectado a todos os seres humanos que encontra. Mas então se torna a mente conectada consigo mesma, e apenas isso. O amor supremo é o amor da mente por si mesma. Mente se junta com mente — toda a mente, sem divisão ou separação, toda ela amada. Na verdade, sou tudo o que posso saber, e o que venho a saber é que não há algo como o "eu".

Então você descobre que até a mente é imaginada. A investigação o desperta para isso. Quando as pessoas questionam o passado aparente, perdem o futuro. O momento presente é quando nascemos. Somos os não nascidos. Nascemos agora... agora... agora... Não há história que consiga sobreviver à investigação. O "eu" é imaginado por "mim", e quando você capta um vislumbre disso, para de se levar tão a sério. Você aprende a amar a si mesmo, como mais ninguém. O caso de amor da mente consigo mesma é a maior dança, a única dança.

Quando percebe que não há eu, você percebe também que não existe morte. A morte é apenas a morte da identidade, e isso é uma coisa bonita, já que toda identidade que a mente constrói desaparece diante da investigação, e você é deixado sem identidade e, portanto, não nascido. O "eu" do passado e do futuro, agora, são inexistentes, e o que resta é imaginado. Quando a mente para, não há mente para saber que não há mente. Perfeito! A morte tem uma reputação terrível, mas é apenas um boato.

A verdade é que o nada e o algo são iguais. São apenas aspectos diferentes da realidade. *Algo* é uma palavra para o que é. *Nada* é uma palavra para o que é. A percepção não tem preferência por uma ou por outra. A percepção não negaria nenhuma delas. Não negaria uma folhinha em um pinheiro. Não negaria uma respiração. Eu sou tudo isso. É o amor-próprio por completo e abarca tudo. Ele se curva aos pés de tudo. Curva-se aos pés do pecador, do santo, do cão, do gato, da formiga, da gota d'água, do grão de areia.

O Buda diz que o mérito de alguém que compreenda esse ensinamento central do *Sutra do Diamante* é maior até mesmo que o mérito do filantropo mais generoso. Dar-se conta disso é a maior dádiva possível. Mas no fim, não há mérito. Ninguém está contando pontos, afinal de contas. Como você pode adquirir mérito se nem existe como um ser separado? "Mérito" é só um jeito de dizer que você não pode fazer nada mais valioso que tomar consciência de quem é.

A mente búdica não restringe nada. Tudo nela é dado livremente, da mesma forma que foi livremente recebido. Ela não tem espaço de armazenamento; o que flui para dentro dela também flui para fora, sem nenhum pensamento de ter ou dar. Não há nada a se ter que não seja imediatamente dado, e seu valor está no doar. A mente búdica não precisa disso. Ela é um receptáculo; existe em fluxo constante. Qualquer sabedoria que o Buda possa ter é algo que ele não pode reclamar para si. Ela pertence a todos. É simplesmente percebida de dentro e dada exatamente na mesma medida. Quanto mais valiosa é, mais livremente é dada.

Não posso lhe dar nada que você já não tenha. A autoinvestigação lhe permite acessar a sabedoria que já existe dentro de você. Ela lhe dá a oportunidade de perceber, você mesmo, a verdade. A verdade não vem ou vai; ela está sempre aqui, sempre disponível para a mente aberta. Se eu posso lhe ensinar alguma coisa é a identificar os pensamentos estressantes em que você está acreditando e questioná-los, me pôr em quietude para poder ouvir as próprias respostas. O estresse é o presente que alerta você para sua sonolência. Sentimentos como raiva ou tristeza existem apenas para alertá-lo de que está acreditando em suas próprias histórias. O Trabalho dá a você um portal para a sabedoria, uma maneira de sorver as respostas que o despertam para sua verdadeira natureza, até você perceber como todo sofrimento é causado e como ele pode ser eliminado. Ele devolve você a antes do início das coisas. Quem você seria sem a sua identidade?

Nascemos como uma história. A história fica lá fora e vive a vida, para sempre. Para mim, "para sempre" durou 43 anos, e foi todas as vidas que já foram vividas — todo o tempo e o espaço. Achei que estivesse presa lá, em uma agonia desesperada, sem saída. Então as quatro perguntas me trouxeram de volta para o narrador. Quando percebi que ninguém estava contando a história, tive que rir. Na verdade, eu sempre tinha sido livre, desde o começo dos tempos.

Nesse sutra, o Buda fala sobre generosidade, mas não sobre amor. Por que você acha que isso acontece?

O amor em geral é pensado como uma emoção, mas é muito mais vasto que isso. Egos não podem amar, porque um ego não é real, e ele não pode criar algo real. O Buda está além de qualquer identidade, e isso é o que vejo como amor puro.

Quando me refiro a amor, estou apenas apontando para a mente desperta e não identificada. Quando você é identificado como um isso ou um aquilo, ele ou ela, qualquer tipo de eu físico, corpo e personalidade, você permanece no domínio limitado do ego. Se seus pensamentos são contrários ao amor, você vai sentir estresse, e esse estresse vai lhe informar que você se afastou do que realmente é.

Se você sente equilíbrio e alegria, isso lhe diz que seu pensamento está mais ligado a manter sua verdadeira identidade, que está além da identidade. Isso é o que eu chamo de "amor".

Qual a relação entre amor e projeção?

Quando julgo alguém, estou vendo uma distorção da minha própria mente se sobrepondo a um outro aparente. Não posso amar a pessoa com quem estou até vê-la com clareza, e não posso vê-la com clareza até não ter desejo de mudá-la. Quando a confusão toma conta da mente, quando ela discute com a realidade, vejo apenas minha própria confusão. "Ama o teu próximo como a ti mesmo" não é um mandamento vindo de fora; é uma observação. Quando você ama seu próximo, está amando a si mesmo; quando você ama a si mesmo, não pode evitar amar o próximo. Isso porque o próximo é você. Ele não é o "outro" que parecia ser. Ele é uma pura projeção da mente.

Entendo o quanto a mente não questionada é dolorosa. Também entendo que o amor é o poder. A mente se origina no amor e no fim volta à sua fonte. O amor é um dispositivo que leva a mente para a paz, e até a mente retornar, ela não tem descanso.

Você diz que não há morte. Mas corpos morrem, não morrem? A mente é independente do cérebro? Como pode saber que quando o cérebro morre não há nenhuma mente?

Nada nasce além de um pensamento em que se acredita, nada morre além desse pensamento quando ele é percebido, e no fim você acaba por entender que o pensamento nunca nasceu. Não vejo ninguém como vivo, já que todos os seres estão dentro de mim e existem apenas como "eu" vejo que são.

Se você pensar que corpos morrem, eles morrem — em seu mundo. Em meu mundo, corpos só podem nascer na mente. Como o que nunca nasceu pode morrer? Isso não é possível, exceto na imaginação de quem crê, hipnotizado e inocente.

Você diz que "Nada e alguma coisa são iguais". Isso não significa que nada importa? E se nada importa, isso não é deprimente?

Todas as coisas não são nada, elas são todas imaginadas, e "nada" é igual a "alguma coisa". Alguma coisa importa? Importa para o ego. Mas o fato do ego acreditar não a torna real.

Quando você percebe que não é ninguém, você fica *empolgado* por nada importar. Há muita liberdade nisso! Todo o quadro é apagado a todo momento. Isso significa que cada novo momento é um novo começo, onde qualquer coisa é possível. Você também percebe que a inversão dessa declaração também é verdade: tudo importa. Isso é tão empolgante quanto seu oposto.

Você está sempre lidando consigo mesmo.

9
O AMOR RETORNA POR SI MESMO

O Buda disse: "Diga-me uma coisa, Subhuti. Meditadores que atingiram o nível de entrar na corrente[2] pensam: 'Eu alcancei o nível de entrar na corrente'?".

Subhuti disse: "Não, Senhor, e digo o porquê. Essas pessoas percebem que não há ninguém onde entrar forma, som, cheiro, gosto, sensação ou qualquer pensamento que surja na mente. Por isso são conhecidos como 'os que entram na corrente'."

"Diga-me, Subhuti. Meditadores que alcançaram o nível de retornar uma vez pensam: 'Alcancei o nível de retornar uma vez'?"[3]

"Não, Senhor, e eis o porquê. Embora a expressão retornar uma vez signifique 'uma pessoa que vai e vem uma vez mais', eles percebem que, na verdade, não há ir ou vir. Por isso são conhecidos como 'os que voltam uma vez'."

"E da mesma forma, Subhuti, meditadores que chegaram ao nível de não retorno[4], dizem: 'Eu atingi o nível de não retorno'?"

---

2 Pessoas que começaram a praticar o Nobre Caminho Óctuplo do Buda.
3 Pessoas que são parcialmente iluminadas e renascerão no mundo humano apenas uma vez mais.
4 Pessoas que nascem em um dos reinos celestiais e dali atingem o Nirvana.

"Não, Senhor, e eis o porquê. Embora a expressão não retorno signifique 'alguém que nunca volta para o mundo do sofrimento', eles percebem que na verdade não existe o retornar. Por isso são conhecidos como 'os que não voltam'."

"Mais uma coisa, Subhuti. Meditadores que atingiram o nível de *arhats*[5] pensam: 'Eu atingi o nível de *arhats*'?"

"Não, Senhor, e eis o porquê. Não há, na verdade, algo como um *arhat*. Se um *arhat* der origem ao pensamento 'eu atingi o nível de *arhats*', isso significaria que ele está ligado aos conceitos de 'eu' e de 'outro'."

"O Senhor disse que de todos os seus discípulos sou o mais proficiente em meditação, e que eu resido na paz, e que sou o *arhat* mais livre de desejo. E mesmo assim, nunca penso em mim como um *arhat*, ou como alguém que está livre do desejo. Se eu fosse acreditar no pensamento de que alcancei o nível de *arhats*, o Senhor não teria dito sobre mim que eu resido na paz, já que na verdade não há lugar onde residir. Por isso o Senhor diz que eu resido na paz."

Neste capítulo, o Buda menciona várias categorias de realização, com nomes chiques: "entrar na corrente" para pessoas que praticam atenção plena, "retornar uma vez" para pessoas que vão nascer apenas mais uma vez, e assim por diante. Mas sem um conceito de "eu", essas categorias desmoronam. Mais iluminados, menos iluminados; muitos renascimentos, nenhum renascimento; indo, vindo: são apenas conceitos. Se você está tentando monitorar seu progresso no caminho espiritual — se acha que faz alguma ideia da distância em que

---

[5] Pessoas que atingiram o Nirvana e nunca vão renascer.

está — não se dê ao trabalho. Não há realização, porque você já é o que quer se tornar. Tudo separado desaparece à luz da atenção plena.

    Quando você se dá conta da verdade, você também se dá conta de que isso não é uma conquista. Você não fez nada; a conquista é apenas a alegria de ser recebido exatamente por aquilo que você já é. É a mente sendo recebida pela mente, sem oposição. Não é pessoal. A verdade nos liberta de qualquer apego aos conceitos de "eu" e de "outro". Não há humanos; não há mente; tudo é um sonho. A prática da investigação apaga tudo, enquanto a mente acredita existir mesmo enquanto mente. O mundo projetado se desemaranha primeiro, depois a mente, e qualquer traço de que essa mente um dia existiu. Esse é meu mundo. Quando ele acaba, acaba.

    A única coisa que você precisa saber sobre iluminação é se acreditar em um pensamento em particular é estressante ou não. O pensamento machuca ou não machuca? Se não machuca, bom: aproveite. Se machuca — se causa tristeza, raiva ou desconforto de qualquer tipo —, questione-o e ilumine-se para esse pensamento. O sofrimento é opcional. Ele não precisa durar anos. Pode ser reduzido a meses, semanas, dias, minutos, segundos. No fim, quando os mesmos pensamentos surgem, aqueles que o fazem sofrer, você está à vontade com eles. Na verdade, você está aceso: você anda pela rua brilhando como uma lâmpada de mil watts. Quando pensa: "Preciso que minha mãe me ame", você simplesmente ri, porque está iluminado em relação a esse pensamento, o próximo e o seguinte.

    A investigação o coloca de volta em uma posição de clareza. Ela permite que você se dê conta de que é anterior a qualquer pensamento de "eu". Como é divertido voltar à realidade! Não há nada que eu faria para impedir isso. É um privilégio abrir os olhos e me ver no espelho. Mas não há um estado permanente de clareza, porque a clareza não tem futuro. Nós não acordamos para sempre. Nós despertamos apenas agora. Você consegue questionar seus pensamentos e estar feliz neste momento? As pessoas têm experiências maravilhosas de abertura espiritual, e não é isso. Assim que pensam "Quero que isto dure para sempre", elas foram para o futuro e perderam a realidade. É *isto* aqui, agora. É simples assim. Só isto existe.

Como você reage quando você acredita no pensamento "eu quero ser iluminado"? Você se sente estressado, fica preso em sua não iluminação imaginada. A investigação mostra isso sem sombra de dúvida. E quem você seria sem o pensamento? Livre de tudo isso. Eu sou uma pessoa que teve a graça de não saber sequer que *havia* uma coisa como iluminação. (E não há.)

Mas o desejo de liberdade, o desejo que pode gerar esses pensamentos de realização, isso é autêntico. Quando eu estava muito confusa, costumava me deitar na cama e chorar: "Eu quero ir para casa!". Achei que o que eu queria fosse a morte física. Eu não acreditava em céu ou inferno; queria apenas ser livre do que eu considerava um sofrimento insuportável, e, em minha inocência, eu tinha entendido certo. Eu precisava morrer primeiro. Mas não fisicamente.

Todo mundo deseja o autêntico. Ele está sempre aqui. É o verdadeiro professor. Não há nada que você possa fazer para eliminá-lo. Ele é o ouvinte, aquele que não tem história. Chamo isso de amor, e podemos contar todas as histórias que quisermos sobre como ele não existe, mas existe. Quando você se opõe a ele, você cria o único sofrimento que pode experienciar. Ele está sempre se limpando e purificando. Ele não poupa nada, e qualquer um que o provou entraria de bom grado no fogo e arderia em chamas para manter essa pureza. Não há escolha. Quando o machado cai, pouco antes de cortar sua cabeça, o último pensamento não é sobre graça. "Ah, obrigada por isto também!"

Por 43 anos eu não tive nenhuma experiência de atenção plena. Então houve um instante disso, e foi o suficiente, porque depois desse instante eu tinha a investigação dentro de mim. Ela tinha nascido. Foi o *que* nasceu naquele momento. O questionamento estava desperto em meu interior. Havia um círculo perfeito: o sair e o voltar à paz, em vez do sair constante, sem caminho de volta, sem possibilidade de completar a viagem que nunca aconteceu.

Você precisa perder tudo. Tudo o que parece ser externo morre — tudo. Você não pode ter nada. Não pode ter nada que ama. Você não pode ter um marido — ele não é um marido material. Não pode ter filhos — eles não são filhos materiais. Não pode ter um conceito.

As pessoas acham que o desapego tem a ver com se afastar dos outros ou das coisas que se ama, mas é muito mais que isso. Quando as pessoas falam sobre se desprenderem das coisas, não tenho um ponto de referência, porque para mim tudo é interno. Mas aprendi a entender sua língua. É assim que o amor se une.

Um eu imaginado é tudo que existe. Você pode interrogá-lo, esmiuçando todos os mínimos detalhes, se realmente quer fazer a viagem. O questionamento é seguro, eu lhe garanto. Quando você questiona o que acredita ser, isso não deixa nenhum eu. Isso deixa você como algo mais valioso: a natureza imutável daquilo de onde emana o sonho, o que o sonho reflete. Enquanto a vida for um sonho, vamos lidar com o pesadelo. Questione aquilo em que você acredita e perceba o que resta. Até realmente se dar conta de que não é o "você" que acredita ser, você não é livre para ser nada além disso. Por isso a mente limitada é tão dolorosa. A mente está sempre querendo sair da própria prisão, a identidade como um corpo. Quando você se dá conta da natureza da mente, você percebe que ela é tudo, é a natureza de tudo, e que qualquer falta aparente é apenas uma criação de sua imaginação.

Como é viver sem um "eu"? Não acontece nada, nem mesmo vida. Tudo o que você vê, escuta, toca, cheira, prova ou pensa já terminou antes que a ação começasse. Meu pé acabou de se movimentar, e enquanto eu observava isso, estava apenas observando o passado. Ele parecia estar acontecendo agora, mas o agora tinha passado mesmo enquanto eu observava. Esse é o poder e a bondade da mente ciente de si. Não posso nem beber meu chá; ele termina antes de acontecer, e não há nada que eu possa fazer em relação a isso. Eu olho para o pôster de meu amado na parede; Stephen ao lado da máscara de ouro da capa de seu *Gilgamesh*, e meus olhos permanecem no pôster, o olhar fica preso, ele parece existir. Entretanto, por mais que eu o ame, é uma ilusão. Quando não há pensamento, não há mundo. Quando não se acredita em nenhum pensamento, não há tempo, não há espaço, não há realidade. Minha vida terminou, e eu entendo que ela nunca começou.

Sou meu único mundo. Sou a única, aqui. O mundo é minha projeção, minha imaginação vivida: imagem, som, cheiro, sensação, humanos, cães, gatos, árvores, céu. Eu amo o mundo, tanto quando ele parece viver quanto quando parece morrer. A mente questionada ama o jeito infinito dele. Existe uma lei neste mundo: quando você pensa que a vida está tão boa que não pode melhorar, ela tem que fazer isso. E você está disposto a experimentar tudo o que a vida lhe proporciona; você não vê a hora de experimentar isso. A vida é bela, bela, benevolente e incompreendida. Qualquer um que não ame o mundo do sonho não entendeu que a vida é a mente. E que não há nada fora dela. Ela está perdida enquanto acreditar no que pensa. Esse é sua função, acreditar no que pensa até que, finalmente, um dia, ela se liberta.

———————

Você fala do desejo de liberdade. É útil para as pessoas terem esperança de que acabarão sendo livres?

Sempre prefiro o que é; isso funciona muito mais rápido do que esperança. Quando você passa a amar seus pensamentos, a realidade acaba substituindo a esperança, e como resultado você ama o mundo no qual parece viver. Como entendo meus pensamentos, o que vejo como mundo não exige qualquer forma de esperança. A esperança se torna desnecessária, obsoleta. "Eu vou ficar melhor ao fazer O Trabalho." Se você tem isso como motivo, pode se dar ao luxo dessa esperança, já que é verdade que à medida que você fizer O Trabalho você vai ficar melhor, até você alcançar seu querido e maravilhoso eu e descobrir que, exceto aquilo em que tem acreditado, você e o mundo sempre foram perfeitos, e você era inocente sem se dar conta disso.

Esperança é a história de um futuro. Não há lugar para ela em minha vida. Não preciso de esperança, embora eu não fosse hesitar em ter esperança se fosse necessário, porque é isso o que as pessoas com um futuro têm que fazer, até não terem mais. A mente madura é uma mente pacífica, uma mente que ama a realidade. A realidade é tão bonita que não precisa de plano.

Mas para as pessoas que ainda não aprenderam a investigação de seus pensamentos estressantes, o conceito de esperança pode ser útil. Isso faz com que sigam em frente, elas pensam. É melhor que a única alternativa que veem, que é o desespero. Então, posteriormente, se aprendem a questionar seus pensamentos, começam a ver que não *há* futuro e que a esperança é tão sem sentido quanto o medo. É aí que a diversão começa.

O que significa desapego?

Significa não acreditar em nada que você pensa. Apego significa acreditar em um pensamento não questionado. Quando não há investigação, presumimos que um pensamento é verdade, embora nunca possamos saber. O propósito do apego é impedir que nos demos conta de que já somos completos. Nós não nos apegamos a coisas; nós nos apegamos a nossas *histórias* sobre as coisas.

Você garante às pessoas que o questionamento é seguro. Mas também afirma que ele é *necessário para perder tudo*. Isso não é intimidador para a maioria das pessoas?

Consigo ver como isso pode ser intimidador. Mas você está mesmo seguro se identificando como um corpo? Como um corpo, não é certo que todas as pessoas que você ama vão acabar por deixá-lo ou morrer, e que você vai envelhecer, adoecer, se machucar de todas as formas possíveis e, por fim, morrer? Isso é definitivamente "você"? Por isso, perder sua identidade falsa é ganhar tudo. No mundo sem o eu e sem o outro, não há sofrimento, não há decomposição, não há morte, não há falsidade. É um mundo de pura beleza. Ele já é seu, e só espera que você tome consciência disso.

Se a mente está tão empenhada em acreditar no que pensa, como ela pode se libertar?

Isso é fácil. Você identifica qualquer pensamento que está lhe causando estresse, escreve-o, questiona-o e espera que as respostas surjam no silêncio. A mente búdica vai iluminar você.

Existe uma lei neste mundo: quando você pensa que a vida está tão boa que não pode melhorar, ela tem que fazer isso.

10
VIVENDO EM INVESTIGAÇÃO

O Buda disse: "Diga-me uma coisa, Subhuti. Quando estudei sob o Buda Dipankara[6] eras atrás, eu alcancei alguma verdade?".

Subhuti disse: "Senhor, quando estudou com o Buda Dipankara, não alcançou coisa alguma".

"Deixe-me perguntar outra coisa. O Buda cria um mundo belo?"

"Não, ele não faz isso, Senhor. E eis o porquê: um mundo que é belo não é belo. Ele apenas é *chamado* de 'belo'."

"Verdade, Subhuti. Eis aqui o que é essencial: todos os *bodhisattvas* devem desenvolver uma mente pura e lúcida que não dependa da visão, do som, do tato, do sabor e do cheiro ou de qualquer pensamento que nela surja. Um *bodhisattva* deve desenvolver uma mente que não resida em lugar algum."

Esse é um dos capítulos mais profundos do *Sutra do Diamante*. Ele diz o que é essencial, e diz isso em uma linguagem impecavelmente

---
[6] O Buda lendário que supostamente viveu cem mil anos atrás.

clara. Stephen me contou a história de Hui-neng, cuja mente se abriu quando ouviu a última frase deste capítulo e imediatamente entendeu a essência de tudo. Eu não me surpreendi. Se você está procurando o conselho mais simples e claro sobre como ficar em paz, essa frase cai muito bem. "Desenvolva uma mente que não resida em lugar algum."

O Buda fala sobre estudar com um buda antigo em uma vida anterior. Nessa época, em um passado muito distante, diz ele, quando alcançou a iluminação, não havia nada para ele alcançar. Ele poderia ter dito o mesmo falando sobre sua vida atual. "Quando estava sentado sob a árvore Bodhi e alcancei a iluminação, não havia nada para eu alcançar." Não sei se o escritor desse sutra realmente acreditava em vidas passadas. Acho que ele não acreditava nem em *momentos* passados. Ele podia até estar usando a linguagem das vidas passadas para ilustrar o fato de que, 31 anos, um bilhão de anos ou um momento antes são iguais, e igualmente irreais, porque o pensamento é somente um pensamento no presente. (Assim como o presente.)

O que o Buda quis dizer é que mesmo alguém totalmente dedicado à prática da iluminação, alguém que se dedicou com sinceridade à consciência por milhões de vidas, nunca atingiu nada. Não há nada a atingir que você já não tenha. Não há nada que nem o ser mais iluminado do universo tenha que você mesmo não tem neste momento. Isso não é incrível?!

A sabedoria de bilhões de eras atrás não muda. Como o Buda está vivendo em investigação, nada pode se apegar a ele; não há qualquer pensamento ao qual ele possa se apegar. Ele está sempre testando a si mesmo, tomando consciência de si. As pessoas dizem haver lamas tibetanos que se lembram de suas encarnações anteriores. Mas como essas histórias ajudam a acabar com o sofrimento humano? Isso não seria apenas mais uma identidade — toda uma série de identidades, na verdade? Como pode me ajudar saber que antigamente fui Cleópatra, Maria Antonieta ou uma mendiga nas ruas de Calcutá? Isso é apenas alimento para o ego. Você pode voltar à história de ontem, pode voltar para a história de quem era antes de nascer; não importa de onde você investigue. Tudo é uma história, e nenhuma história é mais profunda que outra. Suponha que você é um sensitivo e tem uma visão de uma caixa que está enterrada aos pés de uma árvore em um país que nunca visitou. E as pessoas encontram a árvore e cavam, pronto, ali está a caixa! Agora você pode ser famoso e nos contar tudo em um programa de TV. Mas o que isso prova? Depois que tudo termina, você ainda fica aborrecido quando encontra uma multa de estacionamento no seu para-brisa?

Vamos ficar no aqui e agora e investigar como a mente trabalha. O mundo que você vê é um reflexo de como você o vê. Se seu mundo é feio, ou injusto, é porque você não questionou os pensamentos que estão fazendo com que pareça assim. À medida que sua mente vai se tornando mais clara e bondosa, seu mundo se torna mais claro e bondoso. Quando sua mente fica bela, o mundo fica belo. Não que você crie conscientemente um mundo belo. Tudo que você pode ver só pode ser belo, porque você está apenas se vendo no espelho. Você aprendeu a questionar seus julgamentos e a não se apegar a categorias como "belo" ou "feio", porque não está comparando uma coisa com a outra. Sua mente parou de pregar essas peças em si mesma.

Até você questionar tudo o que acredita saber, você não pode saber nunca qual é o seu verdadeiro rosto. Não há nada mais bonito que isso; é a própria beleza, além de qualquer descrição. Às vezes passo por um espelho e vejo "meu" rosto nele, e com isso surge o pensamento: "Que mulher maravilhosa!". Então percebo que sou eu — o que as pessoas chamam de meu "eu" — e sorrio. Mas é desse jeito com todo mundo. Nunca conheci alguém que não me pareça bonito. Não importa se seus rostos ou corpos são o que as pessoas consideram atraente. Stephen às vezes me mostra o que, para ele, é uma mulher especialmente bonita ou um homem bonito, e eu não tenho uma referência para isso. Às vezes eu me sento na calçada com uma pessoa sem teto, e pode ser uma mulher obesa e imunda que está falando sozinha, mas para mim ela é bonita como uma criança. Eu acaricio sua cabeça e a abraço, se ela permitir.

Minha experiência é que tudo é bom, tudo é belo do seu próprio jeito. E aqui vai como eu sei que tudo é belo: se eu visse alguma coisa como menos que isso, internamente não me sentira bem. É a verdade que nos liberta, e quando questionei o pensamento de que algo era menos que bonito, todo o mundo pareceu tão belo como o céu. Passei a ver que não havia nada inaceitável. No início, isso é muito difícil para alguns de nós assimilarem, por que, para entender, temos que perder todo o nosso mundo. Temos medo de perder o mundo de opostos do qual dependemos para manter nossa identidade preciosa de pessoa que se justifica no sofrimento. Alguns de nós preferem ter razão a ser livres.

O Buda afirma que qualquer pessoa que queira ser livre do sofrimento deve desenvolver uma mente pura e lúcida que não dependa de visão, audição, tato, paladar e olfato, ou qualquer pensamento que surja nela. Isso é totalmente preciso, em minha experiência, e não podia ser dito de maneira mais clara. Qualquer coisa que você ver, ouvir, tocar, provar, cheirar, sentir ou pensar não é isso.

A mente é anterior a qualquer coisa que ela perceba. Ela é pura e lúcida e completamente aberta a tudo: o aparentemente feio tanto quanto o aparentemente belo, rejeição tanto quanto aceitação, desastre tanto quanto sucesso. Ela sabe que é sempre seguro. Ela experimenta a vida como um fluxo ininterrupto. Não aterrissa em nenhum lugar, porque não precisa; além disso, ela vê que pousar em algum lugar seria uma limitação. Ela nota qualquer pensamento que pense, mas não acredita em nenhum deles. Ela se dá conta de que nunca há um terreno firme onde pisar. O que emana dessa percepção é a liberdade. "Nenhum lugar onde pisar" é o lugar onde ela pisa; é onde está o prazer. Quando a investigação está viva dentro de você, todo pensamento termina com um ponto de interrogação, não com um ponto final. E isso é o fim do sofrimento.

Como podemos desenvolver "uma mente que não resida em lugar algum"?

A mente precisa existir antes de poder residir. Perceber que a mente não existe é perceber que não há lugar onde ela possa residir. Para mim, permanecer dentro do questionamento foi o suficiente.

Sua mente reside em algum lugar?

Ela faria isso se pudesse.

Por que as pessoas acham que se tornar iluminado significa alcançar algo?

Não sei. Na verdade, significa perder tudo.

O que significa desenvolver uma mente pura e lúcida que não dependa de visão, audição, tato, paladar, olfato ou qualquer pensamento que nela surja?

Visão, audição etc. todos vêm da mente. A mente os cria, mas isso não os torna reais. Se você entende que são todos sonhados, você entende que o sonhador também é sonhado.

Quando a investigação está viva dentro de você, todo pensamento termina com um ponto de interrogação, não com um ponto final. E isso é o fim do sofrimento.

11
A DÁDIVA DA CRÍTICA

O Buda disse: "Subhuti, se cada grão de areia no rio Ganges fosse seu próprio rio Ganges, o número de grãos em todos esses rios Ganges não seria incontável?".

Subhuti disse: "Sim, Senhor. Se o número de rios Ganges fosse incontável, seus grãos de areia seriam ainda mais!".

"Agora me diga uma coisa: se um bom homem ou uma boa mulher enchesse mundos tão numerosos quanto os grãos de areia em todos esses rios Ganges com tesouros e doasse tudo para apoiar obras de caridade, o mérito obtido por essa pessoa não seria grande?"

"Seria incomensuravelmente grande, Senhor."

O Buda disse: "Eu lhe asseguro, Subhuti, se uma pessoa de mente aberta, ao ouvir este sutra, pudesse realmente perceber qual é o seu ensinamento, e depois incorporá-lo e vivê-lo, o mérito dessa pessoa seria muito maior".

Quando você percebe que não existe algo como o eu ou o outro, você também se dá conta do valor da crítica. Como todo mundo é você mesmo, a crítica sempre vem do seu interior; é você falando consigo mesmo. Se a autorrealização é o que te interessa, a crítica é a maior dádiva que você pode receber. Ela lhe mostra o que você ainda não conseguiu ver. O que alguém podia me dizer que eu não conseguiria reconhecer? Se alguém dissesse "Você é insensível", eu ficaria imóvel, iria para o meu interior e em cerca de três segundos conseguiria encontrar aquilo — se não na situação presente, então em algum momento do passado aparente. Se alguém dissesse "Você é uma mentirosa", eu pensaria "Dã", porque posso facilmente me juntar a eles nisso, ou poderia dizer: "Onde você acha que eu menti? Quero muito saber". Isso se trata de autorrealização, não de estar certo ou errado. Do que quer que alguém possa me chamar, eu posso ir para meu interior e encontrá-lo. Minha tarefa é permanecer conectada. A única coisa que poderia me causar dor seria minha defesa ou negação. "Ah, não, você não pode estar falando de mim. Eu não sou *assim*. Bom, sim, eu também sou isso. Sou tudo o que você pode pensar. Continue a me atacar. Mostre-me do que ainda não me dei conta."

Quando a mente inicia a prática da investigação, ela aprende como uma discípula de si mesma que tudo está a seu favor. Nada é nem nunca foi contra ela. Essa é uma mente que cresceu para além dos opostos. Ela não está mais dividida. Ela segue se abrindo, porque está vivendo a partir de um estado sem medo e sem defesa, e está ávida por conhecimento. Ela percebe que é tudo, então aprende a não excluir nada, a abraçar tudo. Não há nada mais delicado que a mente aberta. Como não me oponho, não é possível que alguém vá se opor a mim; as pessoas não podem se opor a nada além do próprio pensamento. Quando não há oposição, a mente caótica ouve a si mesma. Ela percebe que a única oposição é a própria.

Não há nada que qualquer pessoa possa dizer sobre mim que não seja verdade em algum sentido. Embora eu aparente este corpo — a altura perfeita, o peso perfeito, a idade perfeita — algumas pessoas podem ter uma ideia diferente. Alguns anos atrás, um produtor sugeriu uma série de TV chamada *The Byron Katie Show*, na qual eu faria O Trabalho com uma pessoa diferente a cada semana.

Adorei a ideia. Sabia que isso ia significar que eu teria que passar muito tempo em um estúdio em Los Angeles, mas eu achei que seria um jeito de levar a autoinvestigação para o mundo. Então ele gravou algumas amostras e as levou ao presidente da rede de TV. Uma semana depois me procurou com uma expressão decepcionada. Seu chefe disse que eu era velha e gorda demais para a TV. Fiquei felicíssima. Pensei: "Ele deve estar certo. O homem é um profissional. Que bênção!".

Mesmo que alguém me chamasse de assassina, eu poderia ver como isso seria verdade. Lembro-me de uma época em minha vida em que estava tão confusa que teria desejado que alguém caísse morto. Já matei camundongos e acabei com centenas de formigas quando invadiram minha casa. Eu poderia continuar dando exemplos. Se me prendessem por matar alguém que eu não matei, eu poderia ser presa, e executada, sabendo que finalmente havia sido capturada; era o corpo errado, mas o crime certo. Não que eu não fosse contratar o melhor advogado de defesa que pudesse pagar. Mas se fosse condenada, estaria em paz com isso. Ao estar na cadeia por um crime que não cometi, eu conseguiria ver que ainda estava discutindo com a realidade. Se houvesse algo além de gratidão em minha mente, eu teria a oportunidade de questionar os pensamentos que estavam me causando o desconforto. A pior coisa que pode acontecer é sempre a melhor coisa que pode acontecer.

Qual é a conexão entre a felicidade e perceber que não existe o eu nem o outro? Por que essa é uma experiência alegre?

É uma alegria ver que tudo que não é, não é. É uma alegria ver que tudo é irreal, sem exceção. Isso deixa você com uma mente desperta para a própria natureza, uma mente em paz consigo mesma, em si mesma. Que graça incrível!

Você poderia falar mais sobre a felicidade?

Uso a palavra para descrever um estado de paz e clareza. É um estado livre de tristeza, raiva, medo ou qualquer outra emoção estressante. É o que resta quando nos encontramos com nossas mentes com compreensão. É isso o que O Trabalho nos dá.

O único lugar onde podemos ser felizes é bem aqui, neste exato momento — não amanhã, não em dez minutos. A felicidade não pode ser *conquistada*. Não podemos consegui-la com dinheiro, sexo, fama, aprovação ou qualquer coisa externa. Só podemos encontrar felicidade dentro de nós mesmos: imutável, irremovível, sempre presente, sempre à espera. Se a perseguimos, ela nos evade. Se em vez disso pararmos de persegui-la e questionarmos nossas mentes, a fonte de todo o estresse desaparece. A felicidade é quem nós já somos, assim que nossas mentes ficam claras. Quando a mente está perfeitamente clara, o que queremos é o que é. Estamos felizes com qualquer coisa que a vida nos trouxer. Isso é suficiente, mais que suficiente.

Aqui está o que importa: o sofrimento é opcional. Se você prefere sofrer, continue a acreditar em seus pensamentos estressantes. Mas se você prefere ser feliz, questione-os.

Como podemos não levar as críticas para o lado pessoal, especialmente quando elas vêm das pessoas mais próximas de nós?

Apenas considere o sofrimento que você cria quando você acredita nos pensamentos delas sobre você, e em resposta, nos seus sobre elas. Em relação ao como, é simples. Questione os pensamentos que você teve quando sua mãe, seu pai, seu marido, sua esposa ou um suposto inimigo criticaram você. Sentimentos de mágoa ou desconforto não podem ser causados por outra pessoa. Ninguém além de você pode magoá-lo. Então é você quem está magoando a si mesmo. Isso é uma notícia muito boa, porque significa que não precisa que nenhuma pessoa pare de magoá-lo ou mude de alguma maneira. É você que pode parar de magoar a si mesmo. Você é a única pessoa que pode.

Se a autorrealização é o que te interessa, a crítica é a maior dádiva que você pode receber.

12
ENSINANDO UM GATO A LATIR

> O Buda disse: "Ademais, Subhuti, se uma pessoa de mente aberta, ao ouvir este sutra, pudesse perceber realmente o seu ensinamento e então incorporá-lo e vivê-lo, essa pessoa se tornaria um buda, merecedor do respeito mais profundo por parte de todos os seres do universo. Até um vislumbre de compreensão é digno de respeito. Quão mais valiosa é uma vida totalmente transformada por compreensão e vivida na clareza perfeita! Sempre que este sutra é incorporado e vivido, o Buda também está presente".

O Trabalho lida apenas com a realidade. Tudo no mundo está cumprindo sua tarefa. O teto se apoia nas paredes, as paredes se apoiam no chão, as cortinas estão penduradas em frente à janela, todos estão fazendo sua tarefa. Mas quando você conta a si mesmo uma história sobre como a realidade *deveria* parecer, acaba discutindo com o teto ou com a parede, e isso é uma causa perdida. É como tentar ensinar um gato a latir. O gato nunca vai cooperar. "Não, não", você diria a ele. "Você não entende. Você deve latir. Seria muito melhor se você latisse. Além disso, eu *preciso* muito que você lata. Na verdade, vou dedicar o resto da minha vida a ensiná-lo a latir." E muitos anos depois, depois de todo o seu sacrifício e dedicação, o gato olha para você e diz: "Miau".

Tentar mudar as pessoas o deixa em um estado mental sem esperança, porque você simplesmente não consegue. É isso que eu amo na realidade: ela é o que é. Ela não vai se encaixar em você, por mais que você tente desejar, forçar, enganá-la ou pensar positivo para que mude. Como sempre digo, se você brigar com a realidade, você perde — mas só 100% das vezes. As pessoas mudam ou não mudam. Isso não é problema seu; o que importa é que você entenda sua própria mente. Quando você entende sua mente, sente gratidão quando as pessoas mudam e gratidão quando não mudam. Você pode brigar com a realidade o quanto quiser, ou pode parar de brigar por tempo suficiente para entendê-la e se libertar. Você aprende por conta própria o que é verdade, e é aí que está sua liberdade; ela não tem a ver com qualquer outra pessoa em sua vida. As pessoas vão continuar pisando nos seus calos até você entender. Isso não é maravilhoso? É o guia para a iluminação total, enquanto você estiver disposto a questionar seus pensamentos. Chamo isso de "xeque-mate".

O Buda diz que mesmo um vislumbre da verdade merece nosso mais profundo respeito. A percepção básica de que as outras pessoas não são problema seu, mas que seus *pensamentos* sobre elas é que são o problema — essa percepção é enorme. Esse entendimento vai abalar todo o seu mundo, de cima a baixo. E então, quando você questiona seus pensamentos específicos sobre mãe, pai, irmã, irmão, marido, esposa, chefe, colega, filho, você verá sua identidade se desenrolar. Perder o "você" que pensava que era não é uma coisa assustadora. É empolgante. É fascinante. Quem é você, na realidade, por trás de todas as fachadas?

O Buda fala sobre uma vida totalmente transformada pelo entendimento e vivida em clareza perfeita. Isso pode parecer exagerado ou idealista, mas é a mais simples verdade. É realmente possível viver uma vida de clareza perfeita, sem um único problema. Tudo o que é preciso é a disposição de questionar qualquer pensamento estressante que surja: "Eu quero", "Eu preciso", "Ele deveria", "Ela não deveria" — os pensamentos não examinados que brigam com a realidade e causam todo o sofrimento em nossas vidas. Quando a natureza da mente é compreendida, o sofrimento não pode existir. Emoções como tristeza, raiva e ressentimento são os resultados de acreditar em seus pensamentos estressantes. Quando aprendemos a questionar esses pensamentos, eles perdem seu poder sobre nós. No fim, se um pensamento estressante se forma, o questionamento surge no mesmo instante, e o pensamento se desenrola antes de ter qualquer efeito. Isso nos deixa apenas com a paz. Paz e muitos risos silenciosos.

Não é possível para alguém com uma mente questionada sentir tristeza. Tristeza é uma espécie de sofrimento, e o sofrimento só pode vir de uma mente confusa que projeta um mundo insensível e acredita que suas projeções são reais. Mas a história não questionada da mente causa a tristeza. A mente questionada ama a realidade. Ela ama tudo o que pensa e, portanto, tudo o que vê. Ela não pode projetar um mundo confuso. Como vê apenas a realidade, a tristeza não é mais possível.

Quando você se apega a qualquer identidade, você sofre. Só a mente sem identidade é livre. Se o Buda acha que é um buda, ele não é. O que essencialmente faz dele um buda é não ter os conceitos de buda e não buda. Para ele, não há separação. Todos os seres são iluminados, embora possam não terem se dado conta disso ainda. A mente búdica é livre de identidade. É a expansão do amor, a mente desperta para si mesma, se questionando, respondendo a si mesma a partir da própria inteligência pura, dançando consigo mesma, viajando pelo próprio *continuum*, sem traço de existência, nenhum indício de que ela jamais viajou. Ela flui livremente, sem esforço, sem interrupção, sem opostos, e não há identidade sedutora o bastante para interromper seu fluxo. E mesmo que o fluxo seja momentaneamente interrompido, a conscientização imediatamente percebe a identificação e a dissipa, deixando apenas o sussurro de um obrigada enquanto segue com sua criação alegre e contínua.

O mundo inteiro é um reflexo da mente. A mente deve, no fim, voltar para si mesma, porque tudo o que emana dela é menos potente que a causa original. Da mesma forma que rios correm para o mar, a mente flui para sua fonte sem conceito. Por mais brilhante que seja a mente, por maior que seja o ego que se aferra à sua identidade, quando ela percebe que não sabe nada, retorna ao começo, com toda a humildade, e se depara consigo mesma como causa original, anterior a qualquer existência.

Você não pode controlar, impor ordens ou silenciar as pessoas. Você pode apenas ouvir e se colocar na posição delas — não apenas em sua posição, mas na posição mais baixa que encontrar. Ao entender por conta própria o que é verdade, tudo o que está aparente acima de você flui para baixo em sua direção, da maneira que rios correm para o mar, já que você se tornou um exemplo do que é ser verdadeiro, humilde e sábio. O Buda, o eu que se tornou ciente, o eu que não vê o eu ou o outro, não é mestre de nada nem de ninguém, nem mesmo da mente; ele é simplesmente um mestre do entendimento. Quando a mente se entende, ela não é mais vista como uma inimiga e não está mais em guerra consigo mesma. Ela encontra paz na posição mais humilde. Tudo que é criativo nasce daí.

"Emoções como tristeza, raiva e ressentimento são os resultados de acreditar em seus pensamentos estressantes." Você está dizendo que é errado sentir tristeza ou raiva? Elas não são emoções humanas naturais?

Não, não estou dizendo que é errado sentir tristeza ou raiva. E, sim, essas emoções são naturais para a mente que não se questiona. Mas elas, e todas as outras formas de sofrimento, sempre são efeitos de acreditar em pensamentos inverídicos. Elas vão contra a natureza da mente ou vão contra a natureza "de você"? Os pensamentos são a causa; as emoções são os resultados. Na terceira pergunta d'O Trabalho — "O que acontece quando você acredita nesses pensamentos?" —, encorajo as pessoas a identificarem e experimentarem esses resultados com riqueza de detalhes. Eles são uma maneira importante para reconhecer quando, e exatamente como, você não está em um estado mental saudável.

Tem certeza de que as emoções são os resultados de pensamentos? Li que bebês recém-nascidos e animais mostram provas de terem emoções como tristeza e raiva.

Não temos como saber se bebês e animais têm o que chamaríamos de pensamentos. Bebês e animais fazem o que fazem, e nós impomos sobre eles o que quer que acreditemos sobre os movimentos e os ruídos que fazem. Nós anotamos nossas observações e tiramos nossas medidas com a mesma mente identificada a partir da qual nossas histórias são criadas.

Quando minha bebê está chorando, se acredito que ela está triste ou com raiva, isso sou apenas eu acreditando em um sofrimento para ela. Quem eu seria sem essas crenças? Simplesmente a seguraria no colo, trocaria suas fraldas ou a alimentaria, fazendo tudo o que sei fazer, em nome do amor. Também ficaria grata por ter acreditado nela em minha vida, e grata por ter me acreditado como mãe na vida dentro dela, no próprio amor, reluzente, sem tristeza, raiva ou preocupação.

Você diz que não é possível para alguém com uma mente questionada sentir raiva ou tristeza. Você alguma vez sente raiva ou tristeza?

Não, já faz muito tempo. Mas tive uma experiência interessante quando minha mãe morreu de câncer de pâncreas. Ela faleceu em seu apartamento em Big Bear, Califórnia, no Natal de 2003. Eu estava morando com ela havia um mês. Normalmente, eu ficava junto dela 23 horas por dia. (Stephen passava lá pelo menos uma vez por dia, de manhã, para me levar para caminhar e tomar um café.) Eu cuidava dela, dava banho e a vestia, ajudava as enfermeiras, dava os analgésicos, dormia com ela na mesma cama, amava-a com todo o meu coração, e nunca, nem por um momento, me senti triste. Ela estava muito medicada, mas quando não estava dormindo, nós conversávamos, ou eu fazia suas unhas ou lhe dava banho; nosso tempo juntas era muito leve e íntimo. Sempre que minha irmã ou um de seus filhos chegava no quarto, toda a experiência mudava. Eles a viam como vítima, e havia muita piedade no ambiente: "Coitada da mamãe", "Coitada da vovó". Minha mãe absorvia isso imediatamente e se tornava uma vítima em sua própria mente, ela ficava chorosa, e o quarto se tornava um quarto de doente. Mas assim que eles saíam, ela voltava para meu mundo e começava a sorrir de novo.

Estava nevando no dia em que ela morreu. Quando parou de respirar, alguém ligou para a funerária. Eu a banhei, coloquei seus brincos favoritos e arrumei seu cabelo. Não havia nenhuma guerra com a realidade dentro de mim, só amor, gratidão e conexão. Foi maravilhoso. Então o pessoal da funerária chegou, pôs o corpo em uma maca e o cobriu com um cobertor felpudo de chenile de um azul-real intenso. Em algum lugar ao fundo, um de seus netos estava com o rádio ligado, e quando eles estavam saindo com ela do quarto, pude ouvir Elvis Presley cantando "I'll Have a Blue Christmas Without You". Minha mãe não estava triste, apenas melancólica. Ela era fã de Willie Nelson; ela não gostava tanto de Elvis, mas teria amado partir daquele jeito. A vida, quando você a entende... que viagem! Que viagem maravilhosa! Não importa o quanto algo pareça triste e angustiante; se você estiver no seu perfeito juízo, pode ver o humor nisso.

Então todos nos reunimos na sala de estar. As pessoas estavam relembrando momentos e chorando; havia muitas lágrimas. Tudo o que eu sentia era amor e conexão. Meu coração estava quase explodindo de tão cheio. Em determinado momento, meu filho Ross se aproximou da minha cadeira, e eu me vi me levantando e me dirigindo aos seus braços. E enquanto eu estava ali de pé, um lamento surgiu em meu interior. Pensei rápido que isso podia assustar as crianças, mas eu não ia calá-lo. Então o lamento saiu de mim, e foi muito alto. Não parecia tristeza; era mais elementar que isso, e foi algo tão "não eu" que eu podia ter ficado ali e feito as unhas enquanto emitia o lamento. Ele durou por, talvez, trinta segundos, mas se tivesse durado para sempre, eu teria permitido. Eu amo a realidade, de qualquer forma que ela apareça. Eu não ia me enganar e cortar esse som. Toda emoção que surge tem direito à vida.

Quando a natureza da mente é compreendida, sofrimento não pode existir.

O Trabalho em ação:

"Minha mãe me agride"

ARTHUR [*lendo seu formulário*]: *Estou furioso com minha mãe porque ela me agride, me julga e acha que não sou bom o suficiente.*

KATIE: Tudo bem, tem três pontos que podemos questionar aí. Primeiro: "Ela me agride". Segundo: "Ela me julga". Terceiro: "Ela acha que não sou bom o suficiente". Essas são três investigações diferentes. Ou podemos fazer todas elas ao mesmo tempo. Quando as pessoas estão preenchendo a primeira declaração no Formulário Julgue Seu Próximo, eu as convido a verem se conseguem identificar qual declaração tem mais peso e começar por aí. E o que você escreveu está bom. Você pode se conduzir por uma investigação usando todas as três ao mesmo tempo. Mas sou mais curiosa que isso. Preciso saber os efeitos de cada conceito em minha vida. Não quero esperar para ser livre. Vou responder as quatro perguntas para cada conceito e então fazer as inversões. Depois vou fazer uma investigação inteiramente nova em cada uma das outras duas. Vou lhe ajudar, mas, ao mesmo tempo, saiba que não existe uma forma errada de fazer isso. Só vou lhe mostrar pela experiência, por muita experiência, como ir direto ao assunto e conseguir aquilo que você busca, da forma mais poderosa possível. Então, leia de novo.

ARTHUR: *Estou furioso com minha mãe porque ela me agride, me julga e acha que não sou bom o suficiente.*

KATIE: Não vou fazer você questionar a parte em que diz: "Estou furioso com minha mãe". Vou fazer com que você questione o que está causando a sua fúria. Então, leia essas três coisas outra vez.

ARTHUR: *Ela me agride, me julga e acha que não sou bom o suficiente.*

KATIE: Está bem. Então "ela agride você". Essa é a primeira. Vamos lá. "Nessa situação sua mãe agrediu você." Isso é verdade? [*Para a plateia*] Quantos de vocês viram esse homem, em suas mentes, sendo agredido pela mãe? [*Muitas pessoas levantam a mão*] [*Para Arthur*] E nós nem conhecemos sua mãe.

ARTHUR: Sorte de vocês. [*A plateia ri*]

KATIE: Então, "sua mãe o agrediu". Isso é verdade? Agora, como você vai responder a essa pergunta? Você vai chutar? Ou vai meditar sobre esse momento no tempo e deixar que ele lhe mostre a resposta? O Trabalho é meditação. Fique bem imóvel e olhe atentamente para a situação, para a sua imagem de sua mãe. As imagens podem ser bem vagas, apenas fique com elas até ver se ela o agrediu ou não. [*Para a plateia*] Como facilitadora, não sei se ele está falando de uma agressão física ou uma agressão verbal ou se ela apenas lançou "um olhar" para ele. Então vou manter esse espaço e testemunhar o que puder por meio dele. [*Para Arthur*] Agora, a resposta para as duas primeiras perguntas tem apenas uma sílaba: sim ou não. Então observe como sua mente vai dizer: "Bom, na verdade não, mas, bom, é, ela agrediu". Não é essa a resposta. Você precisa se pôr em quietude até que surja uma resposta de sim ou não. "Sua mãe o agrediu." Isso é verdade?

ARTHUR: Não.

KATIE [*para a plateia*]: Agora, como ele respondeu não, pulamos a segunda pergunta e vamos para a terceira. E eu vou ficar lembrando-o da frase. "Sua mãe o agrediu." Como você reage, o que acontece, quando você acredita nesse pensamento? Uma razão para eu fazer isso é conseguir me lembrar do conceito com o qual estamos trabalhando. E eu não tenho que saber o que estou fazendo. Não preciso me lembrar da frase: posso apenas escrevê-la. [*Para Arthur*] Agora, vá para a situação em que você acreditava que ela estava agredindo você. Nesse silêncio, testemunhe como você reagiu. Você a agrediu em resposta? Você fechou a cara? Você a tratou friamente? Perceba suas emoções. Apenas testemunhe e relate. Relate como reagiu na situação enquanto você testemunha isso. Vamos pela vida claramente cientes da mãe. Nós sabemos o que ela fez. Mas não estamos cientes de nós mesmos. Estamos tão ocupados julgando os outros que nossa autorrealização está oculta sob nossos julgamentos. Então ponha-se em quietude. Testemunhe como você reage quando você acredita no pensamento "Ela me agrediu".

ARTHUR: Eu explodo. Grito com ela. Me sinto preso. Sinto raiva. Sinto como se não houvesse nada que eu pudesse fazer. Estou impotente.

KATIE [*para a plateia, após uma pausa*]: Agora vamos para a quarta pergunta, porque sinto que ele está vazio e pronto para seguir em frente. Ele disse tudo o que precisa dizer ao responder a pergunta três. Eu já dei a ele espaço suficiente. [*Para Arthur*] Então, nessa situação, quem você seria sem o pensamento "Minha mãe me agrediu"?

ARTHUR: Hum. Eu ficaria... Eu ficaria em paz. Ficaria...

KATIE: Apenas testemunhe essa situação sem a história de que ela o agrediu. Solte seus julgamentos e testemunhe você e sua mãe sem todos esses pensamentos sobre ela. Quem ou o que você seria sem o pensamento "Ela me agrediu"?

ARTHUR: Eu seria apenas alguém parado em uma cozinha, falando no telefone.

KATIE: Então entre na imagem. "Eu estou..."

ARTHUR: Eu estou parado em uma cozinha ouvindo minha mãe falar, aberto ao que ela está dizendo, presente para ela, presente para mim mesmo, me parece.

KATIE: Certo, e quero que você chegue mais perto do que "me parece".

ARTHUR: É.

KATIE: Mais perto, mais perto. E, às vezes, "me parece" é o mais perto que você consegue chegar, e isso também não é um problema. Mas estamos em busca da verdade, aqui. Ninguém pode lhe dar isso. Isso já está em você. Você pode vê-la. Já estava ali, e agora você está se desprendendo da sua história por tempo suficiente para ver outra coisa. O que ela está dizendo a você? Escute.

ARTHUR: Ela estava... ela estava me dizendo... Estava perguntando se podia ir me visitar. Ela já fez essa pergunta muitas vezes, e eu sempre disse sim.

KATIE: Em outras palavras, ela disse: "Posso ir visitar você?". E você criou uma história em cima disso.

ARTHUR: É.

KATIE: Então quem você seria sem o pensamento "Ela me agrediu"? Quem você seria só respondendo à pergunta dela?

ARTHUR: Bom, é, eu respondi, sabe, que sim, e aí depois surtei. Mas eu poderia ter simplesmente respondido que sim.

KATIE: Ou que não.

ARTHUR: Que não? [*Parecendo atônito*] Uau! Eu poderia ter respondido que não! Isso na verdade teria sido mais honesto. "Eu preferia que você não me visitasse." [*A plateia ri*] Uau! Nunca pensei que eu pudesse fazer isso. Tá certo. Eu poderia ter respondido não. Está bem. É! [*Risos*] "Na verdade, mãe, não." Ah, uau! Tá bom. Uau!

KATIE: Estamos meditando sobre um momento no tempo e permitindo que esse momento ilumine você. Então faça a inversão "Sua mãe agrediu você".

ARTHUR: Eu agredi minha mãe.

KATIE: Dê-me um exemplo, nessa situação, nesse telefonema, de como você agrediu sua mãe.

ARTHUR: Bom, é, eu a agredi, na verdade, de forma muito deliberada. Eu gritei com ela. Disse que ela era impossível. Disse a ela...

KATIE: Vá mais devagar. Feche os olhos. E me conte, como isso se apresenta para você.

ARTHUR: Eu disse a ela, na verdade, coisas que magoam muito. Disse que por mais que eu tentasse, nunca era bom o suficiente para ela. Que ela era impossível. Eu estava gritando com ela.

"Minha mãe me agride"

KATIE [*para a plateia*]: Então agora ele está testemunhando a situação na mente dele e vendo como, na verdade, a agrediu. Está perguntando a si mesmo como essa inversão é verdade, o que isso significa para ele. Não é necessário tornar as inversões difíceis. Em outras palavras, não afirme algo que você na verdade não lembra, que você não vê realmente. Na quietude, permita-se mostrar a si mesmo e experiencie as emoções que vêm com isso. [*Para Arthur*] Você consegue encontrar outra inversão em "Minha mãe me agrediu"? Qual é o outro oposto.

ARTHUR: Eu me agredi.

KATIE: É. Nessa situação, quando você olha para trás, onde você se agrediu?

ARTHUR: Eu me agredi... [*Chorando*] Eu me agredi porque... eu... eu estava... A razão porque eu, hum, me senti assim em relação à minha mãe foi porque ela, e eu poderia questionar isso, mas eu percebi que ela não aceitava, não aceita, que eu sou gay. Eu não estava presente para mim, no sentido de me apoiar e de saber que está tudo bem ser quem sou. E se minha mãe acredita em outra coisa, isso não é problema meu, é dela. Mas eu sentia que era verdade. Por isso eu me agredi porque não pensava ser bom o suficiente.

KATIE: Sim. Seu próprio medo. Sua própria homofobia.

ARTHUR: É.

KATIE: Como você era homofóbico, você projetou isso em sua mãe, e tudo o que ela disse foi: "Posso ir visitar você?". Ela não me parece muito homofóbica. [*Risos*]

ARTHUR: Não, não nessa situação. Mas sim.

KATIE: Quem sabe? Depois desse formulário, você pode ligar para ela e dizer: "Mãe, sabe, durante aquele telefonema (conte tudo para ela), você sabia que eu era gay?".

ARTHUR: É.

KATIE: Acreditamos em nossos pensamentos sobre as pessoas e as punimos e atacamos por aquilo em que estamos acreditando. Acreditamos em nossos pensamentos com tanta força que elas não têm chance conosco.

E alguns de nós se agarram a esses pensamentos até o leito de morte. Então essa é como uma celebração da saída do armário. Está bem, "Eu agredi minha mãe". Eu vi outro exemplo, você gostaria de ouvir.

ARTHUR: Sim, por favor.

KATIE: Você mentiu para sua mãe. Naquela situação.

ARTHUR: É verdade. Menti.

KATIE: Você disse sim quando sua resposta honesta era não. Foi assim que agrediu a si mesmo.

ARTHUR: É. Eu não fui honesto sobre aquilo com que eu me sentia confortável.

KATIE: Então você vê o padrão?

ARTHUR: Nem cheguei a pensar que eu poderia dizer não. Talvez isso tivesse sido mais amoroso.

KATIE: Eu tiraria o "talvez". Você a agrediu!

ARTHUR: É, agredi. É, é verdade. Eu a agredi.

KATIE: Você, por um lado, está tentando poupá-la, por outro, você a está agredindo.

ARTHUR: É.

KATIE: Está bem, querido. Você vê alguma outra inversão? Nós já fizemos "Eu agredi minha mãe" e "Eu agredi a mim mesmo". "Minha mãe me agrediu." Qual é outra inversão possível?

ARTHUR: Minha mãe não me agrediu. Ela estava... Ela na verdade estava... Ela na verdade se sentiu muito rejeitada por mim, eu acho. E eu me dei conta agora que ela não estava me agredindo. Ela estava me fazendo uma pergunta e também estava tentando se comunicar comigo. Ela estava, na verdade, tentando estabelecer uma conexão, onde ela achava não haver mais.

KATIE: "Minha mãe não me agrediu." Você pode encontrar outra inversão? Qual é o oposto de agredir?

ARTHUR: Minha mãe tentou se comunicar comigo. É. Era seu jeito de tentar se comunicar.

KATIE: Então, especificamente, como sua mãe tentou se comunicar com você? Ela telefonou. Ela perguntou se poderia ir visitar você.

ARTHUR: Ir lá para me ver, é. "Nós somos bem-vindos aí?" É. E eu poderia ter dito não. Mas ela estava, na verdade, tentando se comunicar comigo.

KATIE: "Minha mãe tentou se comunicar comigo." Você pode encontrar outro exemplo no telefonema?

ARTHUR: De que ela tentou se comunicar comigo?

KATIE: Aham.

ARTHUR: Posso. Ela... ela na verdade queria que eu fosse mais vezes em casa.

KATIE: Eu tenho uma. Você gostaria de ouvir?

ARTHUR: Claro. Com certeza.

KATIE: Quando você a estava agredindo, ela não desligou o telefone.

ARTHUR: Não.

KATIE: Ela continuou tentando se comunicar.

ARTHUR: Ela continuou a ouvir o que eu dizia, sim.

KATIE: Está bem. Então, a declaração dois. "Quero..." Naquela situação, com sua mãe no telefone... Só leia o que você escreveu.

ARTHUR: *Quero que minha mãe pare de me agredir. Quero que ela me aceite, me ame e me receba como sendo bom o suficiente para ela.*

KATIE: Então, "Você quer que sua mãe pare de agredi-lo". Isso é verdade? Agora olhe para toda a informação que temos, porque questionamos a declaração um. Você encontrou algum lugar onde ela o agrediu?

ARTHUR: Não.

KATIE: Então você vê como isso muda sua resposta?

ARTHUR: Não falo com minha mãe há doze anos, e essa foi a última conversa que tive com ela. É uma história em que acreditei por muito tempo.

KATIE: Isso lhe custou sua mãe.

ARTHUR: É.

KATIE: Você ficou sem mãe porque estava acreditando nesses pensamentos.

ARTHUR: Fiquei, fiquei sim.

KATIE: Você não fala com ela há doze anos.

ARTHUR: Bom, notei que *ela* não queria falar *comigo*. Mas, no fundo, isso não importa.

KATIE: Então vamos investigar. "Você quer que sua mãe pare de agredi-lo." Isso é verdade? Tenha a mente aberta. Quando você está fazendo O Trabalho, isso exige uma mente muito aberta. Como ela pode parar de agredi-lo se ela nunca começou a fazer isso? Então, é isso o que você quer?

ARTHUR: Não.

KATIE: E como você reage, ao telefone, quando você acredita no pensamento "Quero que minha mãe pare de me agredir"?

ARTHUR: Fico com muita raiva, na defensiva, gritando insultos.

KATIE: Você se vê ao telefone, na sua mente?

ARTHUR: Vejo, e não é nada bom.

KATIE: É como você reage quando quer que alguém lhe dê o que não pode dar ou parar de fazer o que não está fazendo. Agora, vamos ver quem você seria sem o pensamento. Nessa situação, quem você seria sem o pensamento: "Quero que ela pare de me agredir"?

ARTHUR: Alguém com sanidade. Eu a estaria escutando. Eu estaria em paz. Teria... Teria clareza em relação às suas perguntas, e seria claro em relação às minhas respostas. A coisa mais louca é que reprisei isso em minha mente por uma década ou mais, e nunca me ocorreu que quando ela disse: "Nós somos bem-vindos aí?", eu poderia ter dito: "Não". Eu poderia ter dito: "Sou gay e não quero que você se sinta desconfortável". Isso nunca passou pela minha cabeça.

KATIE: "Você quer que sua mãe pare de agredi-lo." Faça a inversão.

ARTHUR: Quero parar de agredir a mim mesmo. É. Isso é mesmo verdade.

KATIE: Você consegue encontrar uma outra inversão?

ARTHUR: Quero parar de agredir minha mãe. Quero, sim. Em minha mente, em minha vida.

KATIE: E você não encontrou uma única agressão por parte dela.

ARTHUR: É, é verdade. Ela só estava fazendo uma pergunta.

KATIE: A menos que você encontre um momento durante o telefonema em que ela tenha agredido você.

ARTHUR: Não consigo encontrar um momento em que ela não estivesse tentando se comunicar.

KATIE: Agora, você vê outra inversão? "Quero que minha mãe pare de me agredir." Feita a inversão: "Quero que minha mãe continue a me agredir".

ARTHUR: Hum.

KATIE: Só para ver o que é válido e o que não é. E também, do ponto de vista de puro ego. "Quero que minha mãe continue a me agredir." De que outra maneira você pode estar certo? Ela é um monstro, e você é completamente inocente e sua agressão foi justificada.

ARTHUR: Isso!

KATIE: Continuar acreditando que ela o agrediu quando ela não agrediu tem sido uma coisa muito importante em sua vida.

ARTHUR: É só que... por muito, muito tempo eu tinha essa crença. Quer dizer, outras coisas aconteceram, blá, blá, blá, mas criei uma identidade realmente forte para mim como a pessoa que foi deserdada pelos pais por ser gay. E a imagem da minha mãe como esse monstro era muito importante. Estou me dando conta de que, se eu não tivesse essa imagem, pensaria que não estava tudo bem ser gay. Mas as duas coisas não estão relacionadas. Ela não precisa ser um monstro para que eu ache que está tudo bem. Uau! [*Chorando*] Eu não tinha percebido isso. Pensei que, enquanto eu achasse que ela estava errada, estaria bem. Mas estar bem não tem nada a ver com como ela se sente. Faz muito tempo que estava com raiva dela na minha cabeça, e não me dei conta de que podia simplesmente, tipo, dizer não, estou bem. O que ela sente não muda o que sinto por mim ou minha vida. Eu nem achava que ainda a amava. E agora eu simplesmente... Tudo o que sinto é esse amor por ela, porque deve ser muito triste para ela se sentir daquele jeito. Eu simplesmente não percebi que estou bem. Eu tinha essa crença de que se ela fosse diferente, então eu ficaria bem. E simplesmente não é verdade.

KATIE: Você entende que ela não o agrediu de jeito algum durante aquele telefonema. Ela estava apenas tentando se comunicar com você, ver o filho e convidá-lo a ir em casa com mais frequência. Todo o resto era seu.

ARTHUR: É. E foi.... Ela poderia ter dito qualquer coisa para mim que não teria importado, se eu estivesse bem comigo mesmo. Era eu acreditando que ser como sou era errado.

KATIE: E projetando isso nela.

ARTHUR: É.

KATIE: E você ainda não sabe.

ARTHUR: Não neste instante, não. Não tenho como saber.

KATIE: Não tem como saber se ela sabe ou não que você é gay ou...

ARTHUR: Eu sei que ela sabe.

KATIE: Bom, não há como você saber se ela aceita isso ou não.

ARTHUR: Não neste momento, não.

KATIE: Em nada que eu ouvi até agora. Ela não o agrediu.

ARTHUR: Bom, quer dizer, depois ela me mandou vários e-mails sobre como a homossexualidade é uma doença que pode ser curada. Mas...

KATIE: Bom, esse é o mundo dela. Ela via o filho como doente e só estava tentando curá-lo.

ARTHUR: É.

KATIE: Então diga para mim, do jeito que ela disse para você.

ARTHUR: Do jeito que estava no e-mail? Ela disse: "Meu querido Arthur". Bom, primeiro ela me telefonou quando descobriu que eu tinha um parceiro do qual ela não sabia. E ela disse: "Você quer ouvir seu pai chorar? Era isso o que você queria, não é? Você está tendo um relacionamento gay".

KATIE: Certo. Foi uma pergunta. Você *queria* ouvir seu pai? [*Risos*] Ela estava tentando se comunicar.

ARTHUR: Se eu queria ouvir meu pai chorar? Não.

KATIE: Bom, pense sobre isso.

ARTHUR: Se eu queria ouvir meu pai chorar? Não.

KATIE: Alguma vez você realmente ouviu seu pai chorar?

ARTHUR: Não, não ouvi.

KATIE: Bom, então aí está sua resposta. E se você quer ouvir seu pai chorar, a resposta é sim.

ARTHUR: É. Talvez eu quisesse.

KATIE: É bom estar do lado das pessoas quando elas choram.

ARTHUR: É, isso é verdade.

KATIE: É bondoso, é amoroso, mas só um homem seguro de si pode fazer isso de coração aberto.

ARTHUR: É. Então ela me enviou um e-mail dizendo: "Meu querido Arthur". Então, em letras maiúsculas: "VOCÊ NÃO É GAY. Leia estes artigos sobre curas. E, você sabe, nós o amamos como você realmente é". Mas isso só é um problema para mim se eu concordar. Porque do contrário...

KATIE: É apenas uma mãe tentando se comunicar com alguns remédios para o caso de você não ter certeza. Ela é uma mãe preocupada com o filho.

ARTHUR: É. E com razão, imagino, porque a última vez em que falei com ela eu parecia um maluco. [*Risos*] Então bloqueei os e-mails. É, eu bloqueei. Mas é aí que tá. Porque... pensei que, se eu aceitasse as tentativas de conexão dela comigo, isso significaria que não está tudo bem eu ser gay. Mas uma coisa não tem nada a ver com a outra. Eu poderia dizer: "Bom, obrigado, mãe. E não, não vou ler esses artigos".

KATIE: Exatamente. Ou: "Obrigado, mãe. Se eu algum dia tiver um problema com isso, vou dar uma olhada. Obrigado por se preocupar comigo".

ARTHUR: É. "Mas até agora estou indo muito bem." [*Risos*]

KATIE: Você está, sim. [*Risos*]

ARTHUR: Uau! Tá certo.

KATIE: As pessoas não têm que se dar bem comigo. Eu me dou bem com elas? — essa é a pergunta importante. As pessoas não precisam me entender. Eu entendo a mim mesma? Eu as entendo? E se eu me entendo, entendo todo mundo. Enquanto eu permanecer um mistério para mim mesma, as pessoas vão permanecer um mistério. Se não gosto de mim, não gosto de você.

ARTHUR: É.

KATIE: Agora faça a inversão de todas as declarações com "quero". "Naquela situação com minha mãe, quero que eu..."

ARTHUR: Quero que eu pare de atacar a mim mesmo. Quero que eu me aceite, me ame e me receba como sendo bom o suficiente.

KATIE: Certo. Então isso é para você vivenciar. É isso que você quer. Quando você faz a inversão dos queros, precisos e deverias — das declarações dois, três e quatro do Formulário Julgue Seu Próximo — esse é o conselho que você dá para você. Isso mostra o que fará a sua vida feliz. O mundo não está lhe dizendo o que desejar, ninguém está. Está aí no Formulário. Você mesmo escreveu. Eu chamo isso de receita para a felicidade. Ela vem de dentro de você. Agora faça a inversão da declaração para a sua mãe.

ARTHUR: Eu quero parar de agredir minha mãe. Quero aceitá-la, amá-la, recebê-la como sendo boa o suficiente para mim

KATIE: Isso, querido. Essa é a sua receita para a felicidade. É o que você queria naquela situação. E o que você não tinha à sua disposição.

ARTHUR: É.

KATIE: Mas você tem, agora, e aí está.

ARTHUR: Eu quero aceitá-la. Uau! Uau! A questão é que eu realmente quero isso.

KATIE: Bom, isso vem do que você escreveu. Emana automaticamente da investigação. Eu amo isso.

ARTHUR: Nunca quis isso antes, e agora quero. Eu quero isso, quero aceitá-la e amá-la e recebê-la, e isso não significa nada em relação a como eu vivo.

KATIE: Isso. Agora leia a declaração outra vez, invertida para o oposto. "Naquela situação, não quero que ela..."

ARTHUR: Não quero que ela pare de me agredir. Não quero que ela me aceite, me ame ou me receba como sendo bom o suficiente. Bom, é. Por que ela deveria fazer isso?

KATIE: E quando você leva em conta como você se comportou naquele telefonema, *por que* ela faria isso?

ARTHUR: Que horror. É, concordo.

KATIE: Permaneça na situação; do contrário, você vai generalizar, virar isso contra você e começar a se sentir culpado. Nessa situação: "Não quero que ela faça todas aquelas coisas, quando as considero minha responsabilidade".

ARTHUR: Por que ela faria isso? É. Verdade.

KATIE: E você não deu muito espaço para ela.

ARTHUR: Não, não lhe dei espaço nenhum.

KATIE: Vamos olhar para a declaração número três. Isso é um conselho para sua mãe.

ARTHUR: *Minha mãe não deveria ter raiva de mim. Ela deveria me amar incondicionalmente e não me fazer sentir rejeitado e sozinho. Ela deveria ser uma mãe amorosa e respeitosa.*

KATIE: Quando você considera aquela situação "Ela não deveria ter raiva de você". Isso é verdade?

ARTHUR: Não.

KATIE: Fica claro, né?

ARTHUR: Sim.

KATIE: E como você reage quando acredita nesse pensamento, de que ela não deveria sentir raiva de você? O que acontece com você nessa conversa?

ARTHUR: Bom, fico com raiva dela. Não quero escutar. Eu a isolo, eu me defendo.

KATIE: E mente.

ARTHUR: E minto. Ah, sim, tem muita mentira. Ela costumava me acusar de... bom, eu digo "acusar". Ela costumava dizer: "Você me rejeitou".

KATIE: Ela é uma mulher sábia.

ARTHUR: Ela tinha razão. Tinha toda a razão. [*Risos*] Eu a rejeitei.

KATIE: Nesse ponto, ela estava lendo você, bem antes de você fazer isso.

ARTHUR: É.

KATIE: Então você ficou com raiva e mentiu para ela porque você não queria que ela ficasse com raiva.

ARTHUR: É.

KATIE: Foi por isso que você não disse: "Mãe, eu sou gay. Me sinto confortável com isso". Porque você não queria que ela ficasse com raiva.

ARTHUR: É.

KATIE: Você não queria ouvir seu pai chorar, porque você continuava a buscar amor, aprovação e valorização.

ARTHUR: É.

KATIE: Quem você seria sem o pensamento: "Ela não deveria ficar com raiva de mim"?

ARTHUR: Eu estaria bem, porque seria, tipo: "Entendi. Vá em frente. Está tudo bem".

KATIE: Vamos fazer a inversão disso. "Ela não deveria ficar com raiva."

ARTHUR: Ela *deveria* ficar com raiva de mim.

KATIE: Então, naquela situação, ela deveria ficar com raiva de você. Dê-me exemplos. O que isso significa para você quando olha para aquela situação?

ARTHUR: Ela deveria ficar com raiva de mim porque eu a estou rejeitando. Ela deveria ficar com raiva de mim porque me acusou de afastá-la, o que é verdade. Ela deveria ficar com raiva de mim porque me acusou de guardar segredos dela, o que é verdade. Ela deveria ficar com raiva de mim porque ela sentia que eu não queria fazer parte da vida deles, o que é verdade. É. Ela tinha boas razões.

KATIE: Está bem. Agora leia sua lista completa.

ARTHUR: *Minha mãe não deveria ficar com raiva de mim. Ela deveria me amar incondicionalmente e não fazer com que eu me sinta rejeitado e sozinho. Ela deveria ser uma mãe amorosa e respeitosa.*

KATIE: Então faça a inversão. "Ela deveria..."

ARTHUR: Minha mãe deveria ficar com raiva de mim. Ela não deveria me amar incondicionalmente e deveria fazer com que eu me sentisse rejeitado e sozinho. Ela não deveria ser uma mãe amorosa e respeitosa.

KATIE: Isso. Quando você leva em conta a sua responsabilidade e o que está descobrindo, que melhor maneira para trazer você para O Trabalho? Que outra coisa mais poderosa sua mãe poderia ter feito para levá-lo à autorrealização e à liberdade do sofrimento?

ARTHUR: É verdade. É.

KATIE: Todos nós temos pais perfeitos.

ARTHUR: Uau!

KATIE: Agora, aqui vai o que você precisava naquele telefonema para ser feliz. Olhe para sua lista e faça a inversão de tudo para "eu". Esse é o seu conselho para si mesmo. "Eu não deveria..."

ARTHUR: Eu não deveria ficar com raiva de mim mesmo. Eu deveria me amar incondicionalmente e não fazer com que eu me sinta rejeitado e sozinho. Eu deveria ser um filho amoroso e respeitoso. Ah, sim. Certo.

KATIE: É um bom conselho.

ARTHUR: Eu não deveria ficar com raiva de mim mesmo. Ah! Ah, é! É verdade.

KATIE: Essa é a sua receita para a felicidade.

ARTHUR: Porque eu teria ficado bem. Eu estaria presente para mim mesmo.

KATIE: E a declaração quatro?

ARTHUR: *Preciso que minha mãe me diga que está tudo bem eu ser gay, respeite minhas escolhas, não me agrida, me julgue ou invada minha privacidade.*

KATIE: "Você precisa que sua mãe diga que está tudo bem você ser gay." Isso é verdade? Naquele telefonema?

ARTHUR: Não, não preciso.

KATIE: E perceba como você reage quando acredita nesse pensamento.

ARTHUR: E ela não diz que está tudo bem? Para ser honesto, perco meu chão.

KATIE: E você agride outro ser humano.

ARTHUR: É.

KATIE: E como podemos esperar que países parem de fazer guerras quando nós não conseguimos parar de fazer isso com as pessoas em nossas próprias vidas?

ARTHUR: Isso é verdade.

KATIE: É como se você tivesse jogado uma bomba atômica sobre ela e, com isso, jogado uma bomba atômica em você.

ARTHUR: Isso é verdade.

KATIE: É. Mas só por doze anos.

ARTHUR: E eu joguei uma bomba atômica em mim mesmo, em minha mente. Tipo, nunca vou esquecer. Estava em Veneza, um lugar tão bonito, anos depois, e estava sozinho, e eu fiquei o tempo todo remoendo essa conversa e isso estava me deixando muito infeliz.

KATIE: Lá se foi Veneza.

ARTHUR: Lá se foram os canais. Adeus.

KATIE: Então, de novo: "Preciso..."

ARTHUR: Preciso que minha mãe me diga que está tudo bem eu ser gay.

KATIE: Quem você seria naquele telefonema sem esse pensamento?

ARTHUR: Eu estaria bem. Porque eu poderia realmente apenas estar presente, e, sim, porque... Bom, a palavra que me vem à mente é livre.

KATIE: Então faça a inversão disso. Esse é o jeito de ser feliz naquele telefonema, naquela situação e em sua vida. "Preciso..."

ARTHUR: Preciso dizer a mim mesmo que está tudo bem eu ser gay.

KATIE: Isso. E continue. "Preciso..."

ARTHUR: Preciso respeitar minhas próprias escolhas.

KATIE: Isso.

ARTHUR: Isso. Isso. Preciso não atacar nem julgar a mim mesmo.

KATIE: Nem a ela.

ARTHUR: Nem a ela. Preciso não a agredir. Preciso não a julgar nem invadir mais a privacidade dela.

KATIE: Sim. Pare de invadir a privacidade dela.

ARTHUR: Porque ela tem o direito de pensar o que quiser.

KATIE: Assim como você.

ARTHUR: É. Isso é verdade. É.

KATIE: Mundos diferentes. E é algo maravilhoso de compartilhar. Se você compartilhar seu mundo comigo, isso não afeta meu mundo. Agora tenho dois mundos para desfrutar.

ARTHUR: Então eu... Uau! Está bem.

KATIE: Planetas diferentes. Sistemas solares diferentes.

ARTHUR: É... [*Rindo*]

KATIE: No mundo dela, não está tudo bem ser gay. No seu mundo, está.

ARTHUR: É.

KATIE: E por que temos que lutar contra esses mundos que têm tradições diferentes, ideias diferentes, modos de ser diferentes?

ARTHUR: Isso é verdade. É.

KATIE: E a declaração seguinte, a declaração cinco, onde você diz o que pensa dela?

ARTHUR: Ah, meu Deus. Hum. Você pediu para nos soltarmos quando preenchêssemos isso. *Minha mãe é uma vaca que vive julgando as pessoas, não escuta e é cruel quando as coisas não são como ela quer.* Ah não, já deu pra ver aonde isso vai levar. [*Risos*]

KATIE: Agora, é muito importante que você permaneça na situação, porque ela não o define. É só como você estava naquela situação em particular, ao telefone, e você testa conforme avança para ver como se encaixa. É como experimentar um par de sapatos novos. "Naquela situação com minha mãe, eu..."

ARTHUR: É verdade. Eu sou uma vaca que vive julgando as pessoas, não escuta e é cruel quando as coisas não são como eu quero.

KATIE: E é muito bom saber isso sobre si mesmo. "Quando as coisas não são como eu quero..."

ARTHUR: É, sou uma vaca terrível quando as coisas não são como eu quero.

KATIE: Você é tudo o que acusou sua mãe de ser.

ARTHUR: Não tenho como discordar.

KATIE: Bom, você está despertando para a realidade. A negação é uma coisa interessante. Não podemos mudar aquilo de que ainda não nos demos conta. Não é possível. Então o que O Trabalho faz é revelar você para você mesmo. E tudo começa a mudar, porque você está se dando conta do que estava escondido. Isso é despertar para a realidade.

ARTHUR: É verdade.

KATIE: Agora, faça a inversão da lista para os opostos. "Naquele telefonema, minha mãe era..."

ARTHUR: Ela era... Eu faço a inversão da lista para minha mãe?

KATIE: Veja apenas onde há opostos que se encaixam em cada julgamento. Qual é o contrário de "vaca que vive julgando as pessoas"?

ARTHUR: Ela era...

KATIE: Uma mãe compreensiva?

ARTHUR: Que escuta. E que é bondosa quando as coisas não são como ela quer.

KATIE: Apenas contemple isso. Faça o teste. Isso não significa que a inversão é verdade, mas permaneça focado naquele telefonema até conseguir ver como a inversão é verdade, mesmo que de início não pareça ser. Medite. Teste. Permaneça focado nela. Isso é muito importante, se seu objetivo é se libertar do sofrimento.

ARTHUR: Ela não era cruel. É, bom... Ela na verdade só me amava muito e queria que eu fosse feliz, de acordo com a definição pessoal dela, que sempre é a única definição que qualquer pessoa vai ter.

KATIE: Vamos seguir em frente para a sua última declaração: o que você não quer experienciar outra vez.

ARTHUR: *Não quero nunca mais me sentir julgado, não amado, agredido ou rejeitado por minha mãe.*

KATIE: "Eu estou disposto..."

ARTHUR: Ah, uau! Tá bom.

KATIE: "Eu estou disposto..."

ARTHUR: Eu estou disposto a me sentir julgado, não amado, agredido e rejeitado por minha mãe outra vez.

KATIE: Você entende?

ARTHUR: Bom, entendi, porque, tipo, esse é o teste decisivo do quanto eu não sou homofóbico.

KATIE: É. E mostra onde você ainda está em guerra consigo mesmo e, como resultado, com outras pessoas em seu mundo. Mostra a você o que questionar em outro formulário.

ARTHUR: Porque ela pode dizer qualquer coisa, e vou ficar, tipo...

KATIE: "Manda ver."

ARTHUR: É, exatamente.

KATIE: "Manda ver." E se você sentir qualquer coisa que não seja conexão com sua mãe, isso apenas significa que você precisa usar outro formulário. Então: "Eu não vejo a hora de..."

ARTHUR: Eu não vejo a hora de me sentir julgado, não amado, agredido e rejeitado por minha mãe outra vez. O que pode rolar se eu telefonar para ela.

KATIE: Se você telefonar para ela e perceber as coisas desse jeito outra vez, é hora de preencher outro formulário. Se você perceber que a está agredindo, é hora de um formulário. Você está indo contra a sua felicidade. A qualquer momento em que você agredir alguém, incluindo a si mesmo, vai estar indo contra o que quer e o que precisa para ser feliz. E essa investigação deixou isso bem claro.

ARTHUR: Deixou mesmo.

KATIE: Então seja sua mãe ao telefone e me agrida.

ARTHUR: Hum. Ah, minha nossa. Não consigo nem... "Você quer ouvir seu pai chorando? É isso o que você queria, não é? Você está tendo um relacionamento homossexual."

KATIE: "Eu *estou* tendo um relacionamento e, não, ouvir meu pai chorar não é o que eu queria. Não quero que ele sofra e também não quero que você sofra."

ARTHUR: "Bom, então por que você está fazendo isso?"

KATIE: "Eu nasci assim. Não posso ser de nenhum outro jeito para você nem para mim."

ARTHUR: "Não, não nasceu. Isso não é verdade. Você pode mudar."

KATIE: "Vou dar uma olhada nisso, mãe. Estou aberto."

ARTHUR: "Bom, você não precisa viver com o homem com quem está tendo um relacionamento."

KATIE: "Bom, na verdade, eu o adoro. Você gostaria de conhecê-lo?"

ARTHUR: "Que nojo."

KATIE: "Ah, bom. Talvez ainda não. Mas quando você estiver pronta." [*Risos*] "Se algum dia você estiver pronta para conhecê-lo, eu adoraria que viesse nos visitar."

ARTHUR: "Não quero conhecer seus amigos gays."

KATIE: "Bom, eu entendo."

ARTHUR: Uau! OK. Ah... Não sei. Não sei o que ela diria. Hum.

KATIE: Você tem medo de que ela fale o quê?

ARTHUR: "Você destruiu minha vida."

KATIE: "O que posso fazer para consertar as coisas?"

ARTHUR: "Você pode deixar de ser gay."

KATIE: "Bom, mãe, essa é a única coisa que não posso dar a você."

ARTHUR: "Por que não?"

KATIE: "Porque eu sou gay." [*Risos*]

ARTHUR: Então ela provavelmente diria: "Não é, não".

KATIE: E eu apenas ouviria seu mundo, seu sofrimento, suas crenças, e como temos alguns pontos em comum e outros não.

ARTHUR: É. É.

KATIE: "Sei que é difícil para você, mãe, e por algum tempo foi muito difícil para mim. Eu realmente entendo por que papai choraria. E estou aqui a qualquer hora caso você queira conversar."

ARTHUR: Isso é muito lindo.

KATIE: Bom, eu aprendi a partir do seu formulário.

ARTHUR: Obrigado.

KATIE: Nossas mentes, quando colocadas em um formulário e questionadas, nos despertam para a realidade e nos mostram como viver a partir do amor, e não a partir do medo e da confusão. Bom trabalho, querido. Bom trabalho. Obrigada. É um privilégio ser sua facilitadora.

ARTHUR: Muito obrigado, Katie.

KATIE: Eu que agradeço. [*Aplausos*] [*Para a plateia*] E para aqueles cujas mães morreram... Mesmo que ela esteja morta, vocês ainda podem fazer O Trabalho com ela. Nunca é tarde demais. Ela não precisa estar viva para você fazer isso, para ter um relacionamento com ela como você nunca teve antes. E isso não serve apenas para mães, mas para todo ser humano que vocês ainda não perdoaram. Todo ser humano, todo gato, cachorro, árvore, coisa — estar separado de qualquer pessoa ou qualquer coisa vai contra seu coração. A única hora em que essas pessoas ou coisas não estão bem é quando vocês acreditam que não estão. Então continuo a convidar vocês a escreverem aquilo que acreditam sobre elas. Questionar aquilo em que você acredita é um presente para si mesmo, e você pode ter isso todos os dias da sua vida. As respostas estão sempre dentro de você, apenas esperando para serem ouvidas. O Trabalho não é uma filosofia. Ele não é nada. São apenas quatro perguntas e inversões. Tudo que é preciso é uma mente aberta.

13
O MUNDO ALÉM DOS NOMES

Então Subhuti disse: "Senhor, como devemos chamar este sutra e como devemos incorporá-lo e vivê-lo?"

O Buda disse: "Este sutra se chama *A escritura da sabedoria transcendente do cortador de diamantes*, pois pode cortar através de qualquer forma de ignorância ou ilusão. Você deve incorporá-lo e vivê-lo com esse nome em mente. Mas diga-me, Subhuti, o Buda tem um ensinamento a oferecer?".

"Não, Senhor, o Buda não tem nenhum ensinamento a oferecer."

"Quantos átomos há em um sistema de mundos com um bilhão de mundos?"

"Um número inconcebivelmente grande."

"O Buda ensina que átomos não são átomos; eles são apenas *chamados* de 'átomos'. O Buda ensina que mundos não são mundos; eles são apenas *chamados* de 'mundos'.

"Subhuti, se um homem bom ou uma mulher boa dedicasse vidas tão numerosas quanto as areias do rio para obras de caridade, e outra pessoa, ao ouvir este sutra, se tornasse realmente ciente do que ele ensina e o incorporasse e vivesse, o mérito da segunda pessoa seria muito maior."

Da mesma forma que um diamante pode cortar através de qualquer substância, a investigação pode cortar através de qualquer pensamento estressante, qualquer cegueira ou ilusão da mente. A investigação é a prática infalível de cortar através de ilusões. A autorrealização entorna do Buda para dentro do Buda. Ela já está presente em você, apesar de ser desconhecida até ser recebida, ouvida e compreendida no silêncio.

O Buda na verdade não tem nenhum ensinamento a oferecer. Ele vive como a pergunta respondida, autorrealizado, sem eu. Ele age sem fazer nada. Ele ensina sem dizer nada. Tudo o que já foi dito só pode existir no mundo de ilusão que chamamos de passado. Se ensinasse, o Buda poderia ensinar apenas o que não é, e, ao fazer isso, não seria nenhum buda. O que quer que ele realmente ensine acontece em silêncio.

Neste capítulo, como nos anteriores, o Buda diz que nomes não são reais. Por isso, "átomos" e "mundos" não são reais. São apenas truques mentais de *agora não*, e, portanto, são *nãos* no mundo como ele é realmente visto. Do que quer que você chame uma coisa, ela não é a coisa em si. O nome é o que cria a coisa; é como o infinito se torna separado, como se pudesse haver partes, como se cada parte não fosse o todo.

O desejo supremo é o desejo de não existir. Esse desejo é o caminho da mente de volta ao seu verdadeiro eu, o eu antes do nome, onde não há eu nem outro. A mente teme que, sem nada, não haja nada. E como pode ser isso? *Nada* é só mais uma palavra para alguma coisa. Quando a mente acredita que existe, também acredita que pode ser aniquilada. Que opostos tolos esses! A mente que não sabe não dá nomes, não teme, não tem desejo de controlar ou prever, caminha para o precipício do momento com confiança absoluta de que o próximo passo pisará em algum lugar, e o seguinte, em outro, e os pés vão nos levar aonde precisamos ir. Sem acreditar em palavras, não pode haver nada a temer. O medo nasce apenas de palavras acreditadas, e o que faz com que se acredite nessas palavras é uma mistura de palavras anteriores acreditadas. Quem começou toda essa confusão? Você. Quem pode acabar com ela? Só você.

Como a investigação corta através da ilusão?

A investigação acaba com o sofrimento cortando-o pela raiz. Nenhum pensamento estressante resiste ao questionamento sincero. Até pessoas que são muito apegadas a um pensamento, e que respondem a segunda pergunta d'O Trabalho ("Você pode saber com certeza absoluta que isso é verdade?") com um "sim" efusivo, têm uma chance de olhar mais fundo quando meditam sobre as perguntas seguintes. Quando respondem a terceira pergunta ("Como você reage, o que acontece, quando você acredita nesse pensamento?"), podem ver, em detalhe, precisamente como o pensamento causa sofrimento. E quando respondem a quarta pergunta ("Quem você seria sem o pensamento?") podem ver como seria o mundo se não acreditassem no pensamento, se não tivessem sequer a capacidade de pensar isso. Então, quando se deparam com as inversões do pensamento original, podem experienciar como os opostos são tão verdadeiros, ou talvez ainda mais verdadeiros. Quando um pensamento é meticulosamente questionado desse jeito, ele perde o poder de causar sofrimento.

Você diz que o desejo supremo é o desejo de não existir. Isso significa que o desejo espiritual é uma forma de suicídio?

Sim para o ego, o "você" que você acredita ser. As pessoas geralmente se identificam com um corpo em particular. Elas olham no espelho e dizem: "Esse sou eu". Mas algumas captam um vislumbre de que não são físicas, e se elas não se assustam com isso, podem buscar quem realmente são. Então o desejo de não existir como um ego separado é o desejo de liberdade de qualquer identidade falsa. É um desejo de desaparecimento do mundo sonhado. O suicídio físico, matar o corpo, não resolve a questão, já que, para começar, o corpo não era você. Você não mata seu ego só porque fez com que um objeto específico parasse de se movimentar. A mente clara vê que, embora o corpo tenha parado, a mente, não, por isso ainda há trabalho a fazer, até não haver.

Nenhum pensamento estressante resiste ao questionamento sincero.

14
NADA NOS PERTENCE

Quando Subhuti ouviu estas palavras, ele foi levado às lágrimas. Ele disse ao Buda: "É um raro privilégio o Senhor ter nos oferecido este ensinamento. Desde o momento, muito tempo atrás, quando entendi, nunca ouvi um ensinamento tão profundo e tão direto. Senhor, se uma pessoa é capaz de ouvir este ensinamento com uma mente aberta essa pessoa sem dúvida vai ter um entendimento da realidade e ver as coisas como elas são, para além de todos os conceitos. Essa pessoa é merecedora do maior respeito. Eu entendi seu ensinamento e estou profundamente comovido por ele. Mas milhares de anos no futuro, se uma pessoa de mente aberta ouvir esse sutra, realmente se tornar ciente do que ele está ensinando e então incorporá-lo e vivê-lo, ela será extraordinária. Ele ou ela vai ser livre dos conceitos de 'eu' e de 'outro', que não são reais. Aqueles que se libertaram de todos os conceitos são chamados de 'budas'".

O Buda disse: "Exatamente, Subhuti. Se alguém ouvir esse sutra e não ficar com medo ou abalado com o ensinamento, essa pessoa é realmente extraordinária.

"Subhuti, o que o Buda chama de mais elevadas qualidades espirituais não são na verdade as qualidades espirituais mais elevadas. Elas são apenas *chamadas* de 'as qualidades espirituais mais elevadas'. Por exemplo, a qualidade da paciência que ensino não é de fato paciência. Em uma vida anterior, quando meu corpo foi desmembrado pelo rei de Kalinga,[7] eu não estava aferrado aos conceitos de 'eu' e de 'outro', então não havia necessidade de que eu fosse paciente ou piedoso. Se, quando meu corpo estivesse sendo desmembrado, eu estivesse apegado aos conceitos de 'eu' e de 'outro', a raiva e o ódio pelo rei teriam surgido em mim. Durante quinhentas vidas como um asceta praticando a paciência, eu estava livre dos conceitos de 'eu' e de 'outro', de modo que a paciência era desnecessária.

"A única coisa que os *bodhisattvas* precisam fazer é se libertarem de todos os conceitos e cultivarem a aspiração à liberdade. Eles não devem permitir que a mente se abrigue em conceitos que surjam de qualquer coisa que possam perceber — pela visão, pela audição, pelo olfato, pelo paladar, pelo tato ou qualquer outra qualidade. A mente deve ser mantida independente de qualquer pensamento que nela surja. Se a mente depender de qualquer coisa, ela não tem refúgio certo.

"Subhuti, quando os *bodhisattvas* querem praticar generosidade em benefício de todos os seres sencientes, eles devem perceber que a generosidade não é na verdade generosidade e que seres sencientes não são seres sencientes. Quando os *bodhisattvas* percebem isso, conseguem praticar a generosidade em benefício de todos os seres sencientes.

---

7 Em uma lenda sobre uma encarnação anterior do Buda, o rei de Kalinga certa vez saiu para caçar com suas concubinas, que foram andando pela floresta. Lá elas encontraram o asceta Kshanti (que posteriormente renasceu como o Buda) sentado em meditação. Elas ficaram tão encantadas com sua serenidade que puseram flores aos seus pés, e ele começou a ensinar a elas sobre paciência. Quando o rei as encontrou ali, ficou furioso de ciúme e, para testar a paciência de Kshanti, cortou suas mãos, depois seus pés, então suas orelhas e seu nariz. Durante a tortura, Kshanti permaneceu imóvel, e nenhum traço de raiva surgiu em seu coração. Quando o rei percebeu isso, sentiu remorso e implorou que Kshanti o perdoasse.

"Você deveria entender que o que eu ensino é verdade, é autêntico e aponta para o modo como as coisas são. Não há nada desejoso ou impreciso nesse ensinamento. Você deveria entender melhor que a verdade que alcancei não é verdadeira nem falsa.

"Subhuti, se os *bodhisattvas* praticam a generosidade enquanto estão apegados a conceitos, eles são como pessoas andando em completa escuridão. Se os *bodhisattvas* praticam a generosidade livres de conceitos, são como pessoas caminhando à luz do sol, com os olhos bem abertos, vendo todas as coisas com clareza, exatamente como elas são. Se, em eras futuras, homens e mulheres de mente aberta ouvirem este sutra, perceberem realmente qual é seu ensinamento e o incorporarem e o viverem, vou estar plenamente ciente dessas pessoas e vou reconhecer cada uma delas, e cada uma será merecedora do mais profundo respeito."

Este capítulo contém uma variação da verdade dita pelo Buda no Capítulo 10: "Um *bodhisattva* deve desenvolver uma mente que não resida em lugar algum". Aqui ele diz: "A mente deve ser mantida independente de quaisquer pensamentos que nela surjam. Se a mente depende de qualquer coisa, ela não tem refúgio certo". Para ver as coisas exatamente como elas são, você precisa pensar apenas no que chamo de "pensamentos de primeira geração": substantivos únicos sem outras palavras ligadas a eles — por exemplo "árvore", "céu", "mesa", "cadeira". Mas mesmo árvore, céu, mesa e cadeira têm que ser questionados, já que qualquer ponto de referência é pura imaginação. Então não é uma mesa, embora você a chame de mesa; não é uma árvore, embora você a chame de árvore. Chamar uma coisa de algo não a torna aquilo da que você a chamou.

Nada é verdade em última instância; não há nada que não possa ser questionado. A realidade última é "Não existe realidade", e convido você a ir além disso. Você não pode encontrar nenhuma âncora, nenhuma identidade, nenhum eu. E esse é o lugar seguro. Esse é o refúgio.

Se a mente depende de qualquer coisa, ela se torna a mente "eu sei", um ego rodopiando no aparente tempo e espaço, sempre tentando se definir, sempre tentando provar que seus julgamentos são reais, que todo o seu mundo é real. A única saída da mente é: a mente dentro de si mesma, mente búdica, respondendo a uma ilusão de um eu. Quando a ilusão é questionada, ela não pode mais existir. Ela parece inconsequente, engraçada e completamente louca.

Neste capítulo, na história contada pelo Buda sobre quando estava sendo torturado, ele estava desperto para o fato de que as mãos, os pés, as orelhas e o nariz que estavam sendo cortados não eram dele. O corpo não era dele. Não era o corpo de ninguém. Ele se deu conta de que era tudo imaginado, de modo que não podia surgir nenhum pensamento que causasse raiva ou ódio dentro dele.

Nunca fui torturada, mas algumas vezes fui ameaçada por pessoas violentas e sei que é possível permanecer enraizada no que é real mesmo quando se está em perigo aparente. Para minha mente, essa não é uma questão de paciência; é uma questão de notar, de testemunhar e permanecer conectado com a realidade.

Por exemplo, há algum tempo, em 1986 ou 1987, eu estava fazendo O Trabalho com uma mulher de Kansas City que tinha viajado para passar um tempo comigo por alguns dias. Ela disse que sofria de dor crônica. Um dia, quando ela estava de saída, eu a envolvi em meus braços. Segundo ela, um choque a atravessou, e ela disse: "Ah, meu Deus, a dor passou!". Ela começou a chorar e disse que eu era uma grande curadora. Eu lhe disse que o que quer que tivesse acontecido era resultado do papel que ela projetava em mim com muito poder, mas tinha sido tudo ela; foi *ela* quem se curou. Depois disso, ela sempre viajava para Barstow e passava o maior tempo possível comigo, vivendo em minha casa. Isso durou vários meses.

Então um dia o marido dela apareceu na minha porta, furioso. Eu o convidei a entrar. Ele ficou parado na sala de estar e começou a gritar, me acusando, berrando com todas as forças. Ele disse que tinha proibido a esposa de voltar à minha casa. Ela estava ficando cada vez mais obcecada por mim, disse ele. Eu deveria estar controlando a mente dela de algum modo. Ela não o ouvia mais nem o amava mais do jeito como me amava. Ele então começou a andar de um lado para outro da sala. Era um homem grande e parecia um personagem de desenho animado, agitando os braços e gritando. Às vezes, ele aproximava o rosto a centímetros do meu e gritava suas acusações, e eu conseguia sentir seu hálito na minha cara. O que eu via era um homem morrendo de medo de perder o controle sobre a esposa, um homem que estava ficando louco de medo. Eu, disse que entendia o medo dele, mas se ela me procurasse, não iria mandá-la embora — nem ela nem ninguém, por falar nisso.

Ele ameaçou me matar se eu não parasse de ver sua esposa. Eu me mantive quieta enquanto o ouvia. A mente identificada interpretaria esse acesso de raiva como perigoso. Mas se você remove o significado, o homem era como uma árvore em um vento forte, agitando os galhos — forte, flexível e bela. Na verdade, não estava acontecendo nada além de um homem compartilhando seus medos com uma ouvinte que se importava. Ele disse que era policial em Kansas City e sabia como lidar com alguém como eu. Se ele não me matasse naquele momento, iria fazer isso depois. "Eu entendo", falei. Isso o deixou ainda mais furioso. Ele disse que iria atear fogo em minha casa comigo e com meus filhos dentro e fazer com que parecesse um acidente — que eu nunca iria saber quando isso iria acontecer, e não havia meio de impedi-lo. Estava claro como ele estava confuso e o quanto sofria. Eu só poderia continuar a me conectar com ele em um nível muito profundo, já que era com meu próprio eu que eu estava me conectando, e senti o amor dentro de mim se expandir enquanto ele me ameaçava. Não havia nenhum "ele" externo; era tudo eu. "Eu realmente entendo", falei. Quando ele ouviu isso dessa vez, olhou para mim, e todo seu rosto relaxou, seu corpo começou a tremer e ele caiu em meus braços, aos prantos. Eu o abracei por algum tempo, depois acompanhei os dois até a porta. Nenhum deles voltou.

Quem olhasse ia poder dizer que eu estava sendo paciente, mas, na realidade, eu simplesmente estava ciente do que o homem estava ameaçando — esta pessoa, Katie — não podia ser ferido de jeito algum. O tempo todo, eu estava testemunhando sua infelicidade, sua confusão e sua raiva por estar na frente de algo que não pode ser movido. Eu estava ouvindo apenas uma coisa: sua mente, que era parte da minha própria mente, não separada dela. Ficar impaciente com a mente dele seria o mesmo que ficar impaciente com a minha.

Por isso a meditação e a quietude são tão importantes quando se trata da investigação, especialmente para iniciantes. Se você puder fazer O Trabalho em câmera lenta, meditando na situação sobre a qual você estava aborrecido ou com raiva, separar cinco, dez minutos ou mais para cada pergunta, isso se transforma em um padrão mental, um estado natural de escutar. A investigação se torna uma forma de decodificar qualquer coisa que não seja a sua verdade, qualquer coisa além da mente clara. Tornar-se ciente não é um truque nem um tipo especial de pensar. É simplesmente o ego decodificado.

Por que alguém ficaria assustado ou abalado pelos ensinamentos do *Sutra do Diamante*?

O ego está sempre lutando pela vida dele. Você pode ficar assustado ou abalado ao ouvir que não existe um "você", que toda a identidade da qual está tão investido é uma ilusão. É o fim do mundo como você o entende, o fim do tempo, da identidade e do corpo físico. Claro, o ego vai continuar a trazer você de volta para o seu mundo imaginado enquanto você valorizar qualquer coisa além da verdade. Mas depois que o ego é compreendido, ele não tem como voltar a acreditar na aparente existência dele, por isso você não consegue ficar assustado ou abalado por qualquer verdade ou inverdade.

Nem todo mundo faz grandes descobertas ao fazer O Trabalho. Qual é a importância da paciência?

O Trabalho é uma prática. Eu sugiro que as pessoas o façam para o café da manhã e tenham um bom dia. Mesmo que você tenha sido agraciado com a experiência mais profunda de iluminação, ainda tem que praticar a percepção porque há pensamentos antigos que vão continuar a surgir dentro de você, e se não os questionar, eles vão dominá-lo, por mais iluminado que você seja. Para mim, o pensamento dominante era "Minha mãe não me ama". Trabalhei nele e em dezenas de variações todos os dias por um ano. Eu escrevia os pensamentos quando eles surgiam, e meditava sobre cada um usando as quatro perguntas e inversões d'O Trabalho durante horas, às vezes dias. Eu sabia que não estava lidando com uma pessoa; estava lidando com conceitos, e depois de investigar os conceitos sobre minha mãe, consegui desvendar todos os meus conceitos sobre tudo e todos.

É preciso ter paciência para continuar a fazer O Trabalho como prática diária, ou pelo menos como prática regular. Quem realmente quer acabar com o sofrimento é capaz de encontrar essa paciência. Questionar seus pensamentos estressantes pode ser difícil, mas é muito mais difícil *não* os questionar. Quando as pessoas estão interessadas n'O Trabalho, notam que, no início, às vezes conseguem fazê-lo, outras, não. Mas se você assume um compromisso de fazer O Trabalho todas as manhãs, ele acaba despertando em você. Não é mais você que o faz; *ele* faz você. Isso se torna natural, automático, como respirar.

O Trabalho é um jeito de se colocar entre o *pensar* um pensamento e o *acreditar* no pensamento. Quando você faz O Trabalho com qualquer pensamento estressante, pode se surpreender ao ver que ele simplesmente não é verdade. Você tem se estressado, e frequentemente seu parceiro também, por causa de uma crença falsa. E você consegue ver, em detalhes, a causa e o efeito do pensamento, exatamente como ele tem poder sobre você e como causa seu sofrimento. Não só isso: ao fazer O Trabalho sobre um pensamento você consegue ver, profundamente, quem você seria — quem você é — sem ele. A reviravolta pode ser imediata. Continuo vendo pessoas mudarem as vidas, os relacionamentos, a saúde, as finanças, em cinco, dez, quinze minutos, simplesmente por se darem conta de que aquilo que passaram anos acreditando não é verdade. Qualquer um com uma mente aberta pode fazer isso. Isso vem acompanhado de uma sensação incrível de liberdade. Se não for de imediato — se exigir mais investigação e esforço para desfazer —, esse também é o jeito como *deveria* ser, e isso é maravilhoso.

Como levamos O Trabalho para nossas vidas diárias?

Fazendo-o.

Mas nossas vidas são cheias de relacionamentos e momentos difíceis. Como conduzir essa vida de investigação?

Você faz O Trabalho, e suas percepções mudam naturalmente. Não há necessidade de conduzir. À medida que sua mente muda, o mundo que você percebe muda, já que o mundo é uma projeção sua. Toda vez que questiona seus pensamentos estressantes, você se torna um ser humano mais esclarecido e bondoso. Você pode nem notar. Mas aos poucos, com o passar dos meses, com o passar dos anos, a vida vai se tornando mais simples, e sua mente se assenta em uma paz da qual antes você nem se dava conta. Seus relacionamentos se tornam mais fáceis e felizes. Você se dá conta de que seus inimigos na verdade são seus amigos, que as pessoas difíceis em sua vida na verdade não são difíceis: é sua própria mente que cria as dificuldades. E quanto mais esclarecida fica sua mente, mais ela projeta um universo amigo, até que um dia você se dá conta de que não tem problemas há muito tempo.

Por quanto tempo você preencheu formulários sobre sua mãe? E quando foi a última vez que completou um formulário e o questionou?

Não me lembro exatamente por quanto tempo fiz O Trabalho com minha mãe. Acho que foi por cerca de um ano. Desde então, não preenchi nenhum formulário, porque não tive problemas. Não lembro se algum pensamento estressante surgiu nos anos seguintes, mas se surgiram, se dissolveram à luz do questionamento sem palavras que vivia dentro de mim. Quando surgiam, eram recebidos pelo questionamento e vistos instantaneamente pelo que realmente eram e, naquela percepção, se desfaziam. Mas se eu tivesse um problema hoje, não hesitaria em colocá-lo no papel, e não teria problema em meditar sobre a ilusão sofisticada da vida que ele traz à mente. A mente não é um perigo. É apenas quando nos aferramos à mente que o falso mundo do sofrimento aparece.

A única saída da mente é: a mente dentro de si mesma.

15
CHEGANDO À PAZ

O Buda disse: "Subhuti, suponha que haja um homem bom ou uma mulher boa que pela manhã faça tantos gestos caridosos quanto os grãos de areia no Ganges e faça um número igual de atos caridosos à tarde e novamente à noite, e continue a fazer isso por centenas de milhares de milhões de bilhões de eras. Agora suponha que haja alguém que ouça este sutra com a mente aberta e deixe que ele penetre em seu coração. O mérito dessa segunda pessoa seria muito maior que o da primeira. Como é maior o mérito de alguém que incorpora este sutra de todo o coração e o vive!

"Podemos resumi-lo assim: este sutra tem valor inconcebível, inestimável e ilimitado, e o Buda o ensina àqueles que são maduros o bastante para entender. Aqueles capazes de perceber o que está ele ensinando, e em seguida incorporá-lo e vivê-lo, estão no mesmo lugar que o Buda, e levam a iluminação do Buda a todos os lugares aonde vão. Eles são dignos do respeito mais profundo de todos os seres do universo.

Todo pensamento remete a quando o pensamento começou. Não importa qual seja; por mais iludido que possa ser, o Buda o reconhece e o conduz de volta à investigação, como se estivesse conduzindo o pensamento por um funil enorme e cada pensamento fosse rodopiando funil abaixo até chegar ao elemento mais simples e se dissolvesse.

No processo, o Buda se repete várias e várias vezes. É necessário que ele se repita. Enquanto houver qualquer sofrimento aparente no mundo, o Buda ajuda as pessoas a dissolvê-lo por qualquer meio disponível. O sofrimento é o que cria budas. Onde não há sofrimento, não há buda, porque não há razão para a existência de um. Para sua própria mente, de fato, o Buda não existe. A mente búdica é simplesmente a mente que se voltou a si mesma. É a mente que se chamou de volta para sua verdadeira natureza.

Nessas passagens onde o Buda se repete, ele é como uma mãe parada em frente à casa chamando o filho para jantar. "Venha para casa! É hora de jantar! Venha, venha!" A criança está na rua, distraída; talvez tenha caído e ralado o joelho, entrado em uma briga; talvez esteja perdida no escuro, assustada, então, ao longe, escuta a voz da mãe chamando seu nome e sabe para onde ir. O Buda é como essa mãe, ali em pé esperando o filho, chamando o nome da criança repetidas vezes. Ele se lembra de quando ele próprio estava perdido na escuridão, e está inamovível em seu entendimento do que é estar perdido e o que é ser encontrado. Esse chamado está sempre ressoando para aqueles que ouvem. O Buda esperaria mil anos por uma criança perdida.

A natureza da mente questionada é boa e não tem absolutamente nenhuma disputa consigo mesma. Quando aparece algo diferente de sua natureza — um conceito negativo, qualquer pensamento de defesa, rejeição ou resistência —, a mente se separa de seu eu iluminado. A mente se identificou como algo diferente de si mesma, e continua a se esforçar para ser o que não é, o que nunca pode ser. O momento em que ela se identifica como algo diferente de si mesmo, ela fica presa como uma coisa, um corpo, um "eu". Quando ela entende sua verdadeira natureza, torna-se um fluxo incessante de prazer. Ela observa como parece criar algo, mas nunca se identifica como esse algo. Ela se dá conta de que não há nada para ter ou ser. No fim, se dá conta de que é o começo e o fim, que nunca morreu e nunca pode morrer.

A paz só chega a convite, o convite que vem de você, e se a paz é sua meta, receba a investigação de braços abertos. Os grandes textos espirituais descrevem o *quê* — o que significa ser livre. O Trabalho é o *como*. Ele dá a você uma entrada direta para a mente desperta. Algumas pessoas passam anos tentando descobrir qual é o problema com elas. Quando você chega a O Trabalho, não precisa descobrir. Você já sabe qual é o problema com você: está acreditando em seus pensamentos estressantes. Você não tem nem mesmo que saber *que* pensamentos. Simplesmente pegue o primeiro que aparecer, e *esse* é o seu problema. E quando você questiona seus pensamentos, a coisa que era seu problema começa a não parecer nada.

Você diz que o Buda é "inamovível em sua compreensão do que é estar perdido e o que é ser encontrado". Por muitos anos você se sentiu perdida. Quem a encontrou?

"Eu" me encontrei. Depois questionei até isso.

Você diz: "A natureza da mente questionada é boa". Como distingue a bondade com os outros da bondade consigo mesma?

Quando pratico um ato de bondade para você, é uma bondade para mim mesma, e quando pratico um ato de bondade para mim mesma, é uma bondade para você, mesmo que você nunca se dê conta disso.

Os grandes textos espirituais descrevem o quê. O Trabalho é o como. Ele dá a você uma entrada direta para a mente desperta.

16
TUDO ACONTECE PARA VOCÊ, NÃO COM VOCÊ

O Buda disse: "Além disso, Subhuti, se homens e mulheres bons que escutarem este sutra realmente se derem conta do que ele está ensinando e então começarem a incorporá-lo e vivê-lo, nada no mundo vai conseguir abalá-los. Inimigos podem difamá-los, amigos podem se tornar indiferentes e se afastar, mas em todas as ocasiões suas mentes vão permanecer imperturbadas. Por não mais entreterem conceitos de 'eu' e de 'outro', não podem levar nada para o lado pessoal. Assim, suas mentes são livres.

"Bilhões de eras atrás, antes do tempo do Buda Dipankara, eu servi 84 bilhões de bilhões de budas, e os servi com devoção sincera. Mas se, daqui a mil anos, alguém ouvir este sutra e entender o que ele está ensinando e então incorporá-lo e vivê-lo, o mérito dessa pessoa vai ser cem bilhões de vezes maior que o mérito que alcancei quando servi a todos aqueles budas. Na verdade, nenhum número poderia expressar o quanto seu mérito seria maior.

"Se eu tivesse que ser específico sobre os méritos obtidos por bons homens e mulheres que daqui a mil anos escutarão este sutra e entenderão verdadeiramente o que ele está ensinando e o incorporarão e viverão, ninguém acreditaria em mim. Você deveria saber que o valor deste sutra está além de conceitos, e suas recompensas estão além de conceitos."

A realidade se desdobra perfeitamente. Tudo o que acontece é bom. Vejo pessoas e coisas, e quando me vem o pensamento de ir na direção delas ou na direção oposta a elas, eu me movo sem discussão, porque não tenho nenhuma história crível sobre por que não deveria fazer isso. É sempre perfeito. Uma decisão me daria menos, sempre menos. Então "isso" toma a decisão, e eu a sigo. E o que amo é que ela é sempre bondosa. Se eu tivesse que dar um nome para a experiência em uma palavra, chamaria de gratidão — viver e respirar gratidão. Sou um receptor, e não há nada que eu possa fazer para impedir a graça de entrar.

É pessoal e não é pessoal. É pessoal no sentido de que todo o mundo sou eu, uma imagem-espelho que sou e amo. Sem ela, não há um corpo. E não é que eu precise olhar; mas olhar é um deleite. Por outro lado, não é pessoal, porque não vejo nada além de uma imagem-espelho. Todo movimento, todo som, toda respiração, toda molécula, todo átomo não são nada mais que uma imagem-espelho, então eu não me movo, eu sou movida. Eu não faço, sou feita; não respiro, sou respirada; não penso, sou pensada. Não existe eu. Não existe nada real nisso.

Quando você se dá conta de que não há algo como um eu ou um outro, se dá conta de que todos os relacionamentos humanos são reflexos no espelho. Não é de você que as pessoas gostam ou não gostam; são das histórias que elas têm de você. Elas não estão o atacando ou o abandonando; estão atacando ou abandonando quem acreditam que você seja. O que uma coisa dessas tem a ver com você? Você é a projeção delas, assim como elas são suas. Dar-se conta disso faz com que seja fácil não ser afetado por elogios ou culpabilizações.

Amo quando as pessoas me culpam. Aprendo o que posso com suas críticas, mas nunca posso levá-las para o lado pessoal. Também adoro quando me elogiam, embora eu saiba que estão apenas elogiando a pessoa que acreditam que eu seja. Mas elogios têm mais a ver com nossa verdadeira natureza; a culpa machuca quem culpou. Então quando as pessoas me elogiam, fico feliz por elas. Elas dizem: "Ah, Katie, você mudou minha vida. Estou muito agradecida", e eu escuto isso como uma inversão. *Ela* mudou a vida dela, ou *ele* mudou a vida dele. Eles me dão o crédito, mas o crédito é todo deles. Pensar que qualquer uma dessas coisas tem a ver comigo é uma confusão. A gratidão deles é apontada na direção do eu que pensam que sou, mas no fim, ao amadurecerem na investigação, ela faz uma inversão para eles, e no fim a gratidão não é direcionada para lugar nenhum. Ela se transforma em pura gratidão, sem direção.

Se alguém o rejeita, ele só pode fazer isso porque você não corresponde às crenças dele sobre como gostaria que o mundo fosse. Só um ego inflado poderia dizer que você tinha alguma coisa a ver com isso. Suponha que sua mão se mexeu sem qualquer razão, e ele achou isso inaceitável — não seria óbvio que tudo seria obra dele? Se ele criticá-lo e você levar isso para o lado pessoal, foi *você* que machucou a si mesmo. A história que você impõe sobre suas críticas é onde começa a dor. Você está discutindo com a realidade, e perdendo.

Meu amor é da minha conta; seu amor é da sua. Você conta a história de que sou isso ou aquilo, e você se apaixona pela sua história. O que eu tenho a ver com isso? Estou aqui devido à sua projeção. Não tenho escolha nisso. Eu sou sua história, nem mais, nem menos. Você nunca me conheceu. Ninguém nunca conhece ninguém.

Se você achar o trabalho interno estimulante, não verá a hora do pior que pode acontecer, porque você não vai encontrar nenhum problema que não possa ser resolvido de dentro. É o esquema perfeito para acabar com o sofrimento. E se torna um mistério por que alguma vez você considerou haver algum problema em sua vida. Você começa a se dar conta de que erros não existem, e que aquilo que recebe é aquilo de que precisa. Isso é encontrar o paraíso. Tudo o que você precisa, e até mais do que precisa, sempre é dado a você, em abundância.

Até mesmo o aborrecimento mais sutil é uma forma de sofrimento. Ele não parece natural. Ir ao encontro das pessoas com compreensão é mais parecido com você. Quando um pensamento irritado ou raivoso surge, você consegue ir ao encontro desse pensamento com compreensão através da investigação? Quando aprende a ir ao encontro dos seus pensamentos com compreensão, você pode ir ao *nosso* encontro com compreensão. O que alguém poderia dizer sobre você que você já não tenha pensado? Não há pensamentos estressantes novos — eles são todos reciclados. Não estamos encontrando nada além de pensamentos. O exterior é uma projeção do interior. Seja seu pensamento ou meu pensamento, não faz diferença. Só o amor tem o poder de curar.

Seja lá o que as pessoas digam ou façam, como você pode ficar chateado com elas quando sabe que são projeções da sua própria mente? Quando a mente se dá conta disso, não há nada *como o que* ela possa se projetar. Até a mente é sua própria teoria. Não há ninguém para ficar aborrecido. Há apenas a mente jogando no mundo aparente de si mesma. A mente búdica nunca pode ficar presa ao passado e ao futuro inexistentes, por isso é impossível que ela experiencie qualquer coisa além da alegria que vem desse entendimento.

O fato é que você nunca reagiu a ninguém. Você projeta significado no nada, e reage ao significado que projetou. A solidão vem de um lugar honesto — você é a única pessoa aqui. Não há humanos. É com você. Quando questiona seus pensamentos, toma consciência disso. É o fim do mundo — o alegre fim de um mundo que, em primeiro lugar, nunca existiu.

Você disse: "O teste decisivo da autorrealização é o estado constante de gratidão". Você experienciou gratidão antes da sua experiência de despertar?

Um dia, em fevereiro de 1986, pouco antes de me internar na casa de recuperação, quando eu estava com um sofrimento mental tão intenso que acreditava que não aguentaria respirar mais uma vez, as coisas chegaram a um ponto crítico. Comecei a gritar por nenhuma razão em especial e não conseguia parar. Não conseguia parar de gritar e me debater na cama. Paul e Bob, meu filho mais velho, vieram e me seguraram, para impedir que eu me machucasse. O sofrimento ficou cada vez mais intenso; mais do que eu achava que pudesse aguentar, sem escapatória, sem fim. Eu sentia que estava além do que qualquer pessoa poderia aguentar.

Eles ficaram me segurando, e eu estava muito assustada. Eles também estavam — estavam em pânico — e um deles começou a ligar tentando encontrar um médico que pudesse conversar comigo pelo telefone. Ele ligaram para diversos hospitais, diversos médicos. "O que podemos fazer? Você poderia falar com ela? Tem alguém aí que possa conversar com ela?" Eles estavam desesperados. Finalmente, em algum lugar, em algum estado, em alguma cidade, eles encontraram uma pessoa que disse que conversaria comigo. Ele era psicólogo de uma clínica psiquiátrica.

Eles aproximaram o telefone de meu ouvido, e experienciei o amor emanando da voz dele. Senti que genuinamente me amava e queria me escutar. Meus gritos se acalmaram e consegui escutá-lo. Não me lembro do que ele disse; provavelmente foi algo como: "Estou ouvindo você. Eu entendo. Você deve estar sofrendo muito". Mas o que quer que estivesse dizendo, fez sentido para mim. O que importava era de onde vinha sua bondade. Eu sabia que ele não podia querer nada de mim; ele não me conhecia, não havia nenhuma obrigação, por isso confiei no que disse. Ele disse que eu precisava de ajuda, e a agonia mudou um pouco.

Essa foi a primeira vez na minha vida que experienciei amor. Eu não recebi amor dos meus pais, nem do meu primeiro ou do meu segundo marido, nem dos meus filhos; mas eu recebi naquele simples gesto de bondade. Hoje, dou aos outros o que aquele homem me deu, e toda vez que faço isso, recebo novamente o presente original.

Muitas vezes quando conto essa história, escorrem lágrimas pelo meu rosto. É toda a experiência da gratidão de novo. Quando alguém está sofrendo do jeito que eu costumava sofrer, sei como é simples sair disso. Sei que você é o que resta de mim. Então quando você diz: "Me ajude", faço o que aquele homem bondoso fez. Ele me mostrou quem eu era — quem todos nós somos.

"Não é de você que as pessoas gostam ou não gostam; é das histórias delas sobre você." Esse entendimento não pode ser uma desculpa para não olhar para si mesmo? "Ah, ela me chamou de egoísta", alguém pode pensar. "Bom, essa não sou eu, é a história que ela tem de mim. Por isso não preciso dar uma olhada nem lidar com isso."

Tudo pode ser desculpa para permanecer adormecido. Se as pessoas estão acreditando em um entendimento porque leram em um livro ou porque parece verdade, ou por qualquer motivo além daquilo que elas mesmas perceberam, não é um entendimento, é só mais uma defesa. Você sabe quando está na defensiva; uma falta de conexão torna isso óbvio. Se alguém disser que não gosta de mim, quero sinceramente saber por quê, já que me dou conta de que em certos aspectos ele pode me ver com mais clareza do que eu mesma me vejo — em outras palavras, a história dele sobre mim pode ser mais precisa que minha história sobre mim mesma. A atitude dele pode me fazer crescer. Eu entendo por que ele não gosta da Katie em que acredita, e isso me leva a um estado de intimidade com ele. Se eu não ficar conectada e grata, quem perdeu o rumo fui eu.

Você diz que se dar conta de que somos projeções de outras pessoas torna fácil não ser afetado por elogios ou culpabilizações. Mas não é humano ser afetado por elogios? Por que não devemos simplesmente desfrutar isso?

Eu gosto de elogios, assim como gosto que me culpem. Quando alguém me culpa, tenho algo em que pensar. "Será que eles estão certos?" Testo o que os ouvi dizer, como parte de minha vigilância sem fim.

Quanto a elogios: quando elogio alguma coisa, estou mostrando respeito, um sentimento de gratidão por aquilo que estou elogiando estar tão visível no outro aparente. É uma experiência de conexão, e adoro compartilhar meu apreço com a pessoa que elogio. Então quando alguém me elogia, aprecio seu estado mental, e amo que ele tenha enxergado algo digno de elogio no que vê como eu. Mas não posso levar esse elogio para o lado pessoal, embora ele possa corresponder ao que eu mesma testemunhei em mim.

Se você achar o trabalho interno estimulante, não verá a hora do pior acontecer, porque você não vai encontrar nenhum problema que não possa ser resolvido de dentro.

17
VIDA SEM SEPARAÇÃO

Então Subhuti disse: "Vou lhe perguntar outra vez, Senhor: quando homens e mulheres sinceros buscam a iluminação, o que devem fazer e como devem controlar suas mentes?".

O Buda disse: "Homens e mulheres sinceros que buscam a verdade devem controlar suas mentes focando em apenas um pensamento: 'Quando eu alcançar a sabedoria perfeita vou libertar todos os seres sencientes e permitir que passem para a paz eterna do Nirvana'. E mesmo assim, quando miríades vastas, incontáveis e impensáveis de seres forem libertadas, na verdade nenhum ser foi libertado. Por quê? Porque ninguém que é um verdadeiro *bodhisattva* entretém conceitos como "eu" e "outro". Deixe-me perguntar uma coisa, Subhuti. Quando o Buda estava com o Buda Dipankara, ele alcançou a iluminação?".

"Não, Senhor. Ao entender seu ensinamento, quando estava com o Buda Dipankara, o Senhor não alcançou o que é chamado de iluminação."

"Isso está correto. Na realidade, não há algo como iluminação. Não há tal estado mental que o Buda tenha alcançado. Se houvesse algo assim, o Buda Dipankara não teria previsto: 'No futuro você vai se tornar um buda chamado Shakyamuni'. É exatamente por não haver algo como a iluminação que o Buda Dipankara fez essa previsão.

"Subhuti, aqueles que dizem que o Buda alcançou a iluminação estão errados. A iluminação que o Buda alcançou não é real nem irreal. Por isso o Buda disse que todas as coisas são coisas búdicas. Mas 'todas as coisas' não são, de fato, todas as coisas. Elas são apenas *chamadas* de 'todas as coisas'.

"Se um *bodhisattva* diz: 'Vou libertar todos os seres sencientes', então ele ou ela não é um verdadeiro *bodhisattva*. Na verdade, não há um ser individual que possa ser chamado de *bodhisattva*. Não há nada no universo onde você possa encontrar um eu. Então se um *bodhisattva* diz: 'Vou fazer do mundo um lugar bonito', ele ou ela não é um verdadeiro *bodhisattva*. Na realidade, não existe um mundo separado que possa ser transformado em qualquer coisa. Só quando um *bodhisattva* se dá conta de que não há eu nem outro é que o Buda chama essa pessoa de um verdadeiro *bodhisattva*."

Aqui o Buda repete o que disse em capítulos anteriores. Esses capítulos apresentam pontos importantes que merecem ser repetidos: o foco do *bodhisattva* está sempre no serviço altruísta aos outros; que não há outros e que não existe algo como iluminação. Se você entende esses três pontos, entende tudo. Se você entende apenas um dos pontos, entende tudo. Cada um é um aspecto diferente da mesma verdade.

O que o Buda diz pode parecer confuso, mas só porque ele é muito claro. Como usar palavras que são coisas para descrever nada? Como descrever o mundo de coisas aparentes quando você entende que ele, de fato, não existe? Você não tem como. Pode apenas tirar de foco qualquer conceito sobre o qual a mente ficaria tentada a pousar. E todo ensinamento é um equívoco, porque na verdade não há nada a ensinar. Se você apontar para uma verdade aparente, está apontando o que não é. Mas quando você tira o foco do que não é, aponta na direção do amor, que leva outra vez ao nada.

Você pode achar que seria deprimente se dar conta de que nada existe. Na verdade, é o contrário: é arrebatador. Não há mais separação. Não há nada *do que* estar separado. Há apenas gratidão e risadas.

Quando descobri O Trabalho, queria chegar o mais perto possível de entender os pensamentos que a mente estava produzindo sem cessar. Esse é o único jeito de controlar a mente incontrolável. Eu me coloco em quietude com esses pensamentos. Eu vou ao encontro deles como uma mãe abraçaria um filho confuso. A criança está tendo um pesadelo, mas a mãe vê que a criança está de fato em segurança; ela só ficou presa em um sonho assustador. Então eu escutei intimamente todos os pensamentos e os amei como teria amado meu próprio filho. Escrevi tudo o que a criança contou sobre o pesadelo, então questionei. Questionei a validade de cada pensamento escrito, um pensamento amado de cada vez. Quando os pensamentos são recebidos por compreensão, por meio da investigação, a criança consegue ver o que a mãe vê: que é só um sonho. E quando você desperta, vê que não há sonho, nem mesmo sonhador.

Naqueles primeiros dias, sempre que uma crença surgia em minha mente — a maior delas era "Minha mãe não me ama" —, ela explodia no corpo como uma bomba atômica. Notava tremores, contrações e a aniquilação aparente da paz. A crença também podia ser acompanhada por lágrimas e por um enrijecimento do corpo. Para um observador, podia parecer que eu estava tomada dos pés à cabeça por preocupação e tristeza. Mas de fato, eu continuava a experienciar a mesma clareza, paz e alegria que surgiram quando acordei no chão da casa de recuperação, sem mais um "eu" no mundo, com riso transbordando dos lábios. A crença que havia surgido sempre se afastava e se dissolvia à luz da verdade. O que estremecia o corpo era o que restava da crença, que aparecia como uma sensação desconfortável. A partir desse desconforto eu sabia imediatamente que a crença não era verdade. Nada era verdade. Dar-se conta disso era experienciado com um humor glorioso — uma alegria extasiante e gloriosa.

Eu tinha visto que tudo estava invertido, que meu pensamento se opunha a tudo o que era real. Eu costumava sofrer com pensamentos como "Paul deveria ser mais legal comigo", ou "As crianças deveriam me ouvir". Depois de questionar esses pensamentos, vi que o oposto era verdade. Paul *não* deveria ser mais legal comigo; as crianças *não* tinham que me ouvir. Era tudo muito simples: a verdade é que ele era muito legal, considerando aquilo em que ele estava pensando, e elas me ouviam tanto quanto eram capazes de ouvir. Todos esses "deveriam" eram apenas pensamentos. Eles não tinham nada a ver com a realidade. Tudo era perfeito, do jeito que era.

No chão da casa de recuperação, tornei-me instantaneamente uma amante do que é. Percebi que isso parecia mais natural, mais pacífico. Eu entendi que era eu quem deveria ser mais gentil, eu quem deveria escutar. Esse entendimento se transformou no que mais tarde chamei de inversão. É um jeito de viver livre de estresse. Quando você entende isso, é o fim do sofrimento. O pesadelo se transforma em um sonho feliz.

Vi que para a crença "Minha família deveria me amar e me entender", a inversão era "Eu deveria me amar e me entender". Por que eu pensei que isso era tarefa *deles*? Isso era loucura! Que comece comigo. Até eu conseguir, vou dar uma folga para o mundo. Olhei para a crença novamente e vi outra inversão: "Eu devo amar e entender minha família". Foi uma experiência de humildade me dar conta disso. Durante toda a minha vida, ser entendida era algo que eu esperava dos amigos e da família, e quando eu não a recebia, ficava magoada, ressentida, furiosa ou abalada de alguma forma. Sempre tinha tentado ser entendida e reconhecida pelas pessoas que eu conhecia. Então notei que aquilo era inútil e me deixava me sentindo desconectada e vazia. Agora eu entendia por que não me amavam ou entendiam. Percebe como eu os havia tratado?

Despertei invertida. Eu era uma inversão ambulante. Surgia o pensamento "Está calor demais", e eu fazia "Ah! Isso não é verdade. Não está calor demais. Isso deve ser mais verdadeiro, porque na realidade está tão quente quanto está". Eu experienciei a causa e o efeito de acreditar em um pensamento inverídico. Como partia de uma grande confusão e aversão, algumas das investigações mais profundas que experienciei eram investigações de pensamentos do meu velho mundo. E tudo que eu estava experienciando então, depois de questioná-lo, era seu oposto. "O mundo é um lugar horrível", por exemplo, virava "O mundo é um lugar bonito". A precisão dessas inversões era tão óbvia que eu frequentemente caía na gargalhada. Eu não tinha que fazer do mundo um lugar bonito. Ele já era tudo o que eu poderia querer. Nada era exigido de mim a não ser notá-lo.

É muito importante entender isso. As pessoas acham que iluminação deve ser algum tipo de experiência mística, transcendental. Mas não é. A iluminação está tão perto de você quanto o seu pensamento mais preocupante. Quando acredita em um pensamento que briga com a realidade, você está confuso. Quando questiona o pensamento e vê que ele não é verdade, você se ilumina para ele, você se liberta dele. Você é tão livre quanto o Buda naquele momento. Então surge o pensamento estressante seguinte, e você ou acredita nele ou o questiona. É sua próxima oportunidade de se iluminar. A vida é simples assim.

Por que você diz que o entendimento de que nada existe é arrebatador?

É arrebatador ver o ego dançar, não importa aonde ele vá — para a esquerda, para a direita, para cima e para baixo, em círculos —, nada daquilo é válido, nada daquilo é real. Não tem como deixar de se maravilhar com suas artimanhas, suas tentativas brilhantes de ser algo que nunca foi, não é e nunca pode ser.

Você diz que nos primeiros dias crenças explodiam em seu corpo como bombas atômicas, mas que você continuou a experienciar paz. Você estava observando as explosões de dentro do seu corpo? De fora? Onde estava a paz, em meio a tanto alvoroço?

Era como ser visitada por um mundo que tinha sido extinto bilhões de anos atrás e sentir uma de suas antigas convulsões. Eu o notei. Eu dei boas-vindas a ele. Era algo/nada; real/irreal. Eu não sentia isso de dentro ou de fora. Não *havia* dentro ou fora. Havia paz no centro de tudo. E nem mesmo o que eu estava observando poderia existir. Eu estava em um estado extático e fascinado, amando continuamente o que é — em outras palavras, continuamente amando o que não é.

Você convida as pessoas a se darem conta que uma inversão pode ser tão ou mais verdadeira que o pensamento estressante original. Mas ao mesmo tempo você diz que nada é verdade. Se uma inversão não é verdade, de que adianta reconhecê-la como tão verdadeira quanto o pensamento original?

Dar-se conta de que uma inversão é pelo menos tão verdadeira quanto o pensamento que está causando seu sofrimento é uma experiência libertadora. Ela dá à consciência a oportunidade de se expandir, em vez de ficar presa em uma única realidade limitada. A natureza da mente é infinita. Quando a mente fica presa na posição "eu-sei", é como se alguém a tivesse acorrentado e jogado fora a chave. Ela fica presa na ilusão de tempo, espaço e sofrimento. Mas quando você questiona um pensamento no qual toda a sua identidade está investida e se dá conta de que a inversão é pelo menos tão verdadeira quanto o pensamento original, você pode se libertar desse pensamento e olhar para sua vida com nova clareza e liberdade.

A iluminação está tão perto de você quanto o seu pensamento mais preocupante.

18
LIBERDADE É NÃO ACREDITAR EM SEUS PENSAMENTOS

O Buda disse: "Se cada um dos grãos de areia no rio Ganges fosse seu próprio rio Ganges e houvesse um mundo para cada grão de areia em todos esses rios Ganges, esses mundos seriam muitos?".

"Inumeráveis, Senhor."

O Buda disse: "Por mais seres que existam em todos esses mundos, Subhuti, e o Buda sabe como suas mentes funcionam, e conhece a qualidade de seus pensamentos. Mas a mente não é de fato a mente; ela é apenas *chamada* de 'mente'. Por que isso? Porque a mente passada é impenetrável, a mente futura é impenetrável, e a mente presente é impenetrável".

Quando você imagina qualquer situação, esse é seu mundo no momento, e há muitos mundos dentro da ilusão do tempo — tantos mundos quanto há grãos de areia no Ganges ou estrelas no céu. Você acha que sabe o que outras pessoas estão pensando, mas é só você pensando. Mesmo que digam a você o que estão pensando, não significa que eles estejam. Você vê e escuta somente da perspectiva de seu próprio mundo. Em todos os mundos possíveis, o Buda sabe como as mentes das pessoas funcionam, porque ele sabe que no fundo elas não funcionam. Essa é a consciência búdica.

Quando facilito O Trabalho com as pessoas, eu as ajudo a esclarecer suas mentes vendo que nem a mente nem o mundo existem. A maior lucidez é se dar conta de que não há pensamentos e de que não é você que os está pensando.

É fácil ver como a mente funciona: nenhum pensamento é verdade. Então é fácil para mim guiar as pessoas a nada, se estiverem abertas a isso, porque lá é onde elas estão em primeiro lugar. Eu apenas as guio a desembaraçar tudo o que pensam. Eu não me movo; são elas que se movem. Eu faço perguntas e, ocasionalmente, aponto para nada. Eu as ajudo a notar que os pensamentos e as imagens em sua mente são pura imaginação. Por mais substancial que uma crença pareça ser, não há substância nela, e eu aponto essa não substância para elas. Quando a mente está tentada a preservar algum pensamento, é porque ela acredita nesse pensamento. E acreditar em um pensamento é existir em um mundo imaginário, por mais real que ele pareça ser. Então guio as pessoas a saírem de seus mundos imaginários e entrarem na mente búdica — em outras palavras, para entrarem em *nada*. Você não pode descrever a mente búdica. Pode apenas apontar para ela com palavras como *serena, alegre, inteira*.

As pessoas às vezes comparam pensamentos a nuvens que vêm e vão no céu da mente. Mas se quisermos ser realmente precisos, nada vem e nada vai. Algo teria que existir antes de poder ir ou vir. Pode parecer radical dizer que nem mesmo pensamentos existem, até você começar a notar que todo pensamento está no passado. Mesmo o momento presente é passado assim que você o nota, e isso é óbvio para qualquer um que tenha passado muito tempo em meditação. Então como um pensamento é possível? Não é. Só porque você acredita que pensamentos existem, não significa que eles existam. O passado imaginado é sua única prova de que há até mesmo um "você" que pensou o pensamento.

O Buda termina esse capítulo com a essência de tudo: "A mente passada é impenetrável, a mente futura é impenetrável, e a mente presente é impenetrável". É isso. Ponto final.

Amo a elegância da declaração do Buda. É tão nítida e clara. É a verdade completa, e a melhor notícia que poderia haver.

Você diz que não há pensamentos. Você quer dizer que os pensamentos acontecem tão rápido que quando nos damos conta deles eles já estão no passado?

Quando digo que pensamentos já estão no passado, é com o entendimento básico de que não há passado. Que passado? Onde está sua prova? Só mais um pensamento.

Por que a verdade de que a mente passada, a mente futura e a mente presente são todas impenetráveis é a melhor notícia que poderia haver?

Porque essa é uma mente realizada, desperta. A mente se deleita em si mesma como criadora de tudo, que é nada. E se experiencia como pura percepção, com nada fora nem dentro, e sem qualquer um a fazer a percepção.

> *Acreditar em um pensamento é existir em um mundo imaginário, por mais real que ele pareça ser.*

O Trabalho em ação:

―――――

"Sophia não me escuta"

PHILLIPE: Oi, Katie. Já faz algum tempo eu vivo com a crença de que sou o criador de meus próprios problemas. Então foi difícil para mim encontrar uma pessoa para julgar. E tenho que dizer, também, que não tem sido fácil viver com essa crença. Mas então eu preenchi um Formulário Julgue Seu Próximo sobre minha filha, e estou impressionado com o quanto aquela crença me afeta. E estava imaginando se poderia fazer O Trabalho com você sobre isso.

KATIE: Bom, querido. Vamos fazer O Trabalho.

PHILLIPE: Obrigado.

KATIE: Então você está em perfeita paz, aí sua filha quer alguma coisa e você fica chateado. Isso aí é um formulário. Se você não está experienciando paz, pertence a um formulário. Toda guerra pertence a um formulário. O que você escreveu?

PHILLIPE [*lendo seu formulário*]: *Tenho raiva de Sophia* — minha filha — *porque ela não me escuta e não faz o que eu lhe digo para fazer.*

KATIE: Qual é a situação?

PHILLIPE: Eu fui buscá-la na creche. Quero que ela se sente na cadeirinha do carro, mas ela não quer.

KATIE: Quantos anos ela tem?

PHILLIPE: Quase 2.

KATIE: "Ela não escuta você." Isso é verdade? [*Para a plateia*] Vocês todos estão vendo Sophia em suas mentes? Ele a está colocando na cadeirinha no carro. Quantos de vocês conseguem ver isso? [*Quase todas as pessoas na plateia levantam a mão*] Está bem, agora estamos todos no mesmo sonho. Então vamos fazer essa investigação enquanto testemunhamos esse momento no tempo. [*Para Phillipe*] "Sophia não escuta você." Isso é verdade? Você tem como saber com certeza absoluta que ela não está escutando você?

PHILLIPE: Não, não tenho.

KATIE: A resposta para a primeira ou segunda pergunta tem só uma sílaba. Nós meditamos sobre as duas primeiras perguntas até que uma resposta de uma sílaba nos seja mostrada. É sim ou não.

PHILLIPE: Não.

KATIE: "Não." Você sente isso? A resposta é apenas uma palavra, sem elaboração, você tem que experienciá-la em um nível mais profundo. Só fique sentado com a pergunta, medite sobre a situação, e sua mente vai lhe mostrar o sim ou o não. Ela vai lhe mostrar através de imagens. Tudo o que você precisa para encontrar a verdade lhe é dado nesse silêncio.

PHILLIPE: Quando eu disse não, consegui ver que ela de fato me escuta. E essa foi uma sensação libertadora, porque eu realmente acreditava que ela não estava me escutando. Ela não se senta na cadeirinha dela, mas escuta.

KATIE: Esse é um entendimento poderoso.

PHILLIPE: Isso é poderoso. Por quase dois anos acreditei que ela não estava me escutando.

KATIE: Agora a pergunta três. Perceba como você reage quando você acredita no pensamento "Sophie não me escuta". Como você a trata, como você trata a si mesmo quando você acredita nesse pensamento?

PHILLIPE: Agora me vem à mente que já faz algum tempo que ela vem gritando e berrando muito.

KATIE: Ela está escutando. Mas o que ela está escutando quando você acredita que ela não está escutando? Como *você* reage? Como você a trata? Feche os olhos e descreva isso. [*Para a plateia*] Todos vocês, testemunhem *suas* reações quando acreditam que alguém não os está escutando.

PHILLIPE: Eu fico muito frustrado, e sinto uma tensão no estômago. Começo a inventar histórias sobre como é bom ir para casa. Então eu minto para ela. Eu literalmente minto para ela. E quando fico mais aborrecido, eu a forço a ir para a cadeirinha. Eu uso força física para colocá-la na cadeirinha.

KATIE: Naquela situação, enquanto você a força a entrar na cadeirinha, quem você seria sem o pensamento "Ela não me escuta"? E perceba que ainda a está colocando na cadeirinha, embora não esteja acreditando nesse pensamento.

PHILLIPE: O que eu noto é que ela só quer passear. Ela quer segurar minha mão em vez de entrar no carro. Para dar um passeio rápido perto da escola. Isso é tudo o que ela quer.

KATIE: E quem você seria se você não acreditasse no pensamento "Ela não me escuta"?

PHILLIPE: Eu seria mais gentil. Seria paciente. Estaria falando com mais gentileza ao colocá-la na cadeirinha.

KATIE: "Sophia não me escuta." Faça a inversão. "Eu..."

PHILLIPE: Eu não escuto Sophia.

KATIE: Mas você está escutando, agora. Está tudo aí na imagem. A imagem não o engana nem o coloca em negação. Ela mostra a você o que você pode ter deixado passar.

PHILLIPE: Agora mal posso esperar para vê-la de novo!

KATIE: É. Fica muito empolgante recomeçar, escutar uma filha diferente, sua filha real, não a que você imaginava que ela fosse. Sem sua história, sem a mentira de que ela não o escuta, você se sente conectado a ela. "Ela não me escuta." Você consegue encontrar outra inversão?

PHILLIPE: Ela me escuta, sim. É, ela estava escutando. Ela não queria se sentar na cadeirinha. Ela escutou o que eu queria e fez com que eu soubesse que aquilo não era o que ela queria.

KATIE: E outra inversão?

PHILLIPE: Eu não me escuto.

KATIE: Você estava acreditando em seu pensamento e não se perguntou: "Isso é verdade?". Você estava agindo como uma criança de 2 anos, como um bebê. Você acreditou em seus pensamentos, e perdeu o controle, como Sophia não querendo se sentar na cadeirinha do carro. Você começou a forçar as coisas. Nós ensinamos nossos filhos quando são muito novos, depois nos perguntamos por que são tão parecidos conosco.

PHILLIPE: Além disso, eu vinha experienciando isso há algum tempo, e sabia que tinha que fazer algo a respeito. Então eu não estava escutando a mim mesmo.

KATIE: Boa. Vamos seguir para a segunda parte da sua declaração. "Ela não faz o que você lhe diz para fazer." Isso é verdade? Nessa situação?

PHILLIPE: É. Nessa situação, sim.

KATIE: "Ela não faz o que você lhe diz para fazer." Você pode saber isso com certeza absoluta?

PHILLIPE: Tenho.

KATIE: E como você reage, o que acontece, quando você acredita no pensamento "Ela não faz o que eu lhe digo para fazer"?

PHILLIPE: Eu me sinto impotente. É engraçado, porque quando estou escutando, sinto que ninguém *me* escuta. No mundo todo. Então eu projeto isso nela. E começo a falar mais alto. Eu grito, só para chamar sua atenção.

KATIE: Então, nessa situação, feche os olhos e testemunhe. Quem você seria sem o pensamento "Ela não faz o que eu lhe digo para fazer"?

PHILLIPE: Desculpe, ainda estou preso na anterior. Eu estava agindo como um bebê — um bebê muito carente. [*Pausa*] Certo. Agora estou pronto.

KATIE: Adoro o quanto você é introspectivo. Quando O Trabalho me encontrou, eu costumava permanecer em uma pergunta do jeito que você está fazendo. Às vezes eu me sentava e meditava em uma pergunta por dias. E minha filha sempre me mostrava como eu reagia, antes d'O Trabalho, quando eu acreditava no pensamento, e quem eu era sem ele.

PHILLIPE: Estou me dando conta dos presentes que eu não estava pronto para receber dela. Quando ela chora, quando ela grita.

KATIE: É, eles adotam nossas maneiras de conseguir o que querem, nossas maneiras de nos comunicarmos. Então "Sophia não faz o que eu lhe digo para fazer". Faça a inversão.

PHILLIPE: Sophia faz o que eu lhe digo para fazer. [*Ele fecha os olhos e fica em silêncio por um minuto*]

KATIE [*Para a plateia*]: Se essas inversões não fazem sentido para vocês, lembrem-se do exemplo deste homem de meditar sobre a situação e se iluminar em relação ao que é e o que não é verdade, o que é sofrimento e o que é paz. Lembrem-se de como ele se voltou para si mesmo para encontrar a resposta. Meditamos sobre inversões para ver o que não conseguíamos ver quando estávamos acreditando no que acreditávamos naquela situação.

PHILLIPE [*abrindo os olhos*]: Na maioria das vezes, digo a ela o quanto estou orgulhoso dela, porque ela consegue entender ordens muito complicadas e obedecê-las. Ela faz a maior parte do que lhe peço para fazer. Não sei se isso é parte d'O Trabalho, mas me veio à mente.

KATIE: O que quer que você encontre, o que quer que lhe seja mostrado nesse estado meditativo está bem. O Trabalho é simplesmente as perguntas. Você pode olhar para o que quer que surja. "Sophia faz o que eu lhe digo para fazer." Dê-me um exemplo de como isso é verdade.

PHILLIPE: Na verdade, ela faz o que lhe digo para fazer, exceto quando é bobagem, quando não faz sentido. Aí ela não faz. Como se sentar na cadeirinha do carro.

KATIE: Querido, você está fazendo isso enquanto ela é muito nova — enquanto você é muito novo. Nessa situação, havia duas crianças de 2 anos.

À medida que você se dá conta, ela se dá conta. Aí ela faz o que você lhe diz para fazer. Como você tem colocado sua filha na cadeirinha do carro? No fim, você pode se dar conta de que faz do jeito que seu pai fazia. É assim que você está fazendo as coisas. Ou há outro meio. Você pode fazer à força ou com clareza. Na raiva ou na paz.

PHILLIPE: Estou tendo todos esses pensamentos sobre como O Trabalho é o fim da guerra. E estou pensando que se, agora que tenho mais ferramentas para colocá-la na cadeirinha do carro...

KATIE: Ferramentas ou clareza?

PHILLIPE: Clareza.

KATIE: Sabedoria. A sua.

PHILLIPE: Se as pessoas fizerem O Trabalho, mais crianças vão conseguir se sentar em suas cadeirinhas, e isso pode salvá-las.

KATIE: Aprendemos com você o velho paradigma ou o novo paradigma. Um mundo com ou sem guerra. Depende de você. E Sophia vai dar a você todas as oportunidades para encontrar o caminho para a paz à medida em que vai crescendo. Ela, ao crescer, vai fazer com que você cresça. É disso que se trata Sophia. Ela está aqui para iluminar você. "Sophia não faz o que eu lhe digo para fazer." Outra inversão? "Eu não..."

PHILLIPE: Eu não faço o que Sophia me diz para fazer. Eu não a pego pela mão e dou uma voltinha com ela antes de irmos para o carro.

KATIE: Nessa situação. Feche os olhos, querido. Agora, sem a sua história, coloque-a na cadeirinha, mesmo que ela não queira. Realmente se conecte com ela. Ela não quer entrar. Permaneça conectado. Dê uma volta com ela, se isso for o que você quer. Ponha-a na cadeirinha do carro. Olhe-a nos olhos. Aquele rostinho adorável. Apaixone-se. Sem os pensamentos em que você está acreditando, você está bem?

PHILLIPE: Estou.

KATIE: Sem seus pensamentos, ela está bem?

PHILLIPE: Nós dois estamos bem.

KATIE: Sempre. Às vezes você terá tempo para passear. Às vezes não. De qualquer modo, você estará desperto. Vai ser uma situação em que todos ganham. Mas você não tem que se desconectar dela. E se você se desconectar, sabe como identificar e questionar os pensamentos que são o problema. Vamos passar para a declaração dois.

PHILLIPE: *Quero que Sophia me escute e fique feliz com isso.*

KATIE: Você quer que ela fique feliz com ser forçada a se sentar na cadeirinha do carro depois de ter passado o dia inteiro na escola? Agora olhe para o rostinho dela. Olhe para ela. Olhe para ela. Ela está tentando sair da cadeirinha. Você quer que ela fique feliz com isso. Isso é possível?

PHILLIPE: Não. E o carro está quente demais.

KATIE: E como você reage quando você acredita no pensamento "Quero que ela fique feliz com isso"?

PHILLIPE: Fico com raiva dela. E em minha mente eu a culpo por ser tão manhosa. E em minha mente digo: "Qual é o problema com você?".

KATIE: Então agora você está lhe ensinando que há um problema com ela. E nós nos perguntamos por que nossos filhos acham que há algo de errado com eles!

PHILLIPE: Eu a comparo com as outras crianças. É isso o que estou ensinando a ela.

KATIE: Então quando você a coloca na cadeirinha, você a está comparando com outras crianças em sua mente. Essas crianças são reais, ou são apenas imaginação?

PHILLIPE: É só um pouco de informação sobre as poucas vezes que vi bebês que não choravam.

KATIE: E é um bebê de verdade em sua cabeça, ou imaginação?

PHILLIPE: É imaginação.

KATIE: Então, se é imaginado, na verdade não é nada. Quero que você se dê conta de que está comparando sua filha com uma imagem em sua cabeça — em outras palavras, com nada. Esse é o poderoso mundo dos sonhos do ego contra o qual você se colocou. Então, "Você quer que ela fique feliz com isso". Quem você seria sem o pensamento "Quero que ela fique feliz" ao ser forçada a se sentar na cadeirinha em um carro quente?

PHILLIPE: Sem o pensamento, eu me vejo querendo muito ver a reação dela em relação ao que gosta e ao que não gosta. A personalidade dela. Quem ela é.

KATIE: Você estaria simplesmente conectado com ela. Sem separação. Sem confundir aquelas imagens de bebês imaginados com sua filha. "Quero que ela fique feliz com isso." Faça a inversão.

PHILLIPE: Não quero que ela fique feliz com isso. Porque eu não iria querer que ela se acostumasse com algo que não está certo para ela, como um carro quente.

KATIE: "Não quero que ela fique feliz com isso." Algum outro exemplo em que isso é verdade?

PHILLIPE: Bom, nessa situação, não quero que ela fique feliz porque a alternativa é passear de mãos dadas comigo, coisa que amo fazer com ela.

KATIE: Tenho outro exemplo. Você gostaria de ouvir?

PHILLIPE: Claro.

KATIE: Quando você não está feliz, pode ficar feliz instantaneamente?

PHILLIPE: Não.

KATIE: É isso o que você está esperando dela.

PHILLIPE: É. É. Estou esperando que ela pare de chorar, fique realmente feliz e diga: "Claro, papai. Vou fazer isso agorinha".

KATIE: "Boa ideia, pai. Estou tão feliz." Impossível. E como você reage quando você acredita no pensamento "Quero que ela fique feliz com isso"? Mais uma vez, ensinamos às crianças que há algo de errado com elas quando não estão felizes. E então elas aprendem a fingir. Elas aprendem a fingir felicidade. E em certo momento, nunca mais tornamos a ver nossas filhas, embora moremos com elas. Elas pensam: "Lá vem o meu pai. Ele vai ficar aborrecido se eu não estiver feliz".

PHILLIPE: É como se fosse bom se sentar na cadeirinha do carro quando você não quer, mas não é bom querer passear com seu pai. Que coisa horrível.

KATIE: Não é divertido andar com o papai se você não está feliz. Isso realmente flui para nossos relacionamentos, não é? Vai muito fundo.

PHILLIPE: Não acredito que tudo isso está vindo de um pensamento sobre uma cadeirinha de carro.

KATIE: E o alcance disso é enorme, da mesma forma que quando sua filha está infeliz, quando sua esposa está infeliz você acredita no pensamento "Ela deveria estar feliz". Isso flui da sua filha para sua esposa, para seus pais, para o mundo. No fim, porém, se a investigação se torna uma prática, você não espera que ninguém esteja feliz, e isso o deixa feliz. Sua felicidade não depende de nenhuma outra pessoa. E, em sua presença, temos permissão de ser autênticos, porque você é um lugar seguro. Vamos passar para a declaração três.

PHILLIPE: *Sophia deveria pensar nas necessidades da família.*

KATIE [*Para a plateia*]: Quantos de vocês projetaram esses pensamentos sobre seus filhos pequenos? [*Muitas pessoas levantam as m*ãos] É isso o que a mente faz às vezes. Nossas reações são causadas não por nossos filhos, mas pelo que acreditamos sobre nossos filhos, e achamos estar justificados. Esse é o tamanho do poder do mundo dos sonhos, o mundo do ego. Quando acreditamos em nossos pensamentos, ficamos com raiva até dos nossos filhos. Aí ficamos com raiva de nós mesmos por estarmos com raiva de uma criança pequena. Para qualquer um de vocês que fique com raiva, é elementar assim. A guerra não pode ser justificada por nada além de um ego. O ego depende dessa ilusão. "Ela deveria pensar nas necessidades da família." Como você reage quando você acredita nesse pensamento?

PHILLIPE: Eu a trato como se fosse egoísta. E realmente acho que isso nunca vai mudar.

KATIE: E como os outros pais reagem quando acreditam nesse pensamento? Algumas pessoas maltratam crianças. Batemos em bebês. Nós os trancamos em armários. Fazemos coisas horríveis, e nos odiamos. Então, como reagimos quando acreditamos nesses pensamentos? Tudo, desde uma leve irritação até a violência. E quase sempre isso é seguido de culpa. Agora, olhe para essa coisinha fofa sem acreditar que ela deveria se preocupar com as necessidades da família. Quem você seria sem esse pensamento?

PHILLIPE: Eu entenderia que ela é apenas um bebê. Ela está fazendo o que deveria estar fazendo. Às vezes ela está feliz e às vezes não está.

KATIE: E você nem sabe que ela está infeliz. Você nem sabe se ela tem ou não uma identidade.

PHILLIPE: Não sei nada sobre isso.

KATIE: Você nem tinha a encontrado. Mas está começando a encontrá-la agora.

PHILLIPE: Um pouco.

KATIE: Então, a próxima. Declaração quatro.

PHILLIPE: *Preciso que Sophia seja mais relaxada e que colabore.*

KATIE: Você já teve esse pensamento em relação à sua esposa ou a alguém com quem tenha morado?

PHILLIPE: Praticamente todo mundo que conheço.

KATIE: "Você precisa que Sophia seja mais relaxada e que colabore." Isso é verdade?

PHILLIPE: Não.

KATIE [*Medindo com as mãos*]: Ela é deste tamanho. E você é *grande* assim. Você pode colocá-la alegremente na cadeirinha. E em sua segunda declaração — "Quero que ela fique feliz" — não fizemos a inversão "Eu quero ficar feliz". Quero ouvir a mim mesmo e ficar feliz com isso, na situação com Sophia. Certo? Não é tão fácil assim.

PHILLIPE: Mas é verdade.

KATIE: Você, então, ia acreditando, e agora tem uma mente mais questionada. É como estar feliz com todo pensamento pensado, todo pensamento que traz guerra para sua vida. "Preciso que Sophia seja mais relaxada e que colabore." Faça a inversão.

PHILLIPE: Preciso ser mais relaxado e colaborar. É claro.

KATIE: E tem mais uma inversão, uma inversão para exatamente oposto. Você consegue encontrá-la?

PHILLIPE: Eu *não* preciso que ela seja mais relaxada ou que colabore.

KATIE: Como ela seria capaz de fazer isso?

PHILLIPE: É, agora dá pra ver. Ela está aprendendo tudo comigo.

KATIE: Ela é uma imagem-espelho de como você vê a vida. Vamos passar para a declaração cinco.

PHILLIPE: *Sophia é uma bebê estúpida, irracional, geniosa e uma princesinha.*

KATIE: Faça a inversão. "Naquele momento, sou..."

PHILLIPE: Naquele momento, sou um bebê estúpido, irracional, genioso e um principezinho. Vejo especialmente o último. Sou como um príncipe que diz: "Está bem, agora faça isso, e faça aquilo. Vá para sua cadeirinha no carro. Fique feliz. Essa é minha ordem".

KATIE: Um ditador. Você consegue encontrar uma inversão para o oposto. "Sophia é..." Qual o oposto de estúpida?

PHILLIPE: Uma bebê incrível.

KATIE: O oposto de irracional?

PHILLIPE: Esperta.

KATIE: Que tal racional?

PHILLIPE: Racional.

KATIE: Nessa situação, ela é racional.

PHILLIPE: Ainda bem.

KATIE: E a declaração seis, vamos passar a ela.

PHILLIPE: *Nunca quero perder a paciência nem sentir desejo de bater nela.*

KATIE: "Eu estou disposto..."

PHILLIPE: Eu estou disposto a perder a paciência e sentir desejo de bater nela.

KATIE: É, querido. Isso pode acontecer de novo. Há pensamentos em sua cabeça e, quando você acredita neles, isso causa violência. E mesmo que seja apenas levantar a voz para alguém que você ama, dentro de você isso é uma violência. Então, "Eu não vejo a hora de..."

PHILLIPE: Eu não vejo a hora de perder a paciência e sentir desejo de bater nela.

KATIE: Você pode não ver a hora disso acontecer porque esse tipo de desejo é tão louco que faz você despertar para seu próprio estado mental equivocado. O Trabalho é medicina preventiva. E amo que você tenha encontrado isso.

PHILLIPE: Muito obrigado.

KATIE: Não há de quê.

19

RIQUEZA INCONCEBÍVEL

O Buda disse: "Deixe-me perguntar uma coisa, Subhuti. Se alguém enchesse um bilhão de mundos com riquezas inconcebíveis e então doasse tudo para apoiar causas caridosas, o mérito obtido por essa pessoa seria grande?".

"Extremamente grande, Senhor."

O Buda disse: "Seria mesmo. Mas se esse mérito fosse real, o Buda não o teria chamado de 'grande'. É porque seu mérito não existe que o Buda o chama de 'grande'".

Toda vez que dou alguma coisa, o retorno que obtenho é a liberdade. Permito que todo o mundo entre no espaço que estava cheio por minhas posses. Quando abri mão de possuir, ganhei o mundo inteiro. Vi que, para começar, não havia nada a possuir, então tudo era meu. E embora eu pareça ter coisas hoje em dia, isso nunca é real. Possuir é um estado mental. Você só precisa ver um edifício queimar ou ir ao enterro de uma pessoa amada para entender isso. Uma vez que você entende, percebe que tudo é seu e sempre foi. Quando passo de carro por uma vizinhança e vejo um homem regando seu gramado, sei que é meu gramado, é minha casa, é meu amigo, embora nunca tenhamos nos conhecido. Eu o conheço. Ele está cuidando do meu mundo. Está fazendo o que é necessário. Há mérito em todas as coisas. Há mérito em todos os momentos. Não há nem a necessidade de despertar para isso, já que isso é o que é, percebamos nós ou não.

Eu me identifico com a pessoa de quem o Buda está falando aqui, o homem ou a mulher de riqueza inconcebível, a pessoa mais rica em todos os universos possíveis que doa tudo. A riqueza é um estado mental; se alguma coisa é retida, não é verdadeira riqueza. A verdadeira riqueza, o estado mental aparentemente meritório, doa tudo porque se doa. Ela *não consegue* reter. Quando a mente se iguala ao coração (minha palavra para nossa sabedoria natural), ela não diferencia o certo do errado; ela está sempre completamente alinhada consigo mesma. É a canção do eu, a canção de nossa verdadeira natureza. Não tenho que me desviar do meu caminho para pensar: "Quem precisa disso?". Essa é uma tarefa que eu nunca pensei em assumir. Minha abundância é tão grande que nunca pode ser gasta — nem mesmo uma fração dela. Toda vez que eu a gasto, ela torna a se multiplicar. É totalmente autossustentável. É um poço que nunca seca. É divertido ser a pessoa mais rica do universo, porque você é completamente livre sempre. Sua riqueza nunca pode diminuir, e você não tem nada a fazer por ela nem com ela. Você é um mero conduíte.

É igualmente maravilhoso ser a pessoa mais pobre do universo. Eu não possuo nada, não tenho nada, não sou nada, e isso me deixa tudo. O que eu dou não é meu. O poço nunca para de jorrar. Ele se derrama se uma necessidade é expressa ou não.

Em 1997, um casal foi com os filhos pequenos ver a pequena casa de hóspedes que eu estava vendendo. Quando a viram, eles souberam que não era o que queriam. Mas, quando a conversa continuou em minha própria casa, que era muito maior, a esposa se virou para o marido e disse: "Eu faria qualquer coisa para ter uma casa como esta, você não?". Eles riram e deram um suspiro, então ela se virou para mim, me olhou direto nos olhos e disse com um sorriso: "Você nos daria sua casa?". Eu disse: "Dou". "Você está de brincadeira?", disse ela. "Não."

Então eu dei a eles a casa onde eu estava morando. Eles ficaram perplexos e muito agradecidos. Quando estavam de mudança para lá, disseram que tinham amado meu cachorro, então dei o cachorro para eles também.

Em nenhum momento de toda essa transação eu achei que estava fazendo algo generoso. Obviamente, a casa era deles assim que pediram; não era mais minha para dar. Eles gostaram tanto dela que eu teria sido uma tola se não a tivesse dado para eles. Aquele era o lugar deles. Eu estava apenas reconhecendo o fato. Não havia decisão a tomar. E isso também era verdade em relação a meu cachorro. Eles obviamente o adoraram. Roxann, minha caçula, tinha saído de casa muitos anos antes, e eu sabia que o cachorro ficaria feliz tendo crianças pequenas com quem brincar.

Abundância não é uma palavra sobre ontem ou amanhã. Ela é reconhecida agora, vivida agora, dada agora. Ela nunca para, só continua jorrando. Quando você entende isso, todo esforço desaparece. Você só precisa notar e deixar que a doação aconteça através de você, empolgada para ver aonde vai levar, sempre sabendo que você nunca vai ficar sem o que é necessário.

Você disse que sempre achou fácil ganhar dinheiro. Você sempre se sentiu rica?

Antes de 1986, de jeito nenhum. A riqueza é a liberdade da mente. Ganhar dinheiro era fácil para mim mesmo quando eu tinha 10 ou 11 anos e vendia cartões de Natal, de aniversário e de boas festas. Quando tinha 20, 30 anos, ganhei muito dinheiro, mas me sentia o oposto de rica. Embora eu tivesse várias empresas, uma casa maravilhosa, outros imóveis, carros, um barco etc., nunca confiei que fosse ter dinheiro suficiente para bancar tudo aquilo. Depois de 1986, não havia nada que necessitasse de riqueza, porque percebi que tudo pertence a mim, então nunca há razão para se ter qualquer coisa. Outras pessoas estão cuidando disso para mim e sendo generosas comigo ou não, estejam elas negando ou dando, tudo é como deveria ser, nada fora do lugar, tudo um presente.

Quando você deu sua casa, como Paul reagiu?

No início ficou uma fera. Ele, àquela altura, estava acostumado com minhas ações, mas considerou estranhíssimo. Para ele, todo nosso mundo estava ligado àquela casa. Mas, depois de algum tempo, se acalmou e assinou os papéis. Ele deve ter acreditado em mim, apesar daquilo em que estava acreditando.

Toda vez que dou alguma coisa, o retorno que obtenho é a liberdade.

20
O CORPO PERFEITO

O Buda disse: "Deixe-me perguntar uma coisa, Subhuti. O Buda pode ser percebido por seu corpo perfeito?".

Subhuti disse: "Não, Senhor. O Buda não pode ser percebido por seu corpo perfeito. O Buda disse que um corpo perfeito não é um corpo perfeito. Ele é apenas *chamado* de corpo perfeito".

"O Buda pode ser percebido por alguma característica que o identifique?"

"Não, Senhor. O Buda não pode ser percebido por nenhuma característica que o identifique. O Buda disse que qualquer característica especial não é uma característica especial. Ela é apenas *chamada* de característica especial."

Todo mundo é o Buda. Todo mundo tem o corpo perfeito. Se você não pudesse comparar seu corpo com qualquer outro, o que possivelmente estaria faltando? Sem a comparação da mente, ninguém pode ser gordo ou magro demais. Isso não é possível; é um mito. A comparação o impede de se dar conta do que é. Você poderia pesar 250 quilos, poderia estar morrendo de câncer e ainda assim teria o corpo perfeito, aquele do qual precisa para ser exatamente quem é neste momento.

As pessoas às vezes usam O Trabalho com o objetivo de curar seus corpos. Elas não entendem que sanidade é a cura, e que isso não depende do corpo. No fim, o corpo não vai sobreviver. Essa é uma notícia muito boa. Acabou, esqueça, vamos trabalhar com a causa. Se a história do corpo fosse verdade, isso significaria que nenhuma pessoa gorda poderia se autorrealizar, ninguém em uma cadeira de rodas, ninguém velho ou doente, ninguém que não é bonito. Isso deixaria de fora praticamente toda a raça humana! Segundo essa teoria, nenhum de nós teria chance de liberdade. As pessoas acham que, primeiro, têm que tornar suas vidas perfeitas, e *então* elas terão paz. Dá fazer isso daqui, agora?

Sugiro que você não faça O Trabalho com o objetivo de curar seu corpo. Faça pelo amor à verdade. Cure sua mente. Encare seus pensamentos estressantes com entendimento. Você pode passar anos comendo a comida certa, se exercitando todo dia e deixando seu corpo em ótima forma, aí um caminhão o atropela na faixa de pedestres. Você pode ser feliz agora? Não amanhã, não daqui a dez minutos? Uso a palavra *feliz* para me referir ao estado natural de paz e clareza. É isso o que O Trabalho nos dá.

Corpos não desejam, não querem, não sabem, não ligam, não amam, não odeiam, não sentem fome ou sede. O corpo apenas reflete aquilo a que a mente se apega. Não há vícios físicos, apenas mentais. O corpo segue a mente; ele não tem escolha. (Na verdade tudo acontece simultaneamente, mas desde que pareçamos estar vivendo em um mundo de dualidades, vamos dizer que corpo segue mente.)

Quando a mente está em paz, ela projeta o corpo como perfeito, mesmo a caminho do hospital em uma ambulância, bem no meio de um ataque cardíaco. Não há medo de nada que possa acontecer. O medo não é possível para a mente sã. Ela ama cada momento do que pode ser sua última viagem identificado como um isso ou um aquilo, em uma ambulância ou sozinho. Ela não está mais em guerra com a realidade.

Um dia em 1986, algumas semanas após minha experiência no chão do sótão da casa de recuperação, estava sentada em um sofá e, quando tentei me levantar, não consegui me mexer. Minhas pernas estavam paralisadas. Era como se elas não tivessem relação comigo. Lembro-me de botar as mãos sobre elas e conversar com elas como eu conversaria com velhos amigos queridos. "Ah, queridas", disse eu, "vocês me carregaram por tanto tempo sem exigir nada. Vocês não precisam mais se mexer por mim. Nunca mais." Senti uma gratidão indescritível por elas terem me trazido tão longe. Fiquei sentada ali com elas e esperei, sem nenhuma expectativa, para ver o que elas iriam fazer. Cerca de 45 minutos depois, elas voltaram à vida de um jeito que eu nunca havia experienciado antes. Elas pareciam ter mais força e vitalidade do que tinham mesmo quando eu era criança. Era como se tivessem acabado de nascer para uma nova vida — como se o amor fosse tão atraente que elas iriam se mover para além de seus limites para se juntar a ele.

    A mente em paz entende que o corpo não é pessoal. Ele não pode causar problema algum; a identificação da mente com o corpo é o que causa confusão e sofrimento. A mente identificada teme não ter corpo. Ela não sabe como ser sem-teto, sem eu, aparentemente perdida para sempre. Ela não se deu conta o suficiente para deixar ir, e quando tem um raro momento de não identificação, ela se encolhe assustada outra vez e não sabe como recuperar a liberdade.

    O Trabalho é uma maneira da mente poder afrouxar seu controle com segurança enquanto ela desperta para a realidade. A mente está limitada quando pensa que o corpo com o qual se identifica é menos que perfeito. Ela vê o corpo e se dá conta de que ele está morrendo, então entra em pânico com os pensamentos de como ele seria se não houvesse nenhuma identificação. Ela não se dá conta de que a identificação, para começar, era falsa. Como mente pode ser corpo? Como ela pode viver ou morrer? Enquanto pensar que é capaz de viver ou morrer, estará presa a uma ilusão.

    As pessoas têm medo de morrer. Acham que não sabem como. Mas a verdade é que todo mundo sabe morrer. Fazemos isso todas as noites de nossas vidas. Se você está exausto, e até onde sabe nunca mais verá a luz do dia, você iria preferir dormir ou ficar acordado?

Não há dúvida. Nós nos levamos para essa anulação toda noite. E não nos sentimos bem sem dormir; podemos até enlouquecer por privação do sono. Para o quê despertamos? A mente. A mente desperta para a mente. Se amamos o que pensamos, amamos dormir (o nada) tanto quanto amamos despertar (o algo).

Identificar-se como um corpo, como um "você" é um estado mental tão ilusório que com ele vem a arrogância. Se a mente acredita ser o que não é, então ela tem que imaginar que tudo que projeta é real. E, nessa arrogância, ela pensa que tem que preservar o que nunca pode ser preservado. Se a mente tivesse uma escolha, por que se identificaria como um corpo e viveria sob a ameaça da morte? Ela não iria querer entender como, sem nenhuma identificação, ela está aparentemente ressuscitada na alegria de seu ser sem corpo e infinito?

Meu coração, por exemplo, é sempre perfeito porque nunca acredito que ele é meu. Quer esteja batendo forte ou explodindo para o esquecimento, ele está como deveria estar. Mesmo que estivesse tendo um ataque cardíaco, ele seria perfeito para aquele momento. Se você briga com o que está acontecendo quando está tendo um ataque cardíaco, você vai tê-lo com muito medo. Mas sem uma história, você pode experienciar um ataque cardíaco em paz. Um ataque cardíaco pode até ser empolgante.

É 1999, e estou voltando de carro para casa, na rua 35, em Manhattan Beach, vindo do Peet's Coffee. O rádio está tocando uma música que amo e, enquanto escuto, sinto uma dor no peito e no braço. É ao mesmo tempo terrível e extasiante. Fico fascinada. O trânsito está pesado. Procuro uma vaga para estacionar, e ali paro. Vejo tudo em câmera lenta: o céu, as árvores, os prédios, as minhas mãos no volante. É um dia bonito. É assim que ela morre? Esse é o fim da história? Não quero perder nada — nem um momento do que pode ser a cena final. Céu, prédios, asfalto, mãos, volante, silêncio. Quanta graça! E conforme a alegria continua a me preencher, a dor começa a diminuir. Ela volta para onde veio, e eu rio alto de como isso acontece. A história continuar é tão bom quanto ela terminar. Amo estar presente o suficiente para não perder um momento, uma respiração desta bela vida aparente.

Você quase morreu em fevereiro de 2014. Como foi essa experiência?

Na opinião da minha *médica*, eu quase morri — não na minha. Eu tive pneumonia aguda, icterícia, insuficiência hepática e insuficiência renal. Alison Garb, minha médica e amiga, me levou para a emergência e chamou três especialistas para os órgãos que estavam entrando em colapso, e durante sete dias nenhum deles conseguiu impedir o mau funcionamento. Era um processo natural, como um crepúsculo: tão bonito.

Em determinado momento, Ali disse para Stephen: "Isso é muito sério. Estou muito preocupada. Nós podemos perdê-la". Aí ela decidiu tentar um último procedimento, nos pulmões. Com Stephen de pé ao lado da cama, ela me disse: "Seu coração pode parar durante o procedimento. Precisamos da sua permissão para ressuscitá-la. É isso o que você quer?". Eu não respondi, já que não conseguia encontrar uma preferência pela vida ou pela morte. De fato, achei que ela estivesse brincando. Então me dei conta de que ela realmente acreditava que eu poderia morrer, então, para não confundi-la, deixei que Stephen respondesse. Ele lhe disse que *ele* lhe daria a preferência: ela deveria me ressuscitar, desde que não houvesse dano cerebral grave. Isso estava bom para mim. Entrei na sala de cirurgia sem preferência nem drama. Para mim, não havia nada sério em toda a experiência. Era tudo um jogo da mente.

No fim, o corpo não vai sobreviver. Essa é uma notícia muito boa.

21
NADA A PERDER

O Buda disse: "Subhuti, nunca pense que o Buda tem algo a ensinar. Se alguém diz que o Buda tem alguma coisa a ensinar, ele está difamando o Buda; ele não entende o que o Buda está ensinando. Ao ensinar a verdade, não há verdade que possa ser ensinada. Por isso que é chamado de 'ensinar a verdade'".

Subhuti disse: "Senhor, daqui a milhares de anos haverá seres que ganharão confiança quando ouvirem suas palavras?".

O Buda disse: "Os seres que ganham confiança não são seres, nem são não seres. O Buda ensinou que todos os seres na verdade não são seres. Eles são apenas *chamados* de 'seres'".

Uma de minhas expressões favoritas é "Eu não tenho nada a perder". Nada me pertence, e experiencio isso como liberdade. Dito isso, enquanto algo está sob meus cuidados sou uma cuidadora excelente. Quero que seja o mais impecável possível, porque isso pode ser passado para você, e eu projeto que você vai amá-lo tanto quanto eu.

Como eu poderia ter qualquer coisa? Não é possível. O que eu tenho a perder além das minhas ilusões? Quando a mente não tem mais medo de si mesma, esse é o fim da separação. No fim, ela entende que não possui nada, nem mesmo o próprio eu.

A única coisa que merece ser aprendida é desaprender. A maneira de fazer isso é questionar tudo o que você pensa saber. Quando você encontra a chave para si mesmo, descobre uma liberdade tão vasta que nenhum corpo físico pode contê-la; nem mesmo um universo pode contê-la. Desaprendendo é como a vastidão se revela. Enquanto estamos presos no que achamos saber, o mundo permanece pequeno, e a vida é vivida em sofrimento aparente.

Quando você acredita que há um problema e procura o Buda, ele não vai lhe ensinar nada. O Buda é você mesmo refletido. Ele vai lhe direcionar de volta à sua própria mente, onde estão todas as respostas. Se alguma coisa existe, é a mente, e o Buda sempre vai redirecionar você do mundo físico, apontando para o único lugar em que a autorrealização pode ser experienciada.

O Buda vive na confiança da mente que não sabe, sem passado ou futuro para ditar seus movimentos, como se ele fosse uma folha soprada pelo vento, sempre caindo no lugar perfeito. A única maneira para a mente não iluminada poder acompanhar é trilhando o caminho do "Não tenho como saber". Isso não é um feito, embora pareça ser. Não é o que o Buda diz ou faz que é seu poder. Seu poder é aquilo do que ele vive: estar desperto. À medida que ele segue seu caminho, as pessoas o seguem porque são atraídas por ele. Ele nunca diz: "Sigam-me".

É preciso uma mente aberta para questionar as próprias certezas. É preciso uma mente sem medo em sua jornada interna, uma mente disposta a ir a lugares onde nunca esteve antes. É uma viagem para o que é verdade. E tudo se dissolve na verdade. Nada sobrevive a ela. Ela é o próprio amor, e não há nada que ela não seja. É a mente finalmente descansando em si mesma, em paz consigo mesma. É o fim da contradição, da guerra, da falta de bondade — o fim da identidade como um corpo, o fim de um eu separado. A mente iluminada entende que nada existe além da sua própria natureza alegre.

Você diz que quando tudo se dissolve na verdade a mente descobre que é o amor em si. Poderia falar mais sobre isso?

A natureza da mente é clareza, expansividade, criação alegre, brincando infinitamente em si mesma. Não há limites para sua generosidade. É a revelação do que ela não é, parecendo ser. É nada e tudo e nada. É mais rápida que um instante, vasta, abrangente, sempre sozinha e mais bela do que você possivelmente pode imaginar. O que estava perdido foi encontrado para sempre; o que foi encontrado está perdido para sempre.

A única coisa que merece ser aprendida é desaprender. A maneira de fazer isso é questionar tudo o que você pensa saber.

22

RECOLHENDO O LIXO

O Buda disse: "Deixe-me perguntar uma coisa, Subhuti. Quando alcancei a iluminação houve alguma coisa que eu tenha alcançado?".

Subhuti disse: "Não, Senhor. Pelo que entendo, não há nada que o Senhor tenha realmente alcançado".

O Buda disse: "Exatamente, Subhuti. Quando alcancei a Iluminação Perfeita e Absoluta, eu alcancei absolutamente nada. Por isso se chama 'Iluminação Perfeita e Absoluta'".

Ninguém nunca alcançou a iluminação. A iluminação não é uma coisa. É fruto da imaginação. Ela acontece em um passado que não existe. Você está iluminado para seus próprios pensamentos estressantes neste exato momento? Essa é a única iluminação que importa.

Não tendo passado, não tenho pontos de referência. Ninguém tem. Quando uma história aparece e focamos nela, essa história nos impede de nos mantermos cientes, presentes. A história se torna o nosso mundo inteiro. É como estar no cinema assistindo a um filme tão envolvente que achamos que é real, e ficamos com medo ou somos levados às lágrimas. O foco em uma história não examinada é assim. Nós o chamamos de passado. Mas se você procurar o passado por aí, não vai conseguir encontrá-lo. Você só consegue encontrar onde está no momento presente.

Qualquer que seja, a tarefa à minha frente nunca é mais difícil do que aquilo com que posso lidar, já que nunca tenho que lidar com ela. Ou eu recolho o lixo ou, se eu não o noto, ele é deixado para ser notado por outras pessoas. Quando você nota o lixo no chão, o que você projeta a partir dele? É feio, uma chatice, uma vergonha? Ou é sua tarefa perfeita no momento? Limpar a mente para viver em um mundo bonito, o mundo real, é a tarefa suprema. O céu é criado a partir disso, ou o inferno. A tarefa do Buda é simplesmente recolher o lixo, lavar a louça, varrer o chão. Nisso, ele muda o mundo um pouco para melhor. Mas o maior dos trabalhos não é mudar o mundo; é entender o mundo dentro de você.

Ninguém pode mudar o mundo para sempre. Você pode recolher o lixo, e sempre vai haver mais lixo em algum outro lugar. O único mundo que podemos realmente mudar é o mundo de nossa própria percepção. É isso o que importa, até a percepção tocar seu coração como um sino. O mundo entra em você, e ver o lixo torna-se um momento de graça. Não há nada que não possa iluminá-lo, porque tudo é percepção. Então questione tudo que impediria você de ficar ciente da sua própria natureza. Não há nada mais bondoso que *nada*.

Você diz que não tem passado. Mas se lembra de coisas como cuidar da sua mãe quando ela morreu. Isso não significa que você tem um passado?

De jeito nenhum. Estou simplesmente passando o filme de um passado aparente que está aparecendo agora. E não agora. E não agora. Isso são indicadores e símbolos do que não é. Se você está sofrendo, vou dizer qualquer coisa, vou a qualquer lugar, vou falar sua língua. Vou fingir que existo, e isso só se você me convidar.

*Você está iluminado
para seus próprios
pensamentos estressantes
neste exato momento?
Essa é a única
iluminação que importa.*

23
A GRATIDÃO NÃO TEM PORQUÊ

O Buda disse: "Além do mais, Subhuti, na mente iluminada tudo é igual; não há nela mais alto ou mais baixo, nem melhor nem pior. Por isso ela é chamada de 'iluminada'. Quando alguém que não acredita nos conceitos de 'eu' e de ' outro' age de maneira altruísta, essa pessoa consegue incorporar e viver o estado de iluminação".

Nós não estamos fazendo nada; em última instância, estamos sendo feitos. Quando digo "Amo você", não há nenhuma personalidade falando. É amor-próprio: estou apenas falando comigo mesma. Para ser mais precisa, "o que é" está conversando consigo. Se eu digo "Deixe-me lhe servir um pouco de chá", "o que é" está simplesmente se servindo seu chá, e o próprio chá também é "o que é". Está tão absorto em si que não há espaço para nenhum outro. Nem mesmo uma molécula é separada do que é. Isso é o amor verdadeiro.

É o eu supremo: o não-eu. Ele sempre se autoconsome, e sempre ama isso. No mundo aparente da dualidade, as pessoas vão ver um "você" e um "eu", mas na realidade há apenas um. Tudo é igual. Não há "isso" ou "aquilo". E até dizer "um" é um delírio. Não importa o quanto você tente ficar desconectado, isso não é uma possibilidade. Qualquer pensamento em que você acredite é uma tentativa de romper a conexão. Mas é só uma tentativa. Isso não pode ser feito. Por isso a sensação é tão desconfortável.

    Quando acordei para a realidade, nunca tinha ouvido falar de meditação; não havia ninguém para me dizer que os pensamentos eram inimigos. Era apenas natural que eu fosse ao encontro de cada pensamento como se fosse um amigo. Não posso ir ao seu encontro como um inimigo e não senti-lo como estresse? Então como posso ir ao encontro de um pensamento como inimigo e não senti-lo como estresse? Quando aprendi a ir ao encontro do meu pensamento como um amigo, notei que podia ir a encontro de todo ser humano como amigo. O que você pode dizer sobre mim que não tenha aparecido dentro de mim como pensamento? É simples assim.

    Não tenho como *não* amar a pessoa ou as pessoas com quem estou — seria insano. Eu simplesmente não espero nada delas, absolutamente nada. Elas dão o que dão por si mesmas, pela própria felicidade, e recebo isso de braços abertos, amando a generosidade do que quer que surja do coração humano. As pessoas vêm e vão; amo quando elas vêm e amo quando elas vão. Sei que não posso escolher quem fica. Não posso me enganar com minhas escolhazinhas. Por que eu faria isso? Por que eu iria em busca do pequeno quando o universo é tão vasto? Não determino quem deve estar em minha vida, nem quando as pessoas devem entrar ou partir. Como eu poderia saber isso?

    Quando as pessoas são generosas, sou grata — não em relação a elas, mas grata e ponto-final. Quando, mais tarde, surge uma razão, ela é sempre válida. A gratidão não tem porquê. A história do "porquê" pode ser maravilhosa, em se tratando de histórias, mas no fim ficamos sempre gratos. Não há nada crível o suficiente para desafiar a bondade desse momento. E a única coisa melhor que esse momento é *este*... Ops, aonde ele foi? E cada agora... agora... agora... É apenas o agora, e agora é depois. Não aguento toda essa gratidão! Isso é verdade? Acho que não. Teste você mesmo.

    O Buda diz que generosidade não é generosidade. Isso porque ela não parece generosidade quando estamos sendo generosos. Estamos apenas fazendo o que sabemos fazer. Isso vem naturalmente. Nós damos porque isso é quem somos. Não é uma escolha.

O maior exemplo de generosidade que já vivenciei foi uma mulher de idade que surgiu para mim pela primeira vez em agosto de 1986. Eu a chamei de "minha Senhora". Era de manhã cedo, e eu estava na cama dormindo, ao lado de Paul. Quando acordei e olhei, lá estava ela, sentada em uma cadeira ao lado da nossa cama, junto da parede. Era uma senhora doce e de aparência inofensiva, na casa dos 60 anos, o que hoje poderíamos chamar de casa dos 80. Ela era gorda, mas não obesa, tinha pouco mais de 1,50 metro e pesava talvez oitenta quilos. Estava usando sapatos de couro preto de amarrar com fivelas e saltos baixos e largos, um vestido preto e branco com uma estampa vistosa e botões na frente, um cinto fino feito do mesmo material, com uma pequena fivela forrada de tecido, e mangas cobrindo quase toda a parte superior dos braços. A barra do vestido ia até a metade das canelas, mas eu sabia que por baixo do vestido ela usava meias enroladas até o joelho. Seu cabelo estava preso em um coque frouxo. Ela estava sentada com as pernas afastadas e as mãos no colo, entrelaçando os polegares e os indicadores. Ela era absolutamente benigna, absolutamente sem malícia, e senti uma confiança que nunca havia sentido antes. Se eu confiasse em Jesus ou conhecesse o Buda, eu poderia ter projetado um dos dois. Mas projetei aquilo que eu poderia amar e confiar.

Então, de repente, fiquei atônita ao me ver *na* Senhora, *como* a Senhora, sem saber que eu alguma vez havia sido Katie. E fui para o que mais tarde chamei de "a escola". Foi como se eu tivesse saído direto da minha cabeça (da cabeça da Senhora) para outra dimensão. Senti que estavam me mostrando toda a criação física, do início até o fim dos tempos. Tudo eram números. Tudo no universo era um número, e todos os números tinham as próprias cores e sons e começavam a viajar para fora e novamente para dentro, voltando para o zero. Eu vi tudo no universo, e a soma de tudo era nada. Não sei quanto tempo essa experiência durou. Pareceu uma eternidade.

Então me vi outra vez como a Senhora na cadeira. Olhei na direção da mulher Katie e do homem deitado na cama e senti um amor vasto e indescritível. Vi como eles eram primitivos, como se viessem de um mundo antigo de escuridão. Eu podia ver o animal em seus olhos, a densidade, a ignorância. Vi os dois igualmente densos. A mulher na cama não era iluminada; a única parte iluminada dela estava sentada na cadeira como observadora. Mas como a Senhora, eu não estava sentada em uma cadeira; eu estava sem forma. Eu estava em todos os lugares. Nunca tinha visto aquelas pessoas, eu nunca tinha visto *nenhum* humano, nunca tinha visto nada. Através de toda a densidade do sofrimento deles, eu conseguia ver sua inocência. Eu entendi tudo o que eles não podiam entender. Eles não tinham se dado conta de que não precisavam sofrer. Em sua confusão eles realmente acreditavam que eram vítimas e que não havia saída.

Eu os observei como um ser de compaixão total, do lugar onde todo sofrimento estava sendo transcendido, onde o domínio físico não é lembrado nem mesmo como uma possibilidade. Observei do outro lado do tempo. As duas pessoas na cama eram toda a humanidade, todo homem e toda mulher. Eles não eram culpados de nada, mas sofriam como se fossem. Eles pensavam ser separados, mas não eram. Achavam que havia algo errado, mas nunca houvera. Senti enorme compaixão por eles. Ao ver a inocência deles, me dissolvi naquele amor vasto. Olhando da posição da Senhora, estava vendo de um lugar de entendimento, que para Katie teria sido mais do que ela conseguiria suportar. O amor era tão vasto, tão ardente que ela teria se sentido completamente incinerada com a intensidade.

Quando me vi novamente no corpo da pessoa Katie, olhei para a cadeira. A Senhora não estava mais ali. Fiquei devastada. Perguntei a Paul: "Aonde ela foi?". Ele respondeu: "De quem diabos você está falando?".

Depois disso, eu via minha Senhora sempre que mentia, exagerava ou tentava controlar ou mudar uma pessoa ou uma situação, ou quando dizia ou fazia algo com um motivo egoísta. Ela era minha mestra, tão real para mim quanto um ser humano real, tão concreta quanto meus próprios filhos. Toda vez que eu tentava manipular alguém para me considerar importante, sábia ou bondosa, ou como qualquer coisa que ganharia seu amor ou sua aprovação, eu sentia a ausência da Senhora dentro de mim, e a via parada do outro lado do aposento de cabeça baixa, olhando para o chão, e sabia que havia algo desequilibrado ou inacabado em mim. Eu sabia que tinha que identificar qualquer motivo que estivesse correndo em mim, pedir desculpas pelo que tinha dito e contar a verdade diretamente do meu coração. Eu procurava a pessoa para quem eu havia mentido ou que eu havia tentado manipular ou impressionar, e eu dizia: "Menti para você" ou "Queria que você me achasse importante". Eu limpava a interação imediatamente, porque sentia que preferia morrer a perder minha Senhora. Eu não sabia, então, que ela era eu. Eu só sabia que não poderia viver sem ela. Teria feito qualquer coisa para mantê-la. Ela se separava de mim até que eu consertasse meu comportamento. E passei a ser bem rápida nisso. Depois que eu tivesse consertado meu comportamento, não a veria mais; iria apenas sentir sua presença. Era imediato: um fluxo imediato, de si de volta para si.

Sempre que minha Senhora me deixava, sentia pânico, um vazio e um desejo de que ela voltasse. Havia uma súplica silenciosa que teria se parecido com "Volte! Por favor, volte!". Ela não poderia ser subornada, não poderia ser persuadida, não poderia ser enganada. Sua integridade era absoluta. Assim eu limpava minha própria bagunça e me desculpava com alguém, e era realmente sincera. Esse era o único jeito dela voltar: tinha que ser autêntico. Ela era atraída apenas por humildade. Quando eu era insincera, por mais insignificante que fosse, ou estava envolvida no tipo mais leve de mentira ou manipulação, ela não tinha interesse em se abrigar nesse corpo aparente de Katie. Eu ali me tornava tão densa que meu corpo não podia contê-la. Ela era leve demais para ser vivenciada com tamanha densidade; a densidade a expulsava de mim. Mas era simples trazê-la de volta. Tudo o que eu precisava fazer era admitir a mentira ou a indelicadeza ou a falta de integridade, com absoluta sinceridade. Eu não me importava com quem estivesse me ouvindo nem com o que pensavam de mim; eu não me importava se havia cem pessoas na sala. Quaisquer que fossem as consequências, eu descobria meu erro e o reparava, e não deixava nada de fora quando pedia desculpa às pessoas. Quando eu consertava as coisas, me tornava espaçosa o suficiente para contê-la. Ela não voltava para mim a menos que eu tivesse falado do coração.

Com a honestidade vinha a paz. Foi assim que encontrei minha integridade. Aprendi sobre humildade com ela. Aprendi a honestidade absoluta. Passei a viver cada vez mais dentro da percepção dela, conforme a Katie aparente continuava a desmoronar e ser vista como irreal, como nada além de um monte de histórias e conceitos.

Mais tarde, comecei a ver que havia projetado a Senhora. Eu não tinha um mestre, então projetei essa senhorinha inofensiva em um vestido estampado, com sapatos engraçados e um coque. Ela não era nada mais que um símbolo para a verdade dentro de mim. Mas eu a projetei, porque pessoas da minha cultura não tinham mestres espirituais. Eu não tinha religião e nem sabia que existia algo como um mestre espiritual. Achava que eles estavam todos mortos e enterrados em uma Bíblia sabe-se lá onde.

Depois de sete ou oito meses, acabou. Assim que houve um equilíbrio, assim que pude ver que ela era minha projeção, ela desapareceu, e eu sabia que ela nunca mais retornaria. Tínhamos nos fundido completamente. Ela sempre tinha sido eu.

Na época, as pessoas começaram a me dizer que eu deveria ir para a faculdade (eu tinha largado aos 18 anos), então em 1989 fiz alguns cursos na faculdade da cidade em Barstow. Foi radical. Eu nunca havia visto humanos tentando aprender daquele jeito. "Você está aprendendo tantas coisas", pensava eu. "Você não sabe o quanto é importante *des*aprender?" Um dia, enquanto eu conversava com o chefe do departamento de Psicologia, ele mencionou despreocupadamente que aparições eram um mito. Contei a ele sobre minha Senhora, e ele disse que o que eu estava descrevendo era impossível, que não poderia ter acontecido. Assenti. E mesmo assim ela tinha estado ali — projetada, como meus colegas de classe, meus filhos e todas as outras pessoas. O professor, também, era projetado. Mas eu não disse isso para ele.

Agora, quando penso em minha Senhora, percebo que ela estava me mostrando a pura generosidade do Buda. Eu vi a compaixão em seu rosto da minha posição na cama como a Katie anterior e confusa, e experienciei sua compaixão desde seu interior enquanto testemunhava a mulher na cama. A liberdade precisa adentrar completamente, em todos os níveis, até que todos os ecos e sombras desapareçam.

Quando Paul não viu a Senhora, fiquei alarmada. Se ele não podia vê-la, como eu iria tornar a encontrá-la? Ela havia desaparecido sem deixar rastros. E do que me dei conta, meses depois, foi o quanto a mente é generosa por bifurcar seu eu mais amoroso e compassivo em uma forma separada, por vir para este mundo denso de sofrimento para me mostrar o que é compaixão, e não dizer uma única palavra. Não houve apresentação, nenhuma introdução, nenhum olá nem adeus. Ela veio para este mundo por mim, com a maior generosidade, e não disse nada. Então eu não digo nada, embora eu pareça falar. Ela voltou para o mundo antigo do sofrimento; é por isso que sempre volto para esse mundo antigo, quando as pessoas me pedem para fazer isso. Ela entendeu meu sofrimento; eu entendo o sofrimento das pessoas. Ela teve compaixão; eu tenho compaixão. Tudo parecia estar sendo visto em um espelho. Ela era a imagem-espelho de mim mesma. Tudo o que ela ensinou, eu aprendi, e ela falava comigo sem falar. O amor é totalmente reconhecível. Não existe ninguém que não reconheça o verdadeiro amor.

Você diz que os pensamentos não são inimigos, então você não tenta se livrar deles. Que tipo de pensamento você tem?

Depois que entendi meu pensamento, a vida se tornou pura alegria. Eu amo o que é, por isso é nesse ponto que minha mente se encontra. Se tenho o pensamento *adoro andar*, é porque estou andando. Se tenho o pensamento *adoro ficar quieta*, é porque estou quieta. Se tenho o pensamento *adoro lavar louça*, é porque estou lavando louça. Minha mente está em harmonia com a realidade. Estou sempre ciente do encaixe.

Você gosta de pensar?

Muito. Mais precisamente, adoro ser pensada. Amo nunca encontrar um pensamento que possa ser capturado.

Por que você precisou das visões da Senhora em 1986? O Trabalho já estava vivo dentro de você. Por que todo o resto foi necessário?

Porque as coisas são assim. Eu não tinha ideia de que precisava de ajuda extra, e mesmo assim lá estava ela. Todos recebemos o que precisamos, exatamente quando precisamos. Hoje "eu" sou a senhora que fica pelo tempo que for necessário, e nem um momento a mais.

Coisas estranhas podem acontecer quando a mente entende e repousa em silêncio dentro de si mesma, mas isso não é mais milagroso que o simples ato de respirar, andar ou morder uma maçã. Quando o passado termina (e ele sempre termina), eu me esqueço dele até que alguém me pergunta a respeito, porque não há nada do que se lembrar. Está feito, desapareceu sem deixar rastros, como se nunca tivesse existido. O que está acontecendo agora? É aí que está meu foco.

Você poderia dizer mais sobre sua experiência de ver tudo no universo como um número?

O universo começou com nada e foi para tudo, ao infinito e, à beira do infinito, fez um arco e retornou para si mesmo. Era como um círculo de números, e cada número não era apenas um número, mas também uma energia ou uma vibração de luz, som e cor, tudo perfeitamente coordenado sem separação. Todo ser, todo objeto material, todo átomo também era uma vibração e um número. Todos os números estavam ali, do zero ao infinito. Toda a matemática estava ali, todas as frações, todos os fractais, todas as equações. Tudo que pôde existir encontrou seu caminho de ida e volta pela matemática, e cada número era de uma cor diferente; todas as palavras, todos os sons que pertenciam a ele, tudo, estava dentro dele e contido. Tudo era um número: fogo era um número, gelo e água e estrelas e galáxias. Tudo estava vibrando como um número ou frequência diferente. Lápis, céu, cachorro, tapete, vermelho, amarelo, azul.

Os números se estendiam até o fim e voltavam ao zero. Eu vi o início, o meio e o fim. Vi tudo, do início ao fim dos tempos e tudo entre isso, acontecendo simultaneamente, em fogo, gelo, ar, rocha, argila, humano, animal, silêncio. E tudo resultava em nada. Era anterior a zero. Eu vi tudo que todos já quiseram ver, e isso não significava nada. Vi que eu não era nada, que tudo no universo não era nada, que eu nunca havia partido e não havia voltado, que nada disso era real. Experienciei todos os níveis e dimensões dentro de um pensamento, todos os véus e os laços, e como nem mesmo o conhecimento mais profundo tem qualquer significado.

Em certo momento, me vi em um lugar de onde não poderia voltar. Era tão longe que a distância é inimaginável. Havia escuridão total, sem ninguém nem nada ali. Parecia que eu estava alienada de todos os seres, para sempre. Eu não sabia como tinha chegado ali nem como voltar. Não havia como morrer, porque ser não tem oposto ali. Naquele lugar, não há morte, e você vive sozinho para sempre. Não há luz, não há em cima e embaixo, nenhuma possibilidade de movimento, nada. Não há nada, para sempre, sem escapatória. Eu senti um grande terror.

Então as perguntas surgiram para ir ao encontro do pensamento: "Eu posso mesmo saber que isso é verdade?", "Como eu reajo quando eu acredito haver algo melhor que isso?", "Quem eu seria sem minha história de para sempre?". E, devido a essa investigação, a escuridão se tornou uma amiga. Eu estava totalmente presente e confortável nela.

Quando aquela realidade se tornou tão confortável quanto esta realidade, eu me encontrei novamente como "mulher sentada em uma cadeira em uma casa na Rua Fredricks no paraíso". Eu estava em paz naquela escuridão, para sempre, tanto quanto estou aqui. Mas agora ela se parecia com uma Katie, uma janela, árvores, montanhas, céu. E as pessoas se perguntam por que eu posso olhar para minha mão ou sua mão e ficar eufórica. Não é diferente de estar lá fora naquele lugar de terror aparente, como uma mancha imóvel, sozinha por todo o tempo. A investigação pode envolver qualquer condição. Depois daquela viagem, tudo era brincadeira, a liberdade de não ter corpo, a dança e a imaterialidade de tudo.

Todos recebemos o que precisamos, exatamente quando precisamos.

24
A CAUSA DE TODO O SOFRIMENTO

> O Buda disse: "Subhuti, se alguém enchesse um bilhão de mundos com riquezas inconcebíveis em pilhas tão altas quanto o monte Sumeru, então doasse tudo para apoiar causas de caridade, o mérito obtido por essa pessoa seria incomparavelmente menor que o mérito de alguém que, ao se dar conta do que é ensinado neste sutra, incorpore-o com sinceridade, viva-o e explique-o aos outros. O mérito de alguém capaz de incorporar e viver essa verdade seria centenas de milhares de milhões de bilhões de vezes maior. Na verdade, nenhum número pode expressar o quanto seria maior".

Aqui o Buda repete o que disse em capítulos anteriores sobre os méritos relativos da filantropia e da mente esclarecida. Ele usa números imensos para justificar seu ponto de vista, números com o propósito de fazer sua cabeça girar. Mas o ponto é simples. Até o maior filantropo gera menos benefícios que alguém que entenda e viva a verdade central do sutra: que não há eu nem outro.

Não é difícil entender por que isso acontece. Imagine alguém que tenha um bilhão de montanhas de ouro, cada uma tão alta quanto o monte Everest, e que doe toda essa riqueza para alimentar e abrigar os pobres, curar doenças, proteger o ambiente, salvar animais da extinção e assim por diante. Esse filantropo seria capaz de dar segurança e conforto para todos na Terra. Mas ele ou ela poderia dar paz mental para uma pessoa? Claro que não. Segurança e conforto, e até mesmo grande abundância, nunca podem nos satisfazer. Você pode ter um corpo bonito e saudável, morar em uma mansão, dirigir um carro caro, comer as comidas mais requintadas, e mesmo assim sua vida pode ser cheia de sofrimento. É como morrer de sede no meio de um lago límpido. Você pode ser infeliz com toda a segurança e o conforto do mundo; você pode ser absurdamente feliz com nada além de uma túnica e uma tigela de pedinte, como o Buda.

Isso não é para desvalorizar a filantropia. Eu faço tudo o que posso para ajudar pessoas de diversas maneiras, e isso inclui dar dinheiro aos pobres e às organizações que cuidam do bem-estar dos pobres. Mas esse tipo de ajuda só vai até aí. O maior presente que você pode dar aos outros é seu entendimento de que não há eu nem outro.

Quando despertei para a realidade, despertei para O Trabalho; na verdade, despertei *como* O Trabalho. Não restou nada de mim. Em um instante vi a causa do meu sofrimento, e O Trabalho mostra isso para todas as outras pessoas também. Eu vi que sofria porque estava acreditando em meus pensamentos, e vi que os pensamentos e as imagens que apareciam com eles como provas não eram verdade e nada tinham a ver com a realidade. Naquele primeiro momento da vida nova, nascida da morte que eu estava vivendo, vi que nada que aparecia em minha mente era verdade — absolutamente nada, nenhum pensamento, nenhum nome, nem mesmo os meus. O mundo real é o mundo antes dos nomes, e nessa vida sem nome e sem separação testemunhei nomes, identificações e histórias entrando e separando tudo. À medida que a mente identificava objetos, ela criava o seu sofrimento com cada pensamento não questionado.

Ao notar isso, notei o mundo que surgiu imediatamente da primeira história, "eu", e me dei conta de que a ilusão da vida tinha acabado de acontecer e não era nada mais que imaginação. Também me dei conta de que neste mundo de nomes e significados que eu havia imaginado, eu realmente era uma Byron Katie. Pessoas aparentes acreditavam — pareciam acreditar — que meu nome era Byron Katie, mas eu não podia mais fazer isso acontecer. Elas pareciam acreditar em todas as coisas em que eu tinha acreditado, e estavam sofrendo como eu havia sofrido. Então, com aqueles que queriam saber o que tinha acontecido, que eram honestos, abertos e corajosos o bastante, comecei a fazer as perguntas que lhes permitiram viajar para os próprios eus identificados, por meio das profundezas do que está abaixo do sistema de crenças a partir do qual operavam.

No momento no chão do sótão quando meus olhos se abriram, vi que nada era verdade. As primeiras duas perguntas ("Isso é verdade?" e "Você pode saber com certeza absoluta que isso é verdade?") foram respondidas para mim automaticamente, e elas são respondidas desse jeito para outros viajantes dispostos, também. O mundo do sofrimento começa quando se acredita no primeiro pensamento, e esse mundo é descrito pela resposta à terceira pergunta ("Como você reage, o que acontece, quando você acredita nesse pensamento?"). Aqui vai como você reage: todo o mundo do sofrimento é criado naquele momento, com aquele pensamento, e enquanto você acreditar nele, tem a ilusão de passado e futuro. É assim. Você não pode ver aquilo em que não acredita. Acreditar cria o mundo da ilusão — todo ele.

Antes do pensamento começar naquele primeiro momento, havia o puro desconhecido: amor. Essa é uma das muitas revelações que as pessoas descobrem quando se sentam em profunda meditação na quarta pergunta ("Quem ou o que seria você sem esse pensamento?"). Elas começam a reconhecer o mundo real, o mundo de *ser* amor, o destemido, o sem nome, o belo, o mundo onde nada é separado e a criatividade pode fluir sem interrupção, e o novo é testemunhado e apreciado a todo momento, e você está sempre sozinho consigo mesmo, e você é todos e tudo, livre para assumir toda a responsabilidade como o criador do mundo inteiro — seu mundo, o mundo da sua imaginação.

Olho ao redor e vejo pessoas tentando assustar a si mesmas por acreditarem no que pensam, criando inocentemente o próprio medo, raiva e infelicidade, com todos os argumentos contrários à realidade usados como prova. E eu espero. Toda mente acaba por encontrar seu caminho de volta. É maravilhoso observar uma mente que estava tão convencida se dissolver em nada e descansar nessa realidade simples.

Quando alguém ama o que é, ela usa qualquer coisa que a vida põe em seu caminho, porque não se ilude mais. O que vem em sua direção é sempre bom. Ela vê isso com clareza, embora as pessoas possam dizer o contrário. Não há adversidade em sua vida. E a partir da sua experiência, outros aprendem a viver assim também. Se alguém diz "Estou deixando você", ela sente a euforia aumentar dentro dela, já que ela só consegue ver as vantagens que vêm *disso*. O que poderia ser uma experiência mais gratificante que testemunhar o presente da realidade? Se alguém diz "Estou me juntando a você", ela só pode ver as vantagens *disso*. Que experiência poderia ser mais agradável que você se juntar a mim? Ela vai morrer: bom. Ela não vai morrer: bom. Ela vai perder a visão: bom. Ela não vai perder a visão: bom. Ela é uma pessoa com deficiência, ela vai poder andar novamente: bom, bom, bom. Ela, como tudo e todas as outras pessoas, é o fluxo belo e simples da realidade, que é sempre mais bondosa e mais entusiasmante que nossos pensamentos sobre ela.

Por que o Buda sempre compara o mérito de um filantropo com o mérito de alguém que entende a mente? Ajuda pensar que um é melhor que o outro?

Um não é melhor que o outro. O Buda está usando essa inverdade para chamar a atenção das pessoas para a verdade de que a melhor coisa que você pode fazer por si mesmo e pelos outros é entender a natureza da mente.

Você disse que ficaria empolgada se seu marido a deixasse, que ficaria feliz enquanto o ajudava a fazer as malas. Não é um pouco convencido da sua parte dizer isso? Afinal de contas, não teve essa experiência. Como sabe como reagiria?

Eu amo Stephen e quero que ele seja sempre feliz. Quero o que ele quer. Qualquer coisa menos que essa percepção seria *eu* a deixá-lo, não o contrário. Então celebrar o que ele quer é permanecer conectada. Isso não exige que *ele* permaneça conectado a *mim*. Isso seria amor condicional da minha parte. Minha verdadeira natureza, essa mente clara, meu presente e meu deleite, é permanecer conectada a ele. Quando você ama alguém, é uma alegria ininterrupta. É sua verdadeira natureza em harmonia com toda a vida. No momento em que você entra em guerra com a pessoa que ama, a conexão é rompida, e é sempre você, necessariamente, que a rompeu. Por que você entraria em guerra consigo mesmo, já que a guerra é um estado de ser sem amor e sem esperança? A autorrealização é o fim da guerra. Se Stephen me deixar ou não — por qualquer razão, incluindo a morte —, eu o amo de todo o coração. E em meu mundo, ele nunca pode me deixar.

> *O maior presente que você pode dar aos outros é se dar conta de que não há eu nem outro.*

O Trabalho em ação:

"Daniel não cumpre suas promessas"

KRISTEN [*lendo seu formulário*]: *Tenho raiva de Daniel porque ele não cumpre suas promessas.*

KATIE: Qual a situação?

KRISTEN: Temos duas meninas, de 4 e 6 anos. Eu ia botar a menor na cama, e Daniel ia cuidar da mais velha. Foi isso o que planejamos para que às oito horas pudéssemos fazer alguma coisa juntos. Eu botei a pequena na cama na hora, mas Daniel não tinha terminado, porque ele leu uma historinha de dormir para a nossa filha mais velha, e era uma história muito longa.

KATIE: Você entrou e o viu lendo para sua filha?

KRISTEN: Isso.

KATIE: Então essa é a situação. "Ele não cumpre suas promessas." Isso é verdade? Você não precisa adivinhar. As imagens do que aconteceu vão mostrar a você. Só esteja lá agora. E lembre-se: a resposta para as duas primeiras perguntas é sim ou não. Não é "Sim, porque..." nem "Não, mas...". Vamos meditar sobre um momento no tempo. Algumas das coisas que aconteceram em nossos passados são bem assustadoras. Mas aqui estamos sempre seguros em relação a elas. Então vamos nos pôr em quietude e meditar sobre esse momento, para ver se deixamos passar alguma coisa quando estávamos com muita raiva. Então se a resposta for sim, bom. Se a resposta for não, bom. Só permita que a situação lhe mostre a verdade. "Daniel não cumpre suas promessas." Isso é verdade?

KRISTEN: Não.

KATIE: Interessante. Agora feche os olhos e olhe para si mesma. Ali está seu marido. Ali está sua filha. Como você reage quando você acredita no pensamento "Ele não cumpre suas promessas"?

KRISTEN: Fico com raiva na mesma hora.

KATIE: O que mais?

KRISTEN: Eu entro naquela situação de paz com minha raiva.

KATIE: E olhe para você mesma.

KRISTEN: É como se eu estivesse aprisionada. Não sei mais o que fazer. Não consigo sair disso.

KATIE: Agora, quem você seria sem o pensamento "Ele não cumpre suas promessas"?

KRISTEN: Eu seria mais leve. Mais pacífica. Bondosa. Justa.

KATIE: E vocês três iriam aproveitar o momento. Você iria sentir admiração por seu marido, por sua filha, por você mesma. Tudo isso, sem o pensamento. Agora olhe para a situação outra vez *com* o pensamento e perceba a diferença. Você vê como fica frágil? E como eles ficam frágeis?

KRISTEN: Vejo.

KATIE: "Daniel não cumpre suas promessas." Faça a inversão desse pensamento.

KRISTEN: Daniel cumpre, sim, suas promessas.

KATIE: O que isso significa para você?

KRISTEN: Ele colocou minha filha para dormir.

KATIE: Pode ser que ele tenha prometido ler para ela.

KRISTEN: Pode.

KATIE: Ele poderia estar fazendo o que prometeu fazer. Você consegue encontrar outro exemplo de como "Daniel cumpre, sim, suas promessas" pode ser verdade?

KRISTEN: Consigo. Muitos exemplos.

KATIE: Esse seria Daniel. Bom, querida. "Daniel não cumpre suas promessas." Você consegue encontrar alguma outra inversão?

KRISTEN: *Eu* não cumpro minhas promessas.

KATIE: Naquela situação, quais promessas você quebrou para você mesma, para Daniel, para sua filha?

KRISTEN: Eu não coloquei as minhas meninas para dormir. Eu estava apenas sentada no sofá esperando que ele chegasse, mas não fiz nada além disso.

KATIE: Algum outro aspecto da situação fez você quebrar sua promessa para você mesma, para elas ou para Daniel?

KRISTEN: Sim, porque aquele encontro que eu e Daniel marcamos era para melhorarmos a qualidade do nosso relacionamento. [*A plateia ri*] E depois que fiquei com raiva, claro que não conseguimos mais fazer isso.

KATIE: Então estamos notando aqui o que acontece quando acreditamos em nossos pensamentos. Acreditar que Daniel não faz o que promete causou o distanciamento. Isso criou exatamente a coisa que vocês tinham combinado de trabalhar para melhorar. Baixou a qualidade do relacionamento de vocês. Separou você da sua família. Vamos, agora, olhar a declaração dois. O que você queria de Daniel?

KRISTEN: *Quero que Daniel faça o que diz.*

KATIE: Isso é verdade? Olhe para ele lendo para sua filha. "Você quer que ele faça o que diz." Isso é verdade?

KRISTEN: Não.

KATIE: Então o que você está dizendo é que você prefere que ele leia para sua filha do que mantenha a promessa que fez a você.

KRISTEN: É, basicamente. Sim.

KATIE: E note como você o trata quando acredita no pensamento "Quero que Daniel faça o que diz". Perceba o que acontece com a vida de vocês como casal. [*Para a plateia*] Quantos de vocês tiveram esse pensamento sobre alguém? Quantos de vocês acreditaram nisso naquele momento? [*Muitas pessoas levantam a mão*] [*Para Kristen*] Como você reage quando você acredita no pensamento "Quero que Daniel faça o que diz"?

KRISTEN: Eu fico muito insistente. Torno a situação estressante.

KATIE: É. Aquele lindo marido que está lendo uma história para a filha, cumprindo a promessa de colocá-la para dormir. Agora testemunhe. Quem você seria sem o pensamento?

KRISTEN: Tranquila. Eu poderia aproveitar o nosso momento juntos.

KATIE: Que bonito. É como as pessoas imaginam que seja uma família feliz, e está ali esperando apenas que você veja esse momento belo e incrível, onde você pode simplesmente ficar na beleza, na intimidade. E quando acreditamos em pensamentos como "Quero que ele faça o que diz" eles são a causa da guerra. Então, você é culpada? Ou está simplesmente hipnotizada? Está simplesmente acreditando em seus pensamentos? [*Para a plateia*] Tem alguém neste auditório que pode parar de acreditar no que está acreditando no momento em que acredita? [*Para Kristen*] É contra nossa verdadeira natureza sermos qualquer coisa menos que conectados com as pessoas, do jeito que você está no quarto da sua filha com seu marido quando você não acredita em seus pensamentos sobre ele. Você despertou para o que é. Nada terrível aconteceu. Não está acontecendo agora, e nunca vai acontecer. Eu passei a entender que este é um universo amigo, e convido todos vocês a testarem isso por conta própria. Você pode ver o mundo como realmente é quando para de acreditar em seus pensamentos estressantes. Então a mente corresponde à sua verdadeira natureza. Maridos estão aqui para nos despertar, assim como todas as outras coisas e pessoas em sua vida. Vamos fazer a inversão disso. "Não quero que Daniel..."

KRISTEN: Não quero que Daniel faça o que diz.

KATIE: Não. Ele teve uma ideia melhor, uma que daria à sua filha e a você o que você queria. Quando entende isso, você passa a viver com o mestre, sempre sábio, sem exceção. Nossos maridos estão aqui para nos despertar. Você vê alguma outra inversão? "Quero..."

KRISTEN: "Quero fazer o que digo."

KATIE: Que era manter a promessa de melhorar a paz em sua família. Você está fazendo isso agora. Nunca é tarde. Está bem. Agora leia a declaração três.

KRISTEN: *Daniel deveria falar menos e agir mais.*

KATIE: Faça a inversão disso. "Naquela situação com Daniel e minha filha, eu deveria..."

KRISTEN: Eu deveria falar menos e agir mais.

KATIE: Então esse conselho para Daniel era, de fato, um conselho para você mesma.

KRISTEN: É. Eu deveria falar menos e agir mais para questionar meus pensamentos.

KATIE: Esse foi um bom conselho. Note como você reage quando você acredita no pensamento. Você tenta forçar seu marido. E ele não entende. Mas quando você faz a inversão disso e segue o próprio conselho, sempre faz sentido. É mais bondoso. Permite que você se dê conta. Vamos olhar a declaração quatro.

KRISTEN: *Preciso que os atos de Daniel correspondam às suas palavras, que ele não faça promessas vazias e cumpra o que promete.*

KATIE: Feche os olhos. Olhe para ele lendo para sua filha. "Você precisa que seus atos correspondam às suas palavras." Isso é verdade? É disso que você precisa para ser feliz naquele momento?

KRISTEN: Não.

KATIE: Como você reage, o que acontece, quando você acredita nesse pensamento?

KRISTEN: Fico muito irritada. Eu vejo como se ele estivesse fazendo alguma coisa errada. Eu me torno uma vítima.

KATIE: E note quem você seria sem esse pensamento.

KRISTEN: Seria lindo.

KATIE: Faça a inversão.

KRISTEN: Preciso que meus atos correspondam às minhas palavras.

KATIE: Isso. Não é tão fácil, é? Aqueles que acreditam vivem com muito sofrimento. E se O Trabalho se torna uma prática diária, você vai descobrir que não há mais nenhuma guerra em sua vida. Quando a guerra termina dentro de você, ela termina em sua família. Você é a única pessoa que pode acabar com ela. A única. Nossos maridos e nossas esposas não podem fazer isso por nós. Você consegue encontrar outra inversão?

KRISTEN: Não preciso que os atos de Daniel correspondam às suas palavras.

KATIE: Sim. Quando ele está lendo para a sua filha, ele na verdade está fazendo o que você prefere. Quando você questiona aquilo em que está acreditando, isso a desperta para a realidade. E quando você fizer a inversão desses queros, precisos e deveriam em seu formulário, eles vão lhe dar uma orientação clara. A orientação está sempre presente. Está bem, agora faça a inversão de toda a declaração quatro para você.

KRISTEN: Preciso que meus atos correspondam às minhas palavras, que eu não faça promessas vazias e cumpra o que prometi. É. Acontece com muita frequência de eu ficar esperando que ele faça alguma coisa em nosso relacionamento.

KATIE: Maravilhoso, querida. Você se dar conta disso significa que você nunca terá que esperar outra vez. Ele está sempre fazendo o que você quer, acredite ou não. Isso é muito libertador. Você não precisa concordar com isso. Mas estou aqui para convidá-la a questionar aquilo em que você acredita e despertá-la para este universo amigo. O que você escreveu na declaração cinco?

KRISTEN: *Daniel não é confiável, não tem respeito por mim e não está interessado em trabalhar no nosso relacionamento.*

KATIE: Está bem. "Daniel não é confiável." Nessa situação, é verdade?

KRISTEN: Não. Para minha filha, ele foi muito confiável.

KATIE: E ele está fazendo o que você prefere?

KRISTEN: Ele está sendo um pai amoroso, sim.

KATIE: Então, ele é um pai amoroso e confiável, que é o que você quer.

KRISTEN: É. Se não fosse isso o que eu quisesse, não conseguiria estar aqui.

KATIE: Bom. Agora, olhe com muita clareza. Feche os olhos. Você preferiria que ele estivesse lendo para sua filha ou com você no sofá? Olhe para ele com sua filha. Tenha clareza sobre o que você realmente quer.

KRISTEN: Sim. [*Sorrindo*] Para dizer a verdade, eu não estava com muita vontade de trabalhar em nosso relacionamento. [*A plateia ri*]

KATIE: "Ele não tem respeito por você e não está interessado em trabalhar em seu relacionamento." Isso é verdade?

KRISTEN: Não.

KATIE: Nós simplesmente não temos como saber sobre ele e os motivos dele. Então vamos ver o que *podemos* saber. "Nessa situação comigo e minha família, eu não sou..."

KRISTEN: Eu não sou confiável, não tenho respeito por ele e não estou interessada em trabalhar no nosso relacionamento. É. Totalmente.

KATIE: Você simplesmente não está interessada no que ele quer ou está fazendo. E está cega para o que você realmente quer, embora esteja bem ali diante de seus olhos. Confusão é o único sofrimento neste mundo. E quando sabemos em que você estava acreditando e como isso afetou você naquela situação, é fácil ver o preço da confusão. Vamos fazer a inversão de novo. "Ele é confiável..."

KRISTEN: Ele é confiável, cheio de respeito por mim e muito interessado em trabalhar no nosso relacionamento.

KATIE: Esse é o Daniel, quando você está desperta para você mesma. Quando você acredita em seus pensamentos, fica com raiva do Daniel da sua imaginação. Não é o Daniel da realidade. Quando você entrou no quarto, viu o Daniel da sua imaginação. Você agrediu um homem inocente. E você é igualmente inocente. Então toda vez que experienciar raiva, convido-a a identificar seus pensamentos e escrevê-los em um Formulário Julgue Seu Próximo. E depois questione aquilo em que você está acreditando. Desse jeito você e seu marido nunca mais vão ter que trabalhar para melhorar seu casamento. É preciso apenas uma pessoa para ter um casamento feliz, e essa pessoa é sempre você. Você não precisa esperar por ele. Vamos olhar a declaração seis.

KRISTEN: *Eu nunca mais quero ouvir o Daniel prometer uma coisa e depois fazer outra.*

KATIE: "Estou disposta a..."

KRISTEN: Estou disposta a ouvir o Daniel prometer uma coisa e depois fazer outra.

KATIE: "Eu não vejo a hora de..."

KRISTEN: Eu não vejo a hora de ouvir o Daniel prometer uma coisa e depois fazer outra.

KATIE: Porque ele está aqui para despertar você. Assim como suas filhas.

KRISTEN: Obrigada, Katie.

KATIE: Não há de quê.

25

SABEDORIA IGUAL

O Buda disse: "Subhuti, o Buda não entretém o pensamento 'Vou libertar todos os seres sencientes'. Por quê? Porque nenhum ser existe para ser libertado pelo Buda. Se houvesse seres para serem libertados pelo Buda, isso significaria que o Buda acredita nos conceitos de 'eu' e de 'outro'. Embora o Buda diga 'eu', na verdade não existe 'eu'. Ainda assim seres imaturos consideram que isso é um 'eu'. E, para o Buda, não há seres imaturos; eles são apenas *chamados* de 'seres imaturos'".

O Buda diz que não há pessoas maduras ou imaturas. Todos temos a mesma sabedoria. Ela é igualmente distribuída. Ninguém é mais sábio do que qualquer outra pessoa. A única diferença é que alguns de nós acreditam no que pensam, e alguns de nós aprenderam a questionar os pensamentos que nos separam de nossa sabedoria inata.

O Buda também diz, como afirmou nos capítulos anteriores, que não há seres sofrendo para serem libertados. Essa é uma declaração incrível. Dá para sentir o quanto ela é chocante? Algumas pessoas podem vê-la como fria e insensível. "O que você quer dizer com não há seres para libertar? Ficou louco? E quanto a toda a ignorância e brutalidade do mundo? E quanto a todas as vítimas da ganância e da violência?" Sua declaração pode até ser vista como perigosa, porque as pessoas podem pensar que isso diminuiria as motivações das pessoas para fazer o bem. "Se não houvesse ninguém para libertar, eu iria relaxar e não fazer nada."

Mas "nenhum ser para libertar" é a simples verdade, e a verdade é o que nos liberta. Longe de nos tornar passivos ou egocêntricos, ela nos leva à generosidade. Se entendemos realmente que o eu não é real, como podemos agir com egoísmo? E se não existe eu, como pode haver outros aos quais se opor? Todos os seres são simplesmente eu, e machucar outro ser humano seria tão impensável quanto quebrar a própria perna deliberadamente. A Regra de Ouro não é um *deveria*. Não é questão de ética; é uma questão de *fato*. Faço aos outros o que faço a mim mesma, porque me dou conta de que os outros *são* eu.

Quando você começa a questionar sua mente, a mente perde a habilidade de acreditar que ela é isso ou aquilo. Ela para de se identificar. Torna-se livre. Entende que a identificação é apenas um estado mental. Algumas pessoas perdem a identificação acidentalmente, ou em meditação, e isso as assusta, e reagem aumentando o controle sobre si mesmas. O ego tenta se assegurar de que aquela liberdade nunca mais torne a acontecer; ele tenta isso por meio do medo; ele se contrai a si mesmo. Mas tudo bem deixar ir a identidade. E tudo bem também acreditar que você é um "você". Não há nada sério acontecendo aqui. Só que você não é um "você". Acreditar que você é não torna isso verdade.

Um dia, no fim dos anos 1980, enquanto estava sentada na borda de um penhasco em Big Sur, descansando de um longo dia na estrada, olhei para o oceano lá embaixo — bem, bem lá embaixo, onde havia ondas e rochas pontiagudas. Naquele momento, apareceu uma gaivota, ao nível dos meus olhos, bem à minha frente. E, quando ela passou voando, minha mente estava tão livre que assumiu essa identidade. Em um momento eu era uma mulher na borda de um penhasco e no seguinte era a gaivota, dentro do corpo da gaivota, olhando pelos seus olhos. Eu fiquei exultante, e ainda assim em paz, me sentindo como a própria amplitude de qualquer voo.

Então algo mudou. O "eu" nasceu dentro da gaivota. Ele olhou para baixo. Teve o pensamento "Eu não sei voar". Então pensou: "Ah, meu Deus, eu vou cair!". Eu me senti muito pesada, como se tivesse cinquenta quilos. E notei mais pensamentos: "Não quero ser uma ave que não consegue voar. Quero ser a mulher aqui sentada, segura e sólida". Esses pensamentos eram a única causa do meu medo. Eu sabia que como uma ave eu não estava realmente caindo — essa era a realidade da situação. E imediatamente cada pensamento que brigava com a realidade foi recebido com a investigação: "Isso é verdade? Eu posso realmente saber se é verdade?". Cada pensamento vinha acompanhado de uma pergunta. Isso trouxe as coisas de volta ao equilíbrio natural. Com esse equilíbrio, eu fiquei livre.

Em câmera lenta, a sensação era essa: "Não sei voar". *Eu posso realmente saber que isso é verdade?* Não. *Como eu reajo quando eu acredito nesse pensamento?* Fico assustada. *O que eu seria sem ele?* Totalmente confiante. E imediatamente o pensamento se dissolveu, e eu voei. Eu me diverti muito como gaivota. Só ficava planando, empolgada com a alegria do voo. E assim que fiquei em paz com aquela identidade, mais uma vez me tornei a mulher sentada à beira do penhasco, extática e comum.

Você diz que não há pessoas maduras ou imaturas. Ainda assim, você não amadureceu depois de seus primeiros êxtases?

É, pode-se dizer isso, embora a compreensão sempre tenha permanecido a mesma. Nos primeiros dias, eu amava tudo, como ainda amo. Eu amava tudo em que botava os olhos. Tudo era bonito para mim — tudo era a realidade absoluta. Eu estava apaixonada por tudo e por todos. Toda vez que via pessoas, eu me apaixonava. Eu me aproximava de alguém e olhava em seus olhos com todo o amor que estava sentindo. "Você é Deus", teriam sido minhas palavras. "Você é meu eu mais querido e mais íntimo." Eu estava tão arrebatada por amor que não conseguia evitar. Mas logo aprendi a não fazer isso. As pessoas pareciam recuar. Pareciam ficar assustadas.

Aprendi que se eu não falasse, o que acontecia era o que eu passei a chamar de "a purificação", a purificação do que ali era. Era a purificação de qualquer ensinamento. A purificação parecia lágrimas, humildade e morte, a morte da personalidade, a morte de qualquer eu que pudesse restar. Eu pude ver que toda vez que falava sem alguém pedir, era recebida com confusão. As pessoas olhavam para mim, e seus olhos refletiam uma mulher louca. Isso não era problema para mim, mas não havia valor em falar assim, exceto para aprender a experienciar uma verdade de dentro, não a dizer para mim mesma no lado de fora.

Eu tinha tanta vontade de queimar quaisquer pensamentos que surgissem em minha mente que sempre que uma reação física me atravessava, eu a deixava vir. Eu tremia, irrompia em lágrimas ou risos, ou expressava o que quer que precisasse ser expresso. Eram as lágrimas e os risos de alguém que estava intoxicada de amor. Eu era uma criança pequena, totalmente sem inibições. Não importava que a reação ocorresse em um shopping, em um supermercado ou enquanto andava pela rua. Simplesmente parava ou me jogava na calçada e deixava a emoção fluir. As pessoas eram sempre bondosas. Elas paravam e diziam coisas como: "Você precisa de ajuda?", "Você quer um lenço de papel?", "Tem alguém que eu possa chamar?", "Posso levá-la a algum lugar?". Foi assim que conheci o mundo. Ele era gentil. Ele era sensível. Todas as pessoas eram pedaços de mim.

Quando eu estava em público, experienciava tudo por inteiro, seu desenrolar, os nós sendo desfeitos, através das quatro perguntas d'O Trabalho, que estavam sempre vivas em mim. Nelas eu era sempre recebida. Às vezes, eu pedia às pessoas para me abraçar. Eu chorava de pura alegria e me aproximava de um estranho e dizia: "Você me dá um abraço?". Ninguém se recusava. Nenhuma pessoa jamais recusou. Uma vez, uma mulher me embalou e cantou cantigas de ninar, e a única coisa que eu fiz foi pedir. Adoro contar que nunca fui rejeitada. A verdade sobre quem somos fica óbvia quando não há uma motivação. Qualquer um abraça inocência. Não importa se você é uma mulher de 43 anos: as pessoas vão embalá-la como um bebê.

Certa manhã, nas ruas de Barstow, um homem latino me abordou e disse: "Vejo você caminhando todos os dias, e quase sempre está chorando. Por que faz isso com você?". Essa foi a primeira vez que me dei conta de que estava chorando enquanto caminhava. Eu lembro de ter ficado chocada por ele não saber que eu estava destrinchando tudo no universo, para todo mundo, pela eternidade. Fiquei impressionada por ele ter que perguntar uma coisa tão óbvia. "Estou desfazendo toda a criação", falei. "E é assim que isso se parece." Ele apenas negou com a cabeça e foi embora.

Eu adorava me sentar na calçada ou no meio-fio em Los Angeles e observar conforme as pessoas me abordavam. Eu sabia que todo mundo era Deus (essa era minha palavra para *Buda*), incluindo os moradores de rua, então eu nunca estava com medo ou separada de ninguém. Eles diziam coisas como: "Preciso de ajuda", "Você me dá dinheiro?", "O que você está fazendo?", "Quem é você?", "Posso me sentar com você?". Às vezes as pessoas eram voláteis e às vezes tristes ou raivosas. Eu via todas as emoções e as entendia. É isso o que acontece quando você se senta na calçada sem uma pauta, apenas amando o que é. Eu me sentava quando eu sabia que era para me sentar. Eu estava no que chamava de "escola da terra", e todo mundo estava me mostrando quem eu era por meio de meus pensamentos sobre como eles eram. A vida continuava a se entregar para mim — para si mesma.

Às vezes eu me encontrava com algumas pessoas sem-teto em Barstow enquanto caminhava com meus filhos ou com Paul. Elas podiam se aproximar de mim em silêncio, me abraçar e então seguir em frente. Nosso relacionamento frequentemente era silencioso, especialmente se eu estava falando com uma pessoa e outras duas ou três se aproximassem e ouvissem. Às vezes, até os mais amargos se viam em lágrimas. Eu observava, escutava e entendia. Frequentemente pessoas que eu não conhecia me abordavam. Um dia, por exemplo, enquanto eu caminhava pela rua com Paul, notei uma mulher obesa e muito suja, na casa dos cinquenta, empurrando um carrinho de supermercado com muitas sacolas dentro e carregando outras com ela. Ela largou as sacolas quando me viu e caiu em meus braços. Eu a abracei, beijei seu rosto, segurei sua cabeça e derreti em seus belos olhos. Paul ficou parado ao lado, horrorizado. Depois eu a ajudei a pegar suas sacolas e as pus no carrinho. Então peguei a mão do Paul e segui o meu caminho.

Outra vez dois jovens de aparência agressiva se aproximaram de nós. Quando eles vieram em nossa direção, abri os braços e fui em direção a um deles. Paul disse, no jeito grosso habitual dele: "Mas que droga, Kate, esses caras esfaqueariam e matariam você em um piscar de olhar". O jovem veio andando para os meus braços do jeito que um filho vai para a mãe. Houve lágrimas e agradecimentos, e o outro homem também estava igualmente grato pelo que quer que achava que estava acontecendo. Essas eram pessoas que eu poderia ter conhecido antes ou tinham ouvido falar de mim. As pessoas sem--teto me chamavam de "a mulher que fazia amizade com o vento" — o vento em Barstow pode ser implacável — e havia outros nomes para mim que evidentemente tinham ficado populares. Estava claro para muita gente que elas podiam estar comigo sem precisarem fingir ou mudar para serem amadas. Meus braços estavam abertos para qualquer um. Eles ainda estão.

Quando você aparentemente se tornou uma gaivota, isso não foi uma alucinação? Qual o valor que você vê em contar essa história?

Foi uma alucinação, como tudo é. Para mim, a história é uma ilustração vívida do poder da investigação. Não há experiência, por mais estranha que possa ser, que eu tema — até onde sei. Amo a aventura, aonde quer que ela possa me levar. Eu preferia cair nas rochas abaixo a perder aquilo. Entendo que o universo é amigo. Em outras palavras, a mente é tudo, e sua natureza é boa. Então, o que quer que a mente projete tem que ser bom. Isso significa que nada terrível pode acontecer. Aqueles pensamentos não questionados — "Não sei voar", "Vou cair" — pareciam questões de vida ou morte, de tão elementares. Cada um surgia em meu peito; cada um tinha algo de empolgante. Então, permiti que *me* mostrasse o que era verdade e o que não era. Isso é investigação viva. O amor me mostrava que eu *podia* voar. E se eu caísse, seria o mesmo. Os dois jeitos eram iguais. Que viagem! E tudo era uma projeção da mente.

Em cada experiência, sei que não sou nada, mesmo como a mulher no penhasco vendo a gaivota. Estou ciente de que sou anterior ao pensamento, que não sou a mulher, a ave nem nada além de percepção. Eu sou o nada, olhando para si mesmo — uma mente completamente silenciosa. Percepção não sabe nada, portanto é escondida de si mesma. Nesse estado de amor infinito, ela irrompe para saber, para ver, para se divertir em si, para se dar conta do que ainda não revelou para si. Tudo no universo é um reflexo da mente. É qualquer identidade que você acredite ser. Ela permanece como uma gratidão pulsante, seja mulher, gaivota ou pedra.

Faço aos outros o que faço a mim mesma, porque me dou conta de que os outros são eu.

26
UM BUDA EM CASA

O Buda disse: "Deixe-me perguntar uma coisa, Subhuti. O Buda pode ser reconhecido por suas 32 características físicas distintas?".[8]

Subhuti disse: "Não, Senhor".

O Buda disse: "Se o Buda pudesse ser reconhecido por suas 32 características físicas distintas, então reis virtuosos[9] que possuem essas características físicas também seriam budas".

Subhuti disse: "Senhor, entendo que o Buda não pode ser reconhecido por suas características físicas".

Então o Buda recitou o seguinte verso:

> Aqueles que olham o Buda com os olhos,
> ou o ouvem com os ouvidos, nunca poderão saber.
> Como podes me encontrar com os teus sentidos,
> E dar-se conta de que não venho nem vou?

---

8 Ver nota de rodapé do Capítulo 5.
9 O termo em sânscrito é chakravartin, um rei ideal que governa de forma benevolente todo o mundo.

Não podemos reconhecer o Buda. Não podemos nem saber quem é um buda e quem não é. Então a alternativa razoável é supor que todo mundo é um buda, não importa o quanto ele ou ela possam parecer equivocados. Pense naquela pessoa que você simplesmente não suporta (você sabe quem). Com qual lição ele ou ela encarnaram para ensiná-lo?

Quando Roxann estava grávida de Marley e se sentia enjoada e irritadiça, seu marido, Scott, dizia para ela: "Desculpe por ter feito isso com você. É tudo culpa minha. O que eu posso fazer para consertar as coisas?". Ele não precisava querer dizer isso. Roxann normalmente reagia pensando: "'É tudo culpa dele' — é mesmo?". Ela se sentia encurralada em sua irritação com ele. Quando Stephen soube disso, sugeriu que Scott escrevesse um guia para homens. Ele seria intitulado *O segredo de um casamento feliz*, e teria apenas uma página — na verdade, três frases. No centro da primeira e única página haveria o conselho:

> Sempre que houver um problema entre você e sua esposa, independentemente de quem esteja errado, vá até ela e diga: "Sinto muito por ter feito isso com você. É tudo culpa minha. O que eu posso fazer para consertar?".

A verdade é que seu parceiro é seu espelho. Ele ou ela sempre refletem você para você mesmo. Se considera que há uma falha nele, essa falha está em você. Ela *tem que* estar em você, porque ele não é nada mais que sua história sobre ele. Você é sempre o que julga que ele seja no momento. Não há exceção para isso. Você é o seu próprio sofrimento. Você é a sua própria felicidade.

As pessoas pensam que relacionamentos vão fazê-las felizes, mas não se consegue felicidade de outra pessoa; não há como você consegui-la de um lugar fora de si. O que geralmente pensamos como um relacionamento são dois sistemas de crenças que se juntam para validar que há algo fora de você que pode lhe trazer felicidade. E quando você acredita que isso é verdade, crescer para além de seu sistema de crenças comum significa perder a outra pessoa, porque isso é o que vocês tinham juntos. Então se você segue adiante, deixa esse velho sistema de crenças para trás no que você chama de outra pessoa, e então você sente a separação e a dor.

O único relacionamento que vai ser significativo é o relacionamento que você tem consigo mesmo. Quando você se ama, você ama a pessoa que está sempre com você. Mas a menos que você se ame, você não vai estar confortável com outra pessoa, porque ele ou ela vai desafiar seu sistema de crenças, e até você questionar suas crenças, entrará em conflitos para defendê-las. Imagine em um relacionamento! As pessoas fazem contratos implícitos com as outras e prometem que nunca vão bagunçar o sistema de crenças da outra pessoa, e isso não é possível.

Não quero a aprovação das outras pessoas. Quero que elas pensem do jeito que pensam. Isso é amor. Você não pode controlar o pensamento de outra pessoa. Você não consegue nem controlar o seu. De qualquer modo, não há ninguém pensando. É uma casa de espelhos. Buscar aprovação significa ficar preso no pensamento "Eu sou um isso", essa partícula, essa coisa pequena e limitada.

Não tem como você decepcionar outro ser humano, e um outro ser humano não tem como decepcionar você. Você acredita na história de como seu parceiro não está lhe dando o que você quer, e se decepciona consigo mesmo. Se você quer uma coisa de seu parceiro e ele diz não, essa é a realidade. Isso deixa você como o provedor. O que é boa notícia, porque permite que você consiga o que quer. Se você não tem seu parceiro para ajudá-lo, você tem você. Obviamente, se ele diz não, é você quem deve se ajudar.

Querer que Stephen me ame é partir do princípio de que ele não me ama. Isso seria o oposto do amor. Quero que ele ame quem quer que ele ame. As pessoas veem o quanto eu o amo e chamam isso de amor, mas eu sou apenas uma amante do que é. Eu conheço a alegria de amar, por isso sei que não é da minha conta como ele lida com o próprio amor. O que é da minha conta é simplesmente amá-lo.

Ninguém que você ama pode deixá-lo. Só você pode fazer isso. Qualquer que seja o compromisso dele, você só pode contar com o seu próprio compromisso, até que ele mude (se mudar). O único voto matrimonial que eu e Stephen fizemos foi: "Prometo amar você até não amar mais". Um compromisso de longo prazo é apenas para este momento. Mesmo que alguém diga estar comprometido com você para sempre, você nunca terá certeza disso, porque enquanto acreditar haver um "você" e um "ele", é apenas uma personalidade se comprometendo com outra personalidade e, como costumo dizer, personalidades não amam, elas querem alguma coisa.

Há muito a se dizer sobre a monogamia. É o símbolo supremo do Um, porque mantém a mente focada em uma pessoa principal. Você simplesmente tem que questionar tudo o que acredita sobre ela, todas as histórias sobre ela que surgem em sua mente. A monogamia é uma coisa sagrada, porque a mente pode ficar muito quieta nessa posição. Uma pessoa vai lhe dar a experiência que um milhão de pessoas poderiam lhe dar. Há apenas uma mente. Seu parceiro vai trazer todos os conceitos conhecidos pela humanidade, em todas as combinações, de modo que você venha a se conhecer e a entender que você é o criador de todo sofrimento. Se você puder simplesmente aprender a amar a pessoa com quem está, você encontrou amor por si mesmo.

Nós *somos* amor, e não há nada que possamos fazer para mudar isso. O amor é a nossa própria natureza. É o que somos quando não acreditamos mais em nossas próprias histórias.

"O único relacionamento que vai ser significativo é o relacionamento que você tem consigo mesmo." Você está dizendo que seu casamento não é significativo?

Estou vivendo um caso de amor com o eu, que não existe. Ele não exclui ninguém. Não exclui nada. É inteiro em si mesmo e responsável por nenhum outro, já que não *há* um outro. De acordo com o amor, estou sempre conectada com Stephen, porque estou sempre conectada comigo mesma.

Há algum conflito entre seu compromisso com seu casamento e seu compromisso consigo mesma?

O compromisso comigo mesma é minha conexão com Stephen. Nenhum julgamento sobre ele como sendo menos que perfeito seria digno dele, ou de mim. E se houvesse alguma discordância entre nós, eu procuraria a solução em meus pensamentos não questionados sobre ele.

O amor é a nossa própria natureza. É o que somos quando não acreditamos mais em nossas próprias histórias.

27

O ESPAÇO ENTRE PENSAMENTOS

O Buda disse: "Subhuti, não ache que o Buda alcança a iluminação devido a alguma característica física notável. O Buda não alcança a iluminação devido a uma característica física notável. E não ache que alguém que alcança a iluminação vê todas as coisas como não-existentes. Uma pessoa que alcança a iluminação não vê todas as coisas como não-existentes".

Pense em seus pés. Você tinha pés antes que eu lhe pedisse para pensar neles? Você tinha se dado conta de que eles existiam? Você os colocou na posição em que eles estão agora? *Alguma* coisa colocou. Mas até momentos atrás, você não tinha pés. Sem história: sem pés. É assim com tudo.

Nos meses após minha experiência de despertar para a realidade, chorei muitas lágrimas que vinham de perder tudo no mundo. Não havia tristeza nessas lágrimas, apenas a gratidão e me dar conta de que nada no mundo pertence a mim. Não era meu corpo que eu estava perdendo; já o havia perdido na primeira experiência no chão do sótão. Era assim: você vê uma cadeira, por exemplo, e você se dá conta de que ela não é; você perdeu até isso. O que o deixa sem nenhum lugar para andar, ninguém andando, nenhum chão — nada. Então alguém entra e diz "Olá, Katie", e você está falando, e *sabe* que não está falando com ninguém além da sua própria mente. Não há mais ninguém falando. Você sabe disso. Você não pode recuar — não tem como voltar, porque você não tem como criar algo para o qual voltar. E isso cai em um nível mais profundo. Mas sempre há algo estável. E não consegue se agarrar a isso, porque sabe que isso também não é real.

Você não pode ter nada. Não pode ter nenhuma verdade. A investigação elimina tudo isso. A única coisa que existe para mim é o pensamento que acabou de surgir. Antes disso não havia existência. Não há nada para criar. Não há ninguém criando nada. Então repetidas vezes retornamos para o espaço entre pensamentos.

Há mestres da não dualidade que dizem que nada existe. Isso não é uma inverdade, mas também não é verdade, como diz o Buda neste capítulo. A verdade não pode ser expressa em palavras. Ela não está de um lado de um isso/ou aquilo. Ela tem um bilhão de lados, e não tem lado. Se uma verdade aparente tem um oposto, ela não pode ser válida.

As pessoas de fato não se importam se as coisas existem ou não. Elas só querem ser felizes. Nosso estado natural é a felicidade, mas, quando acreditamos em nossos pensamentos, sentimos o efeito disso como estresse. Se as pessoas estão sofrendo, que bem faz a longo prazo dizer a elas que são perfeitas ou que seu estado natural é felicidade? Você pode dar a elas um vislumbre de quem realmente são, mas há todo um submundo de pensamentos não questionados que vão anular essa percepção e trazê-las de volta para o sonho ruim. Se alguém chegar para você e disser "Estou perdido", é uma bondade dar orientações, se você sabe o caminho. "Pegue à direita aqui e à esquerda ali e você vai chegar à rua principal. Então continue a andar sempre em frente."

Tudo criado pode ser desfeito. Tudo é pura imaginação. Dizer "Não há nada" deixa de fora a pessoa que acredita nisso. Você nunca pode dizer que não há nada, porque o primeiro pensamento é o começo do universo. Nunca houve nada antes do começo. Isso não quer dizer que não havia nada. Há apenas um. Você não pode ter um zero. Um zero na verdade é um um imaginando um zero. Só uma coisa pode pensar em nada.

Podemos notar que tudo o que percebemos ou pensamos já está no passado, e dar-se conta disso é lindo se a alegação é compreendida autenticamente, já que nela não há verdade a se provar ou a se ensinar. Mas ensinar que não há nada — por mais bem-intencionado que seja o ensinamento — é apontar para alguma coisa. Por isso silêncio é uma expressão mais precisa daquilo que é. É um reflexo da mente búdica, saber que todas as palavras são inverídicas, derramadas como criação contínua, com seu riso profundo e silencioso.

A única coisa com a qual você tem que trabalhar é seu pensamento. As pessoas me dizem que querem uma mente silenciosa; elas acham que a mente parada é a liberdade. Essa não é minha experiência. O que eu sabia fazer, já que minha mente não calava a boca, era acolher meus pensamentos com entendimento, por meio da investigação. Então, notei que as pessoas estavam dizendo os mesmos pensamentos que eu estava pensando. E como meus pensamentos foram recebidos com entendimento, não havia ninguém a encontrar; havia apenas conceitos compreendidos, que eu chamo de "pessoas".

O Trabalho nos desperta para a realidade. Quando o fazemos como prática, ele nos deixa impecáveis, inocentes, um fruto da pura imaginação. Praticar a investigação nos leva à mente búdica, onde tudo, sem exceção, é considerado bom. Isso leva à liberdade total. Por que você iria querer experienciar um problema e fingir que ele não está ali — ignorá-lo e encontrar algum lugar pequenino dentro de você que seja livre? Você não quer encontrar liberdade em cada respiração? Nada existe além do conceito no momento. Vamos ao encontro disto, agora, com entendimento.

Você disse que O Trabalho leva à autorresponsabilidade. Você acha que as pessoas são responsáveis por tudo que está acontecendo com elas?

Em um sentido, são, claro. Pessoas que fazem O Trabalho descobrem que quando questionam seus pensamentos estressantes, o mundo inteiro muda para melhor. Elas descobrem que tudo acontece *para* elas, não *com* elas. Elas começam a se dar conta de que são cem por cento responsáveis pela própria felicidade. Isso é uma notícia muito boa, porque não podemos mudar o mundo neste momento, mas certamente podemos mudar como experienciamos o mundo.

"Sou responsável por tudo o que está acontecendo comigo" não é um mero conceito, é uma experiência. Costumo dizer às pessoas: "Não finja que você está para além de sua própria evolução". Em outras palavras, não acredite em nada que você não tenha entendido a partir da experiência pessoal profunda. Muitas pessoas leem livros que ensinam o pensamento positivo, ou a chamada "lei da atração", e elas fazem afirmações, então se sentem culpadas quando ficam doentes ou não ficam ricas. "Ah, querida, tenho câncer. Eu sou responsável por ele. Devo estar fazendo alguma coisa errada" ou "Até o momento não sou um milionário. Não devo estar emanando energia positiva suficiente". Isso é como dizer: "Que a minha vontade seja feita, não a vontade de Deus", em vez de entender, profundamente, que a vontade de Deus é a sua vontade em todos os momentos. Tentar conseguir o que se quer, em vez de querer o que se tem, é o único jeito de jamais ser feliz.

Você diz que após ter despertado para a realidade, o pensamento mais estressante para você era: "Minha mãe não me ama". Esse era o pensamento que a estava deixando infeliz por dez anos?

Não. Eu usei um símbolo para dissipar as sombras da identidade. Você pode usar qualquer pensamento estressante para esclarecer a identidade, não importa qual. Na minha experiência, as sombras eram consistentemente deliciosas, já que eu entendia o poder de trazer cada uma para investigação, respeitosamente e com o coração aberto, beijando-a ao dizer alô e adeus. Foi um privilégio incrível. Não havia nada fora do lugar. Toda ilusão era a dádiva. Não havia mãe com quem trabalhar, apenas alucinação identificada por meio da linguagem e vista como o que realmente era: nada.

Você diz que O Trabalho leva à liberdade total. Quantas outras pessoas você conheceu que vivem em liberdade total através d'O Trabalho?

Não tenho como conhecer a mente de outra pessoa. Mas ouvi de algumas pessoas que praticam a investigação que não tiveram um problema em anos.

Praticar a investigação nos leva à mente búdica, onde tudo, sem exceção, é considerado bom.

28
"ESCOVE OS DENTES!"

O Buda disse: "Subhuti, se alguém enchesse tantos mundos quanto os grãos de areia no rio Ganges de tesouros e então doasse tudo para a caridade, e outra pessoa entendesse a verdade de que não existe algo como 'eu' e 'outro' e incorporasse e vivesse isso de todo o coração, o mérito obtido por essa segunda pessoa seria muito maior que o mérito da primeira. Por quê? Porque os *bodhisattvas* não veem o mérito como algo a ser obtido".

Subhuti disse: "Senhor, como os *bodhisattvas* não veem o mérito como algo a ser obtido?".

O Buda disse: "Os *bodhisattvas* não veem o mérito como algo pertencente a eles nem como separado deles. Por isso o Buda diz que os *bodhisattvas* não veem o mérito como algo a ser obtido".

Mérito é sempre um julgamento que vem de fora. Na verdade, não existe mérito. Ninguém está contando. Ninguém está marcando os pontos.

Também podemos fazer a inversão dessa declaração. "Não existe mérito" se transforma em "Existe mérito", e isso também é verdade.

Há valor em tudo o que fazemos, e nada é mais valioso que qualquer outra coisa. Aquele milionário filantropo, aquele que construiu muitos hospitais e financiou várias pesquisas científicas? Quando você para de comparar, o valor do que ele fez é exatamente igual ao valor do que você fez. Você está beneficiando a humanidade toda vez que lava louça, varre o chão ou leva seus filhos à escola. Beneficiar uma pessoa é igual a beneficiar um milhão. Quando você faz sua tarefa por completo — ou seja, quando a faz com uma mente clara — você é absorvido pela ação, você desaparece nela. As únicas coisas que existem são o prato, a água com detergente, a esponja, a mão se movimentando em seu próprio ritmo. Não há eu, não há outro. Não é você quem faz, você é feito.

Quando segue a voz interior, você perde o senso de eu. Em meu mundo, não tenho como fazer nada errado. Não há plano. Sou apenas um sim interno. A voz é clara para você, é clara para todos nós, mas é encoberta pelos pensamentos em que acreditamos. Eu costumava chamá-la de a voz do coração. Eu não tinha um professor para me dizer "Isso é espiritual, isso não é", por isso continuava a seguir a voz e a perder tudo. As pessoas diziam "Você é louca", e eu dizia apenas "Ah", e continuava seguindo a voz. Foi um experimento maravilhoso, e o que acontece é que você se expande para o interior desse se tornar ciente e se perde de um jeito cada vez mais profundo. Então outras pessoas, que mais uma vez são apenas você, dizem coisas como "Você é tão amorosa" e não há ninguém a quem agradecer, e você recebe isso por completo. É o espaço que se abriu como você.

Simplesmente diga sim. Simplesmente lave louça. Dizer sim para essa voz, entrar nesse grande experimento, é uma verdadeira criação colaborativa, e você se perde nela, você se torna ela. E quando não quiser lavar louça, tudo bem também; só preste atenção. Não se trata de culpa ou vergonha. Simplesmente note que você não quer lavar, e se você consegue encontrar o pensamento que está impedindo você de seguir a voz — "Depois eu lavo", "Não é minha vez", "Não é justo" — escreva-o e investigue-o. E talvez na próxima vez você descubra que a louça está lavada e, ao perguntar quem lavou, alguém diga que foi você.

Um dia em 1986, logo depois que voltei da casa de recuperação, ouvi uma voz, a mesma voz que tinha ouvido milhares de vezes antes. Ela dizia: "Escove os dentes!". Eu pensava que a revelação seria uma grande sarça ardente, e tudo o que ela acabou sendo foi um "Escove os dentes!". Eu tinha ouvido isso antes, e às vezes, em meu estado deprimido, passava semanas sem escovar os dentes. Eu *não conseguia* escová-los; dezenas de razões surgiam para eu não fazer isso. Então, nesse dia, ouvi "Escove os dentes!" sem nenhuma interferência, e caí da cama e rastejei de bruços até a pia do banheiro. Não se tratava de cáries; tratava-se de fazer a coisa certa, honrando a verdade dentro de mim.

Essa vida não me pertence. Se a voz diz "Escove os dentes", eu digo sim. Simplesmente vou em frente e não sei para quê. Se ela diz "Ande", eu ando. Se alguém me pedir sinceramente alguma coisa, eu faço se puder, já que mesmo a voz exterior aparente é uma voz interior. Eu não tenho vida própria; minha vida não é da minha conta. Estou seguindo ordens. Então cada momento é novo. "Escove os dentes" não parece muito espiritual, mas era pra valer. Eu simplesmente me abri para isso e me tornei uma ouvinte. É com essa voz que estou casada hoje. Todo casamento é uma metáfora para o casamento com a voz interior. É maravilhoso seguir uma coisa tão selvagem, dizer sim a ela.

Mas para ser mais exata, não existe voz. É uma orientação interna, uma ressonância dentro de mim, dentro de todos nós, e quando não a seguimos, dói. Eu sou movimento, como somos todos nós quando não acreditamos em nossos pensamentos. Você apenas observa o movimento se fazer. Você não cria nada. O que ele faz, e quando e como, não é da sua conta. Você simplesmente se move com ele, e todo julgamento que você tem sobre ele desmorona.

Por que você diz que a voz que disse "Escove os dentes" não era nem mesmo uma voz?

Ela apareceu como uma voz. Era sabedoria traduzida nessa direção específica. Eu tinha que projetar uma voz aparentemente fora de mim. Mas daquele momento em diante, era apenas eu seguindo com a mente correta, sem questionar, o que quer que ela dissesse ou fizesse. Ela sempre conseguia discernir. Ela nunca disse "Pule desse penhasco", embora eu estivesse disposta a fazer isso também, já que não tinha nada a perder.

Naquela manhã em particular, rastejei até o banheiro. Deve ter sido em câmera lenta. Eu não sabia como chegar lá, só sabia que precisava escovar os dentes. A voz era o dom da sabedoria, mostrando-me as orientações mais simples e mundanas. Ela não me disse que eu precisava sair da cama e ir até o banheiro; ela não me mostrou um jeito de fazer isso, e eu não sabia que rastejando não era o jeito certo. Eu estava simplesmente seguindo instruções. E como minha mente estava tão clara naquele momento, não surgiu uma razão interna para parar de segui-las.

*Não é você quem faz,
você é feito.*

29
SENDO TRANSPARENTE

O Buda disse: "Subhuti, as pessoas chamam o Buda de Tathagata. Mas qualquer um que diz que Tathagata vem, vai, se senta ou se deita não entende o objetivo do meu ensinamento. Na verdade, Tathagata não vem de lugar nenhum e não vai a lugar nenhum. Por isso ele é chamado de 'Tathagata'".

Antes que Stephen lesse para mim o *Sutra do Diamante*, nunca tinha ouvido falar na palavra Tathagata. É uma palavra em sânscrito, explicou ele, e significa "aquele que assim veio (ou foi)" ou "aquele que chegou à verdade como ela é". Este último significado descreve todos nós, em um sentido, já que para uma mente clara não conseguimos evitar aparecer exatamente como somos. Mas em outro sentido ela descreve um buda em particular. Não há diferença entre o jeito que ela aparece em público e o jeito como aparece em particular. Ela é transparente. Não usa nenhuma máscara; o que você vê é o que ela é. Ela diz a verdade dela honestamente, sem tentar agradar ou ganhar aprovação. Quando ela fala diante de uma plateia de mil pessoas, está falando com a mesma intimidade de como se estivesse falado com um amigo.

Na verdade, o Buda não tem um "assim veio" ou um "assim foi". Qualquer conceito de ir e vir evapora quando você o examina de perto. *Não há* ir ou vir. Se você está vindo de algum lugar, precisa de um passado; se você está indo a algum lugar, precisa de um futuro. Como diz este capítulo, o Buda não vem de lugar nenhum nem vai a lugar nenhum; ele ou ela está além do ir e vir.

Tudo vai e vem no próprio tempo. Você não tem controle. Nunca teve qualquer controle e nunca vai ter. Apenas conta a história do que acha estar acontecendo. Você acha que causa movimento? Não causa. Ele simplesmente acontece, mas você conta a história de como teve alguma coisa a ver com isso: "Eu movi minhas pernas. Eu decidi andar". De modo algum. Se você investigar, vai ver que é só uma história. Você sabe que ia se mover porque tudo está acontecendo simultaneamente. Você conta a história antes do movimento, porque você já é aquilo. *Ela* se movimenta, e você acha que fez aquilo. Então, conta a história de como está indo a algum lugar ou como está fazendo alguma coisa. A única coisa com a qual você pode brincar é a história. Ela é o único jogo que está de fato rolando.

Nos meses depois que despertei para a realidade, Paul ou um dos meus filhos me perguntava: "Aonde você está indo?". Indo, indo... O que isso significa? Como é possível ir, quando eu não vim? E como eu poderia responder a essas perguntas, já que eu estava comprometida com falar a verdade? Minha resposta honesta teria sido: "Eu não vou, eu não venho. Eu não sou o que seus sentidos sonhados mostram a você". Mas esse tipo de resposta, eu sabia, teria feito com que eles se assustassem.

Então, quando alguém perguntava "Aonde você está indo?", aprendi a dizer, em nome do amor: "Ah, eu vou dar uma volta" ou "Vou ao mercado". Aprendi como me unir às pessoas sem assustá-las ou excluí-las. O amor une, porque nunca está separado. Durante as primeiras semanas, eu estava dizendo a verdade sem muita preocupação de me unir às pessoas. Se alguém me perguntasse: "Qual é o seu nome?", eu respondia: "Eu não tenho um nome" ou "Meu nome é o seu nome". Mas quando entendi o golpe que damos em nós mesmos nesse mundo, quando entendi que as pessoas estavam fingindo não saber quem são, ficou mais simples falar. Essas pessoas eram partes de mim fingindo estar dormindo, células ainda densas, ainda não acesas. Então se alguém dizia "Olá", eu dizia "Oi". Se alguém perguntasse qual era o meu nome, eu dizia "Katie". Mas se ele ou ela estivesse sinceramente interessado e perguntasse "Seu nome é mesmo Katie?", eu diria "Não". Dessa forma, eu podia me unir às pessoas e responder a suas perguntas sem excluir ninguém.

Pode ser diferente para pessoas no leito de morte. Algumas delas pararam de fingir. Eu já morri — esse é um jeito de dizer isso. O que eu sei sobre morte é que quando não há escapatória, quando você sabe que ninguém vai aparecer para salvá-lo, suas crenças desaparecem. Você simplesmente não se incomoda mais. Então, se você está deitado em seu leito de morte e o médico diz que acabou para você e você acredita nele, toda a confusão para. Não há mais nada a perder. Nessa doce paz, há apenas você. É você.

Sei o que a morte é: nada. Quando falo com pessoas que estão morrendo, às vezes posso lhes dizer a verdade sem assustá-las. Uma vez fui chamada ao leito de morte de um amigo que estava nos estágios finais de um câncer. Ele tinha sido despejado de casa um mês antes, porque os donos a haviam vendido, e sua van Volkswagen havia pegado fogo. Então ele fez um grande bazar e vendeu tudo o que tinha, em seguida se mudou para um centro terapêutico para doentes terminais com seus produtos de higiene pessoal e uma dezena de livros e CDs que ele amava. (Reparei que ele tinha *Ame a realidade* em sua mesa de cabeceira e a edição de bolso do *Tae Te Ching* do Stephen.) Ele estava muito magro e frágil; lhe restavam poucas semanas. Depois de conversarmos por algum tempo, ele ligou o gravador e me pediu para dizer algo sobre a morte, algo que pudesse escutar outra vez. Eu disse: "Tem uma coisa que posso lhe prometer, querido: a morte nunca vai acontecer. Você pode ter certeza disso". Como ele tinha perdido praticamente tudo, não havia conceitos entre minhas palavras e o que ele ouvia. Seu rosto se iluminou, e lágrimas escorreram.

Uma coisa que adoro na Escola d'O Trabalho é que durante nove dias não preciso mentir tão escancaradamente. As pessoas podem se unir a mim lá. Podem começar a acompanhar meu mundo, o mundo da investigação, onde tudo é graça e não há problemas, nunca. À medida que questionam suas mentes, nossos mundos começam a se fundir. E eu tenho a chance de testemunhar a única mente despertando para a realidade, a mente que sempre foi sua: maravilhada, deliciada, grata e completamente apaixonada.

Você alguma vez se viu tentando agradar às pessoas ou buscando sua aprovação?

Eu agrado e aprovo a mim mesma, e projeto isso em todo mundo. Então, em meu mundo, já agrado a todos, já tenho a aprovação de todos, embora eu não espere que eles se deem conta disso, ainda.

Você mencionou a Escola d'O Trabalho. Pode dizer mais sobre ela?

Qualquer um interessado pode ler mais em thework.com/portugues/escola.

Por que você criou a Escola?

As pessoas me diziam que nunca poderiam viver suas vidas com a liberdade que viam em mim, e eu sabia que enquanto acreditassem em suas histórias sobre isso, teriam razão. Desde minha experiência no chão do sótão, tinha vivido sem uma história e não sobrou nada do que ter medo. Não havia nada para deter esse livre fluxo de felicidade. As pessoas perguntavam se podiam vir morar comigo, e eu dizia sim. Chegou ao ponto que os sacos de dormir cobriam o chão das minhas cinco casas na rua Fredricks. As pessoas iam e vinham; algumas ficavam por um breve período de tempo, enquanto outras ficavam por meses, aprendendo e ensinando como fazer O Trabalho. Eu viajava por todo o país e pela Europa oferecendo eventos d'O Trabalho, e quando voltava para Barstow, algumas pessoas ainda estavam lá e havia muitas caras novas.

Então alguém me disse que um hábito é criado em 28 dias. Então criei uma imersão de 28 dias em investigação. Aquilo fez sentido para mim. Eu a chamei de Escola d'O Trabalho, e a primeira ocorreu em agosto de 1998 em Barstow. Os exercícios da Escola já tinham, de certa forma, sido escritos, porque eu os havia vivido. Todos eram baseados nas minhas experiências dos primeiros dois anos, 1986 e 1987, e foram criados para as pessoas se darem conta diretamente. Eu revisei os exercícios e escrevi novos enquanto ouvia atentamente as respostas das pessoas. Hoje em dia ainda faço isso. Atualmente, comprimi o currículo em nove dias.

Na Escola, guio as pessoas por todos os pesadelos que vivenciei desperta. Mostro a elas como vencerem os próprios medos, até estarem confiantes de que entendem como a mente cria sofrimento e como a mente pode dar um fim a ele. Se elas têm um problema, real ou imaginado (e todos os problemas são imaginados), nós o questionamos. Vou com elas para as profundezas do inferno e tornamos a sair à luz do sol. Essas pessoas corajosas estão cansadas de sofrer; elas anseiam por liberdade, querem realmente conhecer a verdade e estão prontas para a paz. Quando as quatro perguntas estão vivas dentro delas, suas mentes ficam mais claras e bondosas, portanto o mundo que projetam se torna mais claro e bondoso. Isso é mais radical do que qualquer um pode possivelmente expressar.

Já agrado a todos, já tenho a aprovação de todos, embora eu não espere que eles se deem conta disso, ainda.

30
UM MUNDO COMPLETAMENTE BONDOSO

O Buda disse: "Deixe-me perguntar uma coisa, Subhuti. Se um homem ou uma mulher bondosos pegasse um bilhão de mundos e os triturasse em partículas de poeira, haveria muitas partículas?".

Subhuti disse: "Muitas, Senhor. Mas se todas essas partículas tivessem uma existência separada, o Buda não as teria chamado de 'partículas'. Partículas de poeira na verdade não são partículas de poeira. Elas são apenas *chamadas* de 'partículas de poeira'. Um bilhão de mundos na verdade não são um bilhão de mundos. Eles são apenas *chamados* de um bilhão de mundos. Considerando que esses mundos realmente existam, eles existem como uma coleção de partículas. Nenhuma coleção é realmente uma coleção, ela é apenas *chamada* de 'coleção'".

O Buda disse: "Subhuti, chamar algo de um objeto material é só uma maneira tradicional de falar. Só seres imaturos se apegam a esses termos".

Repetidas vezes nesse sutra, o Buda nos indica o mundo além dos nomes. Quando você era criança, antes de ter a linguagem, antes de palavras terem qualquer significado para você, onde estava o mundo? *Não havia* nenhum. Você não tinha uma identidade separada; você não conseguia separar a realidade em um "eu" e um mundo. Quando sua mãe apontou para uma árvore e disse "Isso é uma árvore", você olhou para ela e disse "Gu gu dá dá". Então, um dia ela disse "Isso é uma árvore", e você acreditou nela. De repente, havia uma árvore, uma mãe e um "você". Você tinha um mundo. Você tinha um corpo. E, em pouco tempo, seu corpo era baixo demais, alto demais, magro demais, gordo demais, não era bom o suficiente para isso, não era bom o suficiente para aquilo. Todo um mundo de sofrimento surgiu quando você começou a dar nome às coisas em um mundo separado de você.

Você acha que é a imagem que vê no espelho, e compara essa imagem, que agora é uma imagem na sua cabeça, com a sua imagem das pessoas que considera bonitas. Os pensamentos não questionados que atacam o corpo imaginado apenas apoiam o eu imaginário que você acredita ser. Mas você nunca viu seu próprio rosto. E só pode acreditar que seu corpo é qualquer coisa demais se acreditar no mundo de nomes que sua mente criou.

Quando a mente entende que ela não é este corpo, ela deixa de sofrer ameaças porque ameaças não fazem sentido para o que não tem substância. A mente não questionada ainda está em conflito, discute consigo mesma e se preocupa com a segurança, e não há paz até que ela entenda que não há nada com o que lidar a não ser o próprio pensamento não questionado. A vida dela é um espelho, já que é o único jeito de ver a si mesma, sua jornada incorpórea projetada como forma. Mas quando a mente desperta, ela pode se ver apenas como a imaginação brilhante aperfeiçoada, sem nada em que ficar presa ou que reduza a velocidade dessa jornada infinita.

Ao fazer O Trabalho, a mente pode abrir mão do controle sobre a identidade com segurança, com delicadeza. Quando você questiona seus pensamentos estressantes e abre mão de tudo o que "você" achava ser, chega ao lugar onde você se pergunta: "Sem esse pensamento, o que sou eu?". Só porque aparece uma identidade não significa que seja verdade. Ninguém sabe o que é. No instante em que é dito, já não é.

Depois de questionar a fundo seus pensamentos, a mente projeta um mundo que é completamente bondoso. Uma mente bondosa projeta um mundo bondoso. Se alguma outra pessoa vê algo que não é perfeito, a mente questionada, no início, não consegue compreender isso, porque não consegue projetá-lo. Mas ela se lembra de seu antigo mundo sonhado, quando também acreditava nisso, e nessa quietude há uma espécie de ponto de referência, um eco. Ela é sempre grata pela forma como vê as coisas e entende como os outros as veem. Isso deixa muita energia para a mente fazer mudanças impressionantes no momento, porque sua clareza não mantém nenhuma opção escondida. Esse é um estado de ser destemido. Não há limite para ele.

Você afirma que: "O medo não é possível para a mente sã". Mas o medo não é uma reação biológica que acontece antes do pensamento?

Não. Você não pode sentir medo a menos que acredite em um pensamento sobre um futuro. O pensamento em que você está acreditando acontece tão rápido que é impossível acompanhá-lo; você se dá conta somente dos efeitos físicos ou emocionais. Por exemplo, se você acordou sentindo medo, mesmo sem ser capaz de identificar por que está com medo, você está simplesmente reagindo à ideia de que algo terrível aconteceu ou vai acontecer. Acreditar em um ou em outro ou nos dois pensamentos é a causa do seu medo, não algo que esteja acontecendo na realidade. Você acabou de acordar com a cabeça no travesseiro e todas as suas necessidades atendidas. Isso também é verdade nas situações em que você está realmente no que as pessoas chamam de perigo. Quando você vê um urso, pode correr aterrorizado ou pode apenas correr. Com exceção dos pensamentos não questionados nos quais você está acreditando, a vida é sempre boa.

*Ao fazer O Trabalho,
a mente pode abrir
mão do controle
sobre a identidade
com segurança, com
delicadeza.*

O Trabalho em ação:

―――――

"Glenn está bebendo outra vez"

EMMA [*lendo seu formulário*]: *Estou com raiva, decepcionada e confusa com Glenn — meu filho — porque ele está bebendo cerveja sem álcool e fumando outra vez.* Ele está em uma clínica de reabilitação para alcoólatras desde janeiro.

KATIE: Qual é a situação? Onde você está?

EMMA: Ele voltou para casa em Zurique neste fim de semana para cuidar de nosso cachorro para que eu pudesse vir ao seu evento.

KATIE: E você o viu bebendo?

EMMA: Vi.

KATIE: Está bem. Então, "Ele está bebendo cerveja sem álcool". Isso é verdade?

EMMA: É.

KATIE: E como você reage? O que acontece? Feche os olhos. Olhe para ele. Você vê a cerveja sem álcool. Você o vê bebendo-a. Você vê imagens do passado e do futuro. Como você reage quando tem esse pensamento "Ele está bebendo cerveja sem álcool"?

EMMA: Eu me sinto aterrorizada.

KATIE: Você *tem* que se sentir aterrorizada, porque você o vê em algum tipo de condição terrível.

EMMA: Ele é muito bonito. É quase impossível para mim ver esse jovem lindo não ser feliz.

KATIE: Enquanto ele está feliz sentado no sofá, bebendo feliz sua cerveja sem álcool. [*A plateia ri*]

EMMA: Não estou convencida de que ele esteja feliz.

KATIE: Ah, então você também lê mentes.

EMMA: Sim. Ele é meu filho.

KATIE: E enquanto você vê essas imagens em sua cabeça, seu filho de verdade está sentado no sofá, bebendo a cerveja sem álcool. Quem está aborrecendo você: você ou seu filho?

EMMA: Desculpe?

KATIE: São as imagens em sua cabeça que a estão aborrecendo, ou seu filho?

EMMA: É um empate. Estava aborrecida com ele e comigo mesma. Quando ouvi a lata de cerveja abrir com um "clique", o meu corpo inteiro reagiu.

KATIE: Esse foi o momento em que o sonho começou em sua cabeça, o pesadelo. Você viu aquelas imagens do passado, então viu imagens do futuro. É o seu filho que você está vendo, ou é sua imaginação? Não sei por que essa é uma pergunta tão difícil, querida. Imagine um limão maduro e suculento. Agora imagine-se mordendo-o. Você percebeu o que aconteceu?

EMMA: Percebi. Minha boca se franziu. Eu senti a saliva.

KATIE: É isso que você está enfrentando. Você na verdade não chupou o limão. Você imaginou isso, e seu corpo reagiu. De que cor ele era?

EMMA: Amarelo.

KATIE: Eu não disse "amarelo", você imaginou. Então seu filho abre a latinha. Você vai direto para esse filme na sua cabeça. E seu filho só está tomando uma bebida inocente. A cerveja não tem álcool. Ele está ali no sofá, perfeitamente em segurança e sóbrio. Ele acende um cigarro. Ele foi até lá para fazer um favor para a mãe para ela poder estar aqui. Um de vocês está com a cabeça no lugar. [*A plateia ri*] Então você está com raiva e decepcionada com seu filho. Inverta. "Eu não..."

EMMA: Eu não estou com raiva nem decepcionada com meu filho.

KATIE: Ele está sentado no sofá, sóbrio. Esse é seu verdadeiro filho. O outro, aquele de quem você está com raiva, é imaginado. Seu filho verdadeiro é a causa do seu sofrimento ou ele é causado pelo que você está imaginando?

EMMA: Pelo que estou imaginando.

KATIE: Agora note como você trata seu filho quando acredita no pensamento. E tudo o que ele fez foi abrir uma latinha.

EMMA: Eu o afasto, e depois finjo amá-lo.

KATIE: Essa é a aparência do medo. "Estou decepcionada com meu filho." Faça a inversão. Qual é o oposto de *decepcionada*?

EMMA: Estou feliz em relação a isso.

KATIE: Está bem. Feche os olhos. Olhe para seu filho no sofá abrindo uma latinha de cerveja sem álcool. Quem você seria sem o pensamento de que está com raiva dele por ele fazer o que não está fazendo?

EMMA: Eu ficaria muito grata por ele ter vindo de Lucerna só para cuidar do cachorro. E depois de anos bebendo álcool, ele está tentando gostar de cerveja sem álcool.

KATIE: Ele não está tentando. Ele está fazendo.

EMMA: Certo. Ele está bebendo uma cerveja sem álcool.

KATIE: Ele está sóbrio.

EMMA: Sóbrio.

KATIE: Fazendo um serviço para a mãe. Vamos olhar a declaração dois.

EMMA: Tenho permissão de falar palavrão?

KATIE: Claro. O ego não é educado quando está com medo. Simplesmente leia o que você escreveu.

EMMA: *Quero que ele pare com essa merda, pare de babaquice e tome as rédeas da própria vida.*

KATIE: Eu amei isso. Isso é verdade? Você quer que ele pare de beber cerveja sem álcool?

EMMA [*parecendo encabulada*]: Não.

KATIE: E como você reage, o que acontece, quando você acredita nesse pensamento?

EMMA: Fico aterrorizada e furiosa com ele.

KATIE: Quem você seria se você não acreditasse nesse pensamento?

EMMA: Eu estaria perfeitamente calma. Seria grata. Veria apenas um jovem abrindo uma lata de cerveja sem álcool.

KATIE: Agora faça a inversão disso. "Quero que eu..."

EMMA: Não!

KATIE: "Nessa situação, quero que eu..."

EMMA [*com uma careta*]: Quero que eu pare com essa merda, pare de babaquice e tome as rédeas da minha vida.

KATIE: A vida *dele* está em ordem. Ele está sóbrio. Essa é a realidade. Você está presa no futuro e no passado.

EMMA: Ah, meu Deus, Katie! Você tem razão.

KATIE: Vamos olhar a declaração seguinte.

EMMA: *Glenn deveria fazer terapia. Ele deveria terminar a faculdade. Ele deveria fazer o que eu falo porque sei o que é melhor para ele.*

KATIE: Ah, nós simplesmente ficamos muito perdidos nesses momentos em que acreditamos saber. "Ele deveria fazer terapia e terminar a faculdade e fazer o que você falou." Isso é verdade?

EMMA [*negando com a cabeça*]: Não.

KATIE: E como você o trata quando acredita nesse pensamento?

EMMA: Eu o diminuo.

KATIE: Quem você seria naquela situação sem o pensamento?

EMMA: Eu estaria aberta ao que quer que ele estivesse fazendo.

KATIE: Talvez até tomando um gole.

EMMA: Talvez o quê?

KATIE: Tomando um gole da cerveja sem álcool.

EMMA: Ah! [*Sorrindo*]

KATIE: A próxima declaração.

EMMA: *Preciso que Glenn escolha um caminho de cura. Preciso que ele seja feliz para que eu seja feliz. Preciso que ele acorde.*

KATIE: "Você precisa que ele escolha um caminho de cura." Isso é verdade?

EMMA: Não.

KATIE: Não. Ele já escolheu. Ele está sóbrio. Então ele já escolheu um caminho de cura. Você não precisa que ele escolha um. Vamos fazer a inversão disso. "Nessa situação, preciso que eu..."

EMMA: Preciso que eu escolha um caminho de cura.

KATIE: Naquele momento, seu caminho está por toda parte. Ele a leva para o passado; ele a leva para o futuro. O caminho da cura está sempre bem aqui, agora, se dando conta de que o universo é amigo. Você pode ver o presente maravilhoso da sobriedade no seu filho. E é muito simples escolher um caminho de cura quando você não entra no inferno de passado e futuro. Não há nada para romper a conexão com seu filho, porque você permanece na realidade. Continue a fazer a inversão do pensamento. "Preciso que eu..."

EMMA: Preciso que eu seja feliz para que eu possa ser feliz.

KATIE: Isso. Agora note como você reage quando acredita no pensamento de que precisa que ele seja feliz. Note como você o trata. Você finge estar bem quando não está. Você vive uma mentira, para ele e para si mesma. Vamos olhar a declaração cinco.

EMMA: *Glenn é preguiçoso, medroso, gordo, não é saudável, se ilude e é evasivo.* Eu não vou fazer a inversão disso. [*Risos altos na plateia*]

KATIE: "Em minha cabeça, sou..." E leia. "Em minha cabeça, sou preguiçosa."

EMMA: Em minha cabeça, sou preguiçosa.

KATIE: Você está olhando para o passado e o futuro. Você é preguiçosa demais para olhar para o agora. E o agora é tão cristalino. Mas quando acreditamos nesses pensamentos do passado e do futuro, pensamos que a imagem do nosso filho em nossa cabeça é nosso verdadeiro filho. E não é. Próxima palavra: "Naquele momento, estou...".

EMMA: Naquele momento, eu tenho medo.

KATIE: Você tem medo de suas projeções sobre seu filho. E a próxima: "Naquele momento, não sou...".

EMMA: Naquele momento não sou saudável.

KATIE: Não sou saudável porque evito o que é.

EMMA: Sim.

KATIE: Vamos olhar a declaração seis.

EMMA: *Eu nunca mais quero voltar a sentir aquele medo.*

KATIE: "Estou disposta a..."

EMMA: Estou disposta a sentir aquele medo outra vez.

KATIE: "Eu não vejo a hora de..."

EMMA: Eu não vejo a hora de sentir aquele medo outra vez.

KATIE: Agora digamos que ele está sentado no sofá e é cerveja de verdade que ele está bebendo e ele está completamente bêbado. Você o vê no sofá? O que é mais bondoso: a realidade ou aquilo que você está acreditando sobre ele no passado e no futuro?

EMMA: A realidade. Eu consigo ver isso.

KATIE: Esteja ele bêbado ou sóbrio, você é a causa do seu próprio terror e da separação. E eu amo que isso seja sempre verdade. Amo termos tido esses momentos juntas. E se você adotar O Trabalho como prática diária, vai entender que você tem o filho perfeito e que ele tem a mãe perfeita.

31
A VERDADEIRA NATUREZA DE TUDO

O Buda disse: "Subhuti, se alguém alegar que eu ensino o conceito de 'eu' e de 'outro', você diria que essa pessoa entendeu meu ensinamento?".

Subhuti disse: "Não, Senhor. Essa pessoa sem dúvida não entendeu o ensinamento do Buda. O que o Buda explicou como o conceito de 'eu' e de 'outro' não é na verdade um conceito de 'eu' e de 'outro'. Isso apenas é *chamado* de 'conceito de eu e de outro'".

O Buda disse: "Subhuti, todos aqueles que aspiram alcançar a iluminação devem ser firmes em seu entendimento de que todas as coisas não têm um traço de eu ou de outro. Não existe tal coisa como 'eu' ou 'outro', e não existe tal coisa como um conceito. Um conceito é apenas *chamado* de 'conceito'".

Eu frequentemente digo: "Sem história, sem mundo". Se você não tem história, não apenas não pode ter um mundo, como também nem mesmo pode ter o "você" com o qual se identifica. A sua vida não é totalmente baseada no que você acredita ser você? O seu mundo não se trata do eu que o vê? A ideia de "árvore" é simplesmente outra maneira de fixar um "você" no lugar. Se a árvore é real e separada, então "você" deve ser uma entidade válida. Quem você seria se pudesse apenas *ser* o ver, sem o "você" imaginado que vê? Sem um "você", como a árvore pode existir separadamente, ou sequer existir? Se você não acredita em um "você", não há identidade que possa acreditar em uma árvore, um céu, um mundo, e, portanto, nada pode existir. É aí que a vida fica realmente empolgante!

A mente questionada simplesmente observa. Nunca há um perigo a evitar; ela está sempre segura na própria criação maravilhosa. Nunca há alguém para ser nem nada para saber ou fazer, enquanto você a observa cantando, dançando, criando, servindo, amando. Sempre que fica com raiva ou frustrado, você pode ter certeza de que está se identificando como alguém separado, e tudo bem também. É apenas o sinal que lhe permite saber que sua verdadeira natureza está sendo ignorada, enquanto "você" vive isso como justificativa, defesa ou ataque.

Amo o mundo como a mim mesma, minha imaginação vivida. Mas o mundo imaginado é mais que um. Até um é mais que um, já que implica em algo depois. Ele implica dois, então três, então todo o resto nasce a partir dele: visão, audição, paladar, tato, terra, céu, árvores, humanos, cães, gatos. Amo este mundo, até mesmo quando ele parece morrer. Como eu poderia não amar? Veja para o que ele abre espaço. Veja o que preenche esse vácuo.

A destruição do ambiente é, por enquanto, goste ou não, como as coisas são. Se você começa a amar a morte, vai amar a vida com todo o coração. Você amaria como tudo deve morrer, deve retroceder para que outras coisas vivam e cresçam. Não há nada cruel no desaparecimento de uma espécie, ou mesmo da Terra, exceto pelo jeito como você o entende. Você vê a deterioração do seu corpo como algo terrível? Faça algo em relação a isso! Então, dez anos depois, faça algo sobre *aquilo*! E, mais tarde, quando notar que está ainda mais velho, que seu corpo se deteriorou além do que poderia prever, você vê isso como algo terrível? Seu corpo é como a Terra. Olhe de novo.

Talvez a palavra certa não seja *destruição*. Com certeza não é para mim. Eu vejo tudo no tempo aparente como a evolução natural que abre caminho para algo ainda mais doce que a realidade em sua forma mais bonita. Nunca vi, toquei, cheirei, beijei ou amei nada mais carinhosamente que minha mãe de 90 anos no último momento em que ela viveu e no primeiro momento em que ela morreu. E essa beleza permanece, ela penetra em meu coração.

E eu amo o jeito que as coisas são. Como entendo a morte, eu a amo como a vida, e na clareza disso, uma grande mudança ocorre no mundo ao meu redor, e a mudança que acontece é paz, da maneira mais bondosa. É o local de equilíbrio, e dele nascem soluções. É o lugar onde a clareza permite que soluções vivam e prosperem. Eu sigo isso. Parece certo. Onde a mudança é possível, eu ajudo para que ela aconteça. Esse entusiasmo está integrado em mim. Está integrado em você. Ele se chama amor.

―――――――――

Com o planeta à beira da catástrofe ambiental, como viver nossas vidas?

Eu já estive de frente para o cano de uma arma apontada para mim, e em várias ocasiões ouvi pessoas assustadas e inocentes ameaçarem me matar, e nunca, nem por um instante, senti medo. O medo é uma história de um futuro. Como posso saber se o homem vai puxar o gatilho? Como posso saber que uma catástrofe ambiental vai acontecer ou, se acontecer, que vai ser uma coisa ruim para o planeta? Quando você entende isso e começa a viver na realidade, não em seus pensamentos sobre a realidade, a vida se torna destemida, amorosa e cheia de gratidão, independentemente do que o futuro inexistente possa trazer.

A guerra com a realidade sempre vê catástrofes iminentes, sejam elas planetárias ou pessoais. É um jeito doloroso de viver. Talvez uma catástrofe ambiental aconteça; talvez não. Enquanto isso, cuido dos meus assuntos como se não houvesse vida ou morte (e não há). Minha casa usa energia solar, o carro que dirijo é elétrico, eu me preocupo com reciclagem, voto em pessoas que dizem estar preocupadas com o aquecimento global, gosto de pagar impostos para proveito do público, apoio causas ambientais. Não tenho medo nem preocupações e faço tudo o que posso. "Compre painéis solares", diz a mente, e não há razão válida para não fazer isso, já que todos os pensamentos foram testados pela investigação. Os painéis estão instalados, minha conta de luz é de alguns dólares por mês, e em algum momento vou ter recuperado tudo o que investi, e até mais. Isso vai se igualar à minha existência: todos os traços desaparecidos, uma vida grata devolvida ao lugar de onde veio.

Certa vez fiz uma palestra para um grupo de ativistas ambientais em uma conferência da Bioneers em São Francisco, e centenas de pessoas foram me ouvir. Muitas delas haviam dedicado a vida a salvar o planeta. Eu falei por algum tempo sobre meu compromisso com a ação ambiental, que me parece a coisa sã e bondosa a se fazer. Então perguntei o que pensavam sobre o meio ambiente. Eles estavam vivendo com uma grande dose de ansiedade, até mesmo terror, disseram — um fardo enorme sobre os ombros. Mas muitos deles tinham a mente aberta e estavam dispostos a questionar os pensamentos que estavam lhes causando tanto estresse. Eu os ajudei a fazer O Trabalho em pensamentos como "Algo terrível vai acontecer", "Preciso salvar o planeta" e "As pessoas deveriam ser mais conscientes". Eles descobriram como esses pensamentos os estavam deixando loucos, e como os pensamentos tinham opostos que poderiam ser igualmente verdadeiros.

Depois de algumas horas de investigação intensa, pedi para imaginarem a pior coisa que poderia acontecer se continuássemos a envenenar nosso belo planeta, e os convidei a fazer uma lista. "O planeta vai ficar inabitável para humanos. Milhares de espécies serão extintas." E por aí vai. Depois que fizeram a lista, questionamos algumas das suas declarações, e pedi a eles que fizessem as inversões: em vez de "As piores coisas que podem acontecer com nosso planeta", pedi a eles que dessem à sua lista um novo título: "As melhores coisas que podem acontecer com nosso planeta". A partir disso, pedi que encontrassem razões específicas e genuínas que explicassem por que cada item da lista era apropriado. Como a melhor coisa para nosso planeta pode ser se tornar inabitável para humanos, por exemplo? Muitos deles, no início, não quiseram fazer isso. Houve muita resistência e perguntas preocupadas. Mas essas eram pessoas corajosas, e no fim encontraram razões válidas para que cada item da lista fosse a melhor coisa que poderia acontecer. "Seria a melhor coisa para espécies ameaçadas não ter humanos por perto." "Seria a melhor coisa para insetos." "Seria a melhor coisa para as florestas tropicais." "Nós não estaríamos sugando e garimpando o sangue da vida do planeta." "Quem sabe que espécies inteligentes evoluiriam se desaparecêssemos?" Eles já vinham sentindo desânimo e desgaste há anos, e alguns deles depois me agradeceram e me disseram como o exercício havia sido empoderador para eles.

Uma das coisas que você descobre quando começa a praticar investigação é que o mundo não precisa ser salvo. Ele já foi salvo. Que alívio! A coisa mais atraente em relação ao Buda foi que ele salvou uma pessoa: a si mesmo. Isso era tudo o que precisava salvar, e quando se salvou, o mundo inteiro foi salvo. Todos os seus anos ensinando — quarenta anos de aparente compaixão — eram apenas o resultado do impulso daquele único momento de entendimento.

O mundo não precisa ser salvo. Ele já foi salvo.

32
AMANDO O SONHO

O Buda disse: "Subhuti, se de um lado houvesse alguém que enchesse mundos tão infinitos quanto o espaço com riquezas incontáveis e doasse tudo para a caridade, e do outro houvesse um bom homem, ou mulher, que, ao entender o que é ensinado neste sutra, o incorporasse, o vivesse integralmente e o explicasse aos outros, o mérito dessa segunda pessoa superaria o mérito da primeira. E qual é a verdade essencial que aquela pessoa compreendeu? Simplesmente isso: que o mundo não é aquilo que nomeamos ou pensamos, e não há algo como 'eu' ou 'outro'. Escute agora esse verso:

Cada objeto neste mundo fugaz é como
um relâmpago, uma bolha no rio, um sopro de fumaça,
uma nuvem, uma gota de orvalho, um sonho,
uma estrela esmaecida ao amanhecer, um respiro".

Depois que o Buda terminou de falar, o monge Subhuti e todos os outros monges, monjas, leigos e leigas que estavam ouvindo se encheram de confiança e alegria, e juraram incorporar aqueles ensinamentos e colocá-los em prática.

O nome cria a coisa. É como a eternidade se separa em ilusão, como se ela pudesse existir em partes e não como o todo. Dar nomes é como a eternidade, até que se acredita no nome. No momento em que se acredita no nome — mesa, cadeira, árvore, céu — uma tristeza, mesmo que muito sutil, surge naquele que o nomeou. Mas quando você entende que mesmo o presente está no passado, é fácil não se apegar aos nomes e às coisas aparentes às quais eles correspondem. As coisas são todas um sonho, como o Buda diz neste verso.

Eu amo meu sonho. Como poderia não o amar, já que amo tudo o que penso? Mas se você está tendo um pesadelo, mesmo que pequeno, um momento de ansiedade ou aborrecimento, você pode despertar a si mesmo por meio de investigação. Essas coisas que são tão fugazes que nem mesmo existem, para começar, essas coisas que são pura imaginação inocente, não têm mais poder para nos fazer sofrer quando a mente entende como elas são criadas. Quanto mais a mente entende, menos ela sabe.

A mente que não sabe é um recipiente que está sempre cheio. Tudo corre para seu interior, e não há a necessidade de se agarrar a uma gota por ela. É o inocente que observa o mundo inteiro se dirigir a ele. As coisas vêm com seu melhor e pior comportamento, seu comportamento mais vergonhoso, mais glorioso, mais rico e mais pobre. Tudo é permitido. Ela é sempre vasta o bastante para conter tudo o que flui para dentro dela. E nela todos conseguem o que foram buscar: uma olhada, um vislumbre, o dom do amor.

A mente que não sabe é constante. Ela é o chão, a voz de uma pessoa do outro lado da sala, é o tamborilar de um dedo, uma faixa de luz do sol na parede branca, as ferramentas da lareira, o cheiro de comida, o toque de uma mão. Tudo precioso. Nada real.

Quando você ama o sonho, há alguma necessidade de despertar dele?

Nenhuma, absolutamente nenhuma. Ao entender que é um sonho, você pode simplesmente relaxar e aproveitar cada momento.

Quanto mais a mente entende, menos ela sabe.

APÊNDICE:

Como fazer O Trabalho

A crítica ao Trabalho que escuto consistentemente é que ele é simples demais. As pessoas dizem: "A liberdade não pode ser tão simples!". Eu respondo: "Você pode saber com certeza que isso é verdade?".

Julgue seu próximo, escreva, faça quatro perguntas, faça a inversão. Quem diz que a liberdade tem que ser complicada?[10]

Colocando a mente no papel

O primeiro passo n'O Trabalho é identificar os pensamentos que estão causando seu estresse e escrevê-los. Esses pensamentos podem ser sobre qualquer situação em sua vida — passado, presente ou futuro —, sobre uma pessoa da qual você não gosta ou com a qual se preocupa, alguém que o deixe com raiva, medo ou tristeza, ou alguém sobre o qual você se sinta ambivalente ou confuso. Escreva seus julgamentos do jeito que os pensa. Use frases curtas e simples. (Use uma folha de papel, ou vá até a versão em português em thework.com/portugues e encontre o formulário para download e imprima-o.)

---

10 Este apêndice é adaptado do livro *Ame a realidade* e do site thework.com

Não se surpreenda se no início tiver dificuldade para preencher o formulário. Por milhares de anos fomos ensinados a não julgar — mas vamos encarar os fatos, nós fazemos isso o tempo inteiro. A verdade é que temos julgamentos correndo pelas veias. Por meio d'O Trabalho finalmente temos permissão para dar voz a esses julgamentos, até para que gritem, no papel. Podemos descobrir que podemos ir ao encontro até mesmo dos pensamentos mais desagradáveis com amor incondicional.

Eu encorajo você a escrever sobre alguém que ainda não tenha perdoado por completo, alguém com quem ainda está ressentido. Esse é o lugar mais poderoso para começar. Mesmo que você tenha perdoado a pessoa 99 por cento, você só é livre quando seu perdão for completo. O um por cento que você não perdoou é exatamente o lugar onde você se encontra preso em todos os outros relacionamentos (incluindo seu relacionamento consigo mesmo).

Se você está começando na prática da investigação, sugiro fortemente que, no início, não escreva sobre si mesmo. Quando você começa julgando a si próprio, suas respostas vêm carregadas de motivos e soluções que não funcionaram. Julgar outra pessoa, depois investigar e fazer a inversão é o caminho direto para o entendimento. Você pode se julgar mais tarde, depois de ter feito a investigação por tempo o suficiente para confiar no poder da verdade.

Se você começa apontando o dedo da culpa para fora, então o foco não está em você. Você pode simplesmente ficar livre, sem censura. Frequentemente temos convicção no que as outras pessoas deveriam fazer, como elas deveriam viver, com quem deveriam estar. Temos uma visão muito boa das outras pessoas, mas não de nós mesmos.

Quando você faz O Trabalho, você vê quem você é ao ver quem acha que as outras pessoas são. Depois de algum tempo, passa a ver que tudo ao seu redor é um reflexo do seu próprio pensamento. Você é o narrador, o projetor de todas as histórias, e o mundo é a imagem projetada dos seus pensamentos.

Desde o começo dos tempos, as pessoas têm tentado mudar o mundo para que possam ser felizes. Isso nunca funcionou porque aborda o problema de trás para a frente. O que O Trabalho nos dá é um jeito de mudar o projetor — a mente — ao invés daquilo que é projetado. É como quando há um fiapo nas lentes de um projetor. Achamos que há um defeito nas pessoas da tela, e tentamos mudar essa e aquela pessoa, e em quem quer que o problema pareça estar em seguida. Mas é fútil tentar mudar as imagens projetadas. Quando percebemos onde está o fiapo, podemos limpar a própria lente. Esse é o fim do sofrimento, e o começo de uma pequena alegria no paraíso.

Como preencher o formulário

Por favor, evite a tentação de continuar sem escrever os seus julgamentos. Se você tentar fazer O Trabalho em sua cabeça, sem colocar os pensamentos no papel, a mente vai ser mais esperta que você. Antes mesmo que perceba, ela vai avançar e passar para outra história para provar que está certa. Mas embora a mente possa se justificar mais rápido que a velocidade da luz, ela pode ser detida pelo ato de escrever. Quando a mente é detida no papel, os pensamentos permanecem estáveis, e a investigação pode ser feita facilmente.

Convido você a pensar por um momento em uma situação em que estava com raiva, magoado, triste ou decepcionado com alguém. Seja tão crítico, infantil e mesquinho quanto foi na situação. Não tente ser mais sábio ou bondoso do que você foi. Essa é a hora de ser totalmente honesto e transparente em relação a por que você se magoou e como se sentiu na situação. Permita que seus sentimentos se expressem ao surgir, sem medo de consequências nem qualquer ameaça de punição.

Escreva os pensamentos e as histórias que estão passando por sua cabeça, aqueles que realmente lhe causam sofrimento — a raiva, o ressentimento, a tristeza. Aponte o dedo da culpa primeiro para as pessoas que magoaram você, as que eram mais próximas, pessoas das quais sente inveja, pessoas que não suporta, pessoas que o decepcionaram. "Meu marido me deixou." "Meu parceiro me transmitiu HIV." "Minha mãe não me amava." "Meus filhos não me respeitam."

"Meu amigo me traiu." "Odeio meu chefe." "Odeio meus vizinhos. Eles estão acabando com a minha vida." Escreva sobre o que você leu de manhã no jornal sobre pessoas assassinadas ou perdendo suas casas devido à fome ou à guerra. Escreva sobre o caixa do mercado que era lento demais ou o motorista que lhe deu uma fechada na autoestrada. Toda história é uma variação de um único tema: *Isso não deveria estar acontecendo. Eu não deveria ter que passar por isso. Deus não é justo. A vida não é justa.*

Pessoas novas n'O Trabalho às vezes pensam: "Não sei o que escrever. Por que, afinal, eu devo fazer O Trabalho? Não estou com raiva de ninguém. Nada está me aborrecendo de verdade". Se não sabe sobre o que escrever, espere. A vida vai lhe dar um motivo. Talvez uma amiga não tenha retornado uma ligação quando disse que o faria, e você esteja decepcionado. Talvez, quando você tinha 5 anos, sua mãe o tenha castigado por algo que você não fez. Talvez você fique preocupado ou assustado ao ler o jornal ou pensar sobre o sofrimento do mundo.

Ponha no papel a parte da sua mente que está dizendo essas coisas. Você não pode deter a história dentro da sua cabeça, por mais que tente. Não é possível. Mas quando você põe a história no papel, escrevendo-a do jeito que a mente a está contando, com todo o sofrimento, a frustração, a raiva e a tristeza, então você pode dar uma olhada no que está remoendo no seu interior. Você pode ver a história se materializar, em forma física. E, finalmente, através d'O Trabalho, pode começar a entendê-la.

Quando uma criança se perde, ela pode ficar com medo. Isso pode ser tão assustador quanto quando você está perdido no caos da mente. Mas quando você entra n'O Trabalho, é possível encontrar ordem e aprender o caminho de volta para casa. Não importa por qual rua caminhe, há algo familiar; você sabe onde está. Alguém poderia raptá-lo e escondê-lo por um mês, então jogá-lo vendado de um carro, mas quando você tira a venda, olha para os prédios e as ruas e começa a reconhecer um restaurante ou um mercado, tudo se torna familiar. Você sabe o que fazer para encontrar o caminho de casa. É assim que O Trabalho funciona. Quando a mente é encarada com entendimento, ela sempre pode encontrar o caminho para a paz. Não há lugar onde você possa permanecer perdido ou confuso.

Formulário Julgue Seu Próximo

Depois que minha vida mudou em 1986, passei muito tempo no deserto perto de casa, simplesmente me ouvindo. Dentro de mim surgiam histórias que sempre incomodaram a humanidade. Aparentemente, com o tempo, testemunhei cada conceito, e descobri que mesmo estando sozinha no deserto, o mundo inteiro estava comigo. E isso soava assim: "Eu quero", "Eu preciso", "Eles deveriam", "Eles não deveriam", "Estou com raiva porque", "Estou triste", "Eu nunca", "Eu não quero". Esses fragmentos, que se repetiam inúmeras vezes em minha mente, se tornaram a base para o Formulário Julgue Seu Próximo. O propósito do formulário é ajudá-lo a colocar suas histórias e seus julgamentos dolorosos no papel; ele foi concebido para destacar julgamentos que, do contrário, poderiam ser difíceis de descobrir.

Os julgamentos que escrever no formulário vão se tornar o material que você vai usar para fazer O Trabalho. Você vai contrapor cada declaração escrita — uma de cada vez — às quatro perguntas e deixar que cada uma delas o conduza à verdade.

Aqui vai um exemplo de um Formulário Julgue Seu Próximo preenchido. Eu escrevi sobre meu segundo marido, Paul, nesse exemplo (incluído aqui com a permissão dele); esses são os tipos de pensamentos em que eu costumava acreditar sobre ele antes que a investigação me encontrasse. À medida que lê, convido você a substituir o nome de Paul pelo nome da pessoa apropriada em sua vida.

1. **Nessa situação, quem lhe causa raiva, confunde, fere, entristece ou decepciona e por quê?**

    Eu estou com raiva de Paul porque ele não me escuta

2. **Nessa situação, como você quer que a pessoa mude? O que você quer que ela faça?**

   Eu quero que Paul veja que está errado. Quero que ele pare de mentir para mim. Quero que veja que está se matando.

3. **Nessa situação, que conselho você ofereceria à pessoa?**

   Paul deveria respirar fundo. Ele deveria se acalmar. Ele deveria ver que seu comportamento me assusta. Ele deveria saber que estar certo não compensa outro ataque cardíaco.

4. **Para você ser feliz nessa situação, o que você precisa que a pessoa pense, diga, sinta ou faça?**

   Eu preciso que Paul me escute quando falo com ele. Preciso que ele cuide de si mesmo. Preciso que ele admita que estou certa.

5. **O que você pensa sobre a pessoa nessa situação? Faça uma lista. (Tudo bem ser mesquinho e julgar.)**

   Paul é injusto, arrogante, barulhento, desonesto e inconsciente e não é razoável.

6. **O que, nessa situação, você não quer nunca mais voltar a experienciar?**

   Não quero que Paul minta para mim outra vez. Nunca quero vê-lo arruinar sua saúde.

Dicas para preencher o formulário

Declaração 1: Assegure-se de identificar o que mais incomoda você nessa situação sobre a pessoa da qual está escrevendo. Ao preencher as declarações 2 a 6, imagine-se na situação que você descreveu na declaração 1.

Declaração 2: Liste o que você queria que ele ou ela fizesse nessa situação, por mais ridículas e infantis que sejam suas necessidades.

Declaração 3: Assegure-se de que seu conselho seja específico, prático e detalhado. Articule com clareza, passo a passo, como ele ou ela deveria seguir seu conselho; diga a ele ou a ela exatamente o que você acha que a pessoa deveria fazer. Se ele ou ela seguisse seu conselho, isso iria mesmo resolver seu problema da declaração 1? Assegure-se de que seu conselho seja relevante e que possa ser colocado em prática para essa pessoa (ao descrever a ele ou a ela na declaração 5).

Declaração 4: Você se colocou na situação descrita na declaração 1? Se suas necessidades fossem atendidas, isso significaria que você estaria "feliz", ou iria apenas dar um fim à dor? Assegure-se de que as necessidades que você expressou sejam específicas, práticas e detalhadas.

A investigação: As quatro perguntas e as inversões

1. **Isso é verdade? (Sim ou não. Se sua resposta for não, vá para a pergunta 3.)**
2. **Você pode saber com certeza absoluta que isso é verdade? (Sim ou não.)**
3. **Como você reage, o que acontece, quando você acredita nesse pensamento?**
4. **Quem você seria sem o pensamento?**
    Então **faça a inversão do pensamento.** Encontre pelo menos três exemplos genuínos e específicos de como cada inversão é verdade para você nessa situação.

Agora, usando as quatro perguntas, vamos investigar a parte da declaração 1 no formulário que causa a sua reação: *Paul não me escuta*. Conforme você for lendo, pense em alguém que você ainda não perdoou completamente, alguém que simplesmente não escutava você.

Pergunta 1: Isso é verdade?

Ao pensar novamente na situação, pergunte-se: É verdade que "Paul não me escuta"? Ponha-se em quietude. Se você realmente quer saber a verdade, o sim ou o não honesto virá ao encontro da pergunta conforme você recorda a situação na sua mente. Deixe a mente fazer a pergunta, e espere a resposta que vai emergir. (A resposta às duas primeiras perguntas tem apenas uma sílaba: sim ou não. Observe se você experimenta alguma defesa ao responder. Se sua resposta incluir "porque..." ou "mas...", essa não é a resposta de uma sílaba que você está procurando, e você não está mais fazendo O Trabalho. Você está procurando liberdade fora de você. Eu o estou convidando a um novo paradigma.)

Realidade, para mim, é o que é verdade. A verdade é tudo aquilo que está à sua frente, o que quer que esteja realmente acontecendo. Goste ou não, está chovendo agora. "Não deveria estar chovendo" é só um pensamento. Na realidade, não existe algo como "deveria" ou "não deveria". Esses são apenas pensamentos que sobrepomos à realidade. Sem o "deveria" e o "não deveria", podemos ver a realidade como ela é, e isso nos deixa livres para agir com eficiência, clareza e sanidade.

Ao fazer a primeira pergunta, não tenha pressa. A resposta é sim ou não. (Se for não, vá para a pergunta 3.) O Trabalho é sobre descobrir qual é a verdade do nosso ser mais profundo. Você está ouvindo *suas* respostas agora, não as de outras pessoas, nem nada que lhe foi ensinado. Isso pode ser muito inquietante no início, porque você está entrando no desconhecido. À medida em que mergulha mais fundo, permita que a verdade de dentro de você surja e vá ao encontro da pergunta. Seja gentil ao se entregar à investigação. Deixe que essa experiência o tome por completo.

Pergunta 2: Você pode saber com certeza absoluta que isso é verdade?

Pense nas perguntas: "Nessa situação, posso saber com certeza absoluta que é verdade que Paul não está me ouvindo? Posso alguma vez saber quando alguém está ouvindo ou não? Eu às vezes estou ouvindo mesmo quando pareço não estar?".

Se sua resposta para a primeira pergunta for sim, pergunte-se: "Eu posso saber com certeza absoluta que isso é verdade?". Em muitos casos, a declaração *parece* ser verdade. Claro que parece. Seus conceitos têm base em uma vida inteira de crenças não investigadas.

Depois que despertei para a realidade em 1986, notei muitas vezes como as pessoas — em conversas, na mídia, em livros — faziam declarações do tipo: "Não existe compreensão suficiente no mundo", "Há violência demais", "Deveríamos amar mais uns aos outros". Essas eram histórias nas quais eu também costumava acreditar. Elas pareciam bondosas, gentis e solidárias, mas ao ouvi-las notei que acreditar nelas causava estresse e que elas não geravam uma sensação de paz em mim.

Por exemplo, quando ouvia alguém dizer: "As pessoas deveriam ser mais amorosas", as seguintes perguntas surgiam em mim: "Posso saber com certeza absoluta que isso é verdade? Posso realmente saber, por mim mesma, dentro de mim, que as pessoas deveriam ser mais amorosas? Mesmo que o mundo inteiro me diga isso, isso é realmente verdade?". E, para minha surpresa, quando eu me ouvi, vi que o mundo é o que é neste momento e que neste momento as pessoas não poderiam ser mais amorosas do que são. No que toca a realidade, *não existe* "o que deveria ser". Há apenas o que é, do jeito que é, agora. A verdade é anterior a qualquer história. E toda história anterior à investigação impede que vejamos o que é verdade.

Agora eu poderia finalmente investigar cada história potencialmente desconfortável. "Eu posso saber com certeza absoluta que isso é verdade?" E a resposta, como a pergunta, foi uma experiência: não. Eu permaneceria enraizada nessa resposta — sozinha, em paz, livre.

Como o não poderia ser a resposta certa? Todo mundo que eu conhecia, e todos os livros, diziam que a resposta deveria ser sim. Mas eu passei a ver que a verdade é ela mesma e não é ditada por ninguém. Na presença daquele não interno, passei a ver que o mundo é sempre como deveria ser, quer eu me oponha a ele ou não. E abracei a realidade, com todo o meu coração. Eu amo o mundo, sem nenhuma condição.

Se sua resposta ainda é sim, bom. Se você acha que pode saber com certeza absoluta que isso é verdade, é assim que deveria ser, não há problema em seguir para a pergunta 3.

Pergunta 3: Como você reage, o que acontece, quando você acredita nesse pensamento?

Com essa pergunta, começamos a perceber a causa e o efeito internos. Você pode ver que, quando acredita no pensamento, há uma sensação de desconforto, uma perturbação que pode ir do leve desconforto ao medo ou ao pânico.

Como você reage quando acredita que Paul não escuta você? Como você o trata? Ponha-se em quietude; testemunhe. Por exemplo: "Eu me sinto frustrada e passo mal; olho feio para ele; eu o interrompo; eu o castigo; eu o ignoro; perco a paciência. Começo a falar mais rápido e mais alto e tento forçá-lo a me escutar". Continue sua lista enquanto testemunha a situação e permita que as imagens na sua mente mostrem-lhe como você reage quando acredita nesse pensamento.

Esse pensamento traz paz ou estresse para sua vida? Que imagens você vê, passadas e futuras, e que sensações físicas surgem quando você testemunha essas imagens? Permita-se experienciá-las. Alguma obsessão ou vício começa a surgir quando você acredita nesse pensamento? (Você compensa com algum dos seguintes: álcool, drogas, cartões de crédito, comida, sexo, televisão, computadores?) Além disso, testemunhe como você se trata nessa situação e como você se sente. "Eu me fecho. Eu me isolo, me sinto mal, sinto raiva, como compulsivamente e por dias assisto à televisão sem de fato assistir. Eu me sinto deprimida, separada, ressentida e solitária." Perceba todos os efeitos de acreditar no pensamento "Paul não me escuta".

Depois que as quatro perguntas me encontraram, eu reparava em pensamentos como "As pessoas deveriam ser mais amorosas" e via que pensamentos assim me causavam uma sensação inquietante. Notei que, antes do pensamento, havia paz. Minha mente estava quieta e serena. Essa é quem eu sou sem minha história. Então, na quietude do perceber, comecei a notar os sentimentos que vinham ao acreditar ou me apegar ao pensamento. E na quietude pude ver que se eu acreditasse no pensamento, o resultado seria uma sensação de inquietude e tristeza. Quando perguntei "Como eu reajo quando acredito no pensamento de que as pessoas deveriam ser mais amorosas?", vi que não só eu tinha uma sensação desconfortável (isso era óbvio), mas também reagia com imagens mentais para provar que o pensamento era verdade. Eu voava para um mundo que não existe. Reagia vivendo em um corpo estressado, vendo tudo com olhos carregados de medo, uma sonâmbula, alguém vivendo um pesadelo aparentemente interminável. O remédio era simplesmente investigar.

Amo a Pergunta 3. Quando você mesmo a responde, quando você vê a causa e o efeito de acreditar no pensamento, todo o seu sofrimento começa a se dissolver.

Pergunta 4: Quem você seria sem o pensamento?

Essa é uma pergunta muito poderosa. Veja-se naquela situação, na presença da pessoa sobre quem você escreveu a declaração, com ela fazendo aquilo que você acha que ela não deveria fazer. Considere, por exemplo, quem você seria sem o pensamento "Paul não me escuta". Quem você seria na mesma situação se não acreditasse nesse pensamento? Feche os olhos e imagine Paul não escutando você. Imagine-se sem o pensamento de que Paul não escuta você (ou até mesmo que ele *deveria* escutar). Não tenha pressa. Note o que é revelado para você. O que você vê agora? Qual é a sensação que isso lhe traz?

Para muitas pessoas, a vida sem uma história é literalmente inimaginável. Elas não têm referência para isso. Então "Eu não sei" é uma resposta comum para essa pergunta. Outras pessoas respondem dizendo: "Eu seria livre", "Eu estaria em paz", "Eu seria uma pessoa mais amorosa". Você também poderia dizer: "Eu teria clareza o suficiente para entender a situação e agir de um jeito inteligente e apropriado". Sem nossas histórias, não somos apenas capazes de agir com clareza e coragem; também somos um amigo, um ouvinte. Somos pessoas vivendo vidas felizes. Somos apreço e gratidão que se tornaram tão naturais quanto respirar. Felicidade é o estado natural para uma pessoa que sabe que não há nada para saber e que nós já temos tudo do que precisamos, bem aqui e agora.

Faça a inversão do pensamento

Para fazer inversões, encontre opostos da declaração original em seu formulário. Frequentemente uma declaração pode ser invertida para o eu, para o outro e para o oposto. Primeiro, a inversão para o eu. Escreva-a como se fosse sobre você. Onde você escreveu o nome da outra pessoa, ponha-se nesse lugar. Em vez de "ele" ou "ela", coloque "eu". Por exemplo, "Paul não me escuta" se torna "Eu não me escuto". Encontre pelo menos três exemplos específicos e genuínos de como essa inversão é tão ou mais verdadeira que sua declaração original.

Em seguida vem a inversão para o outro. "Paul não me escuta" se torna "Eu não escuto Paul".

Um terceiro tipo é uma inversão de 180 graus para o extremo oposto. "Paul não me escuta" se torna "Paul me escuta".

Não se esqueça, para cada inversão, de encontrar três exemplos específicos e genuínos de como a inversão é verdade para você naquela situação. Não se trata de se culpar ou se sentir culpado. Trata-se de descobrir alternativas que possam lhe trazer paz.

Nem toda declaração tem três inversões, e algumas têm mais que três. Algumas inversões podem não fazer sentido para você. Não as force.

Para cada inversão, volte e reinicie com a declaração original. Por exemplo, "Ele não deveria desperdiçar o tempo dele" pode ser invertido para "Eu não deveria desperdiçar *meu* tempo" e "Ele *deveria* desperdiçar o tempo dele". Observe que "Eu deveria desperdiçar meu tempo" e "Eu deveria desperdiçar o tempo dele" não são inversões válidas; elas são inversões de inversões, em vez de inversões da declaração original.

As inversões são uma parte poderosa d'O Trabalho. Enquanto você pensar que a causa do seu problema está "lá fora" — enquanto achar que alguém ou alguma coisa é responsável pelo seu sofrimento —, a situação não tem saída. Isso significa que você estará para sempre no papel de vítima, que você estará sofrendo no paraíso. Então traga a verdade para si e comece a se libertar. Investigação combinada com as inversões são o caminho rápido para a autorrealização.

Inversão da Afirmativa 6

A inversão da declaração 6 no Formulário Julgue Seu Próximo é um pouco diferente das outras inversões. "Eu não quero nunca mais..." se torna "Estou disposto a..." e "Eu não vejo a hora de...". Por exemplo, "Não quero que Paul minta para mim nunca mais" é invertida para "Estou disposta a que Paul minta para mim outra vez" e "Eu não vejo a hora de Paul mentir para mim". Por que você iria querer passar por essa situação de novo? Essas inversões são sobre abraçar a vida por completo, do jeito que ela é. Dizer — e acreditar — "Estou disposto a..." cria uma mente aberta, criatividade e flexibilidade. Qualquer resistência que você possa ter é suavizada, e isso permite que você se abra para a situação em sua vida em vez de continuar desalentadamente aplicando força de vontade para erradicá-la ou afastá-la. Dizer e querer dizer "Eu não vejo a hora de..." abre ativamente sua vida à medida que ela se desenrola. Alguns de nós aprenderam a aceitar o que é, e eu convido você a ir além, a realmente *amar* o que é. Esse é nosso estado natural. Liberdade é nosso direito de nascença.

Se você sentir qualquer resistência a um pensamento, seu Trabalho não terminou. Quando você consegue honestamente não ver a hora de ter experiências que foram desagradáveis, não há mais nada a temer na vida; você vê tudo como um presente que pode lhe trazer autorrealização.

É bom reconhecer que esses sentimentos ou essa situação podem acontecer novamente, mesmo que apenas em seus pensamentos. Quando você se dá conta de que sofrimento e desconforto são o chamado para a investigação e para a liberdade que se segue; você pode começar a não ver a hora de ter sentimentos desconfortáveis. Você pode até experienciá-los como amigos chegando para lhe mostrar o que você ainda não investigou por completo. Não é mais necessário esperar que pessoas ou situações mudem para experienciar paz e harmonia. O Trabalho é o caminho direto para orquestrar sua própria felicidade.

Depois de se sentar com as inversões, você continua uma investigação com a declaração seguinte escrita no formulário — nesse caso, "Quero que Paul veja que está errado" — e fazer isso com cada afirmativa. Para mais instruções, leia *Ame a realidade* ou visite o site thework.com/portugues/.

Sua vez: o formulário

Agora você sabe o suficiente para tentar fazer O Trabalho. Primeiro relaxe, ponha-se em quietude, feche os olhos e aguarde até que uma situação estressante lhe venha à mente. Preencha o Formulário Julgue Seu Próximo identificando os pensamentos e sentimentos que você estava vivenciando na situação sobre a qual escolheu escrever. Use frases curtas e simples. Lembre-se de *apontar o dedo da culpa ou julgamento para o outro*. Escreva a partir do seu ponto de vista, como uma criança de 5 anos ou em qualquer idade da sua vida. Por favor, por enquanto, *não* escreva sobre você.

1. **Nessa situação, quem lhe causa raiva, confunde, fere, entristece ou decepciona e por quê?**

   _____
   _____
   _____

2. **Nessa situação, como você quer que a pessoa mude? O que você quer que ela faça?**

   _____
   _____
   _____

3. Nessa situação, que conselho você ofereceria à pessoa?

_____
_____
_____

4. Para você ser feliz nessa situação, o que você precisa que a pessoa pense, diga, sinta ou faça?

_____
_____
_____

5. O que você pensa sobre a pessoa nessa situação? Faça uma lista. (Lembre-se de ser mesquinho e julgar.)

_____
_____
_____

6. O que, sobre essa pessoa e situação, você não quer nunca mais voltar a experienciar?

_____
_____
_____

Sua vez: A investigação

Uma por uma, investigue cada declaração do Formulário Julgue Seu Próximo usando as quatro perguntas. Então inverta a declaração em que você está trabalhando e encontre pelo menos três exemplos específicos e genuínos de como cada inversão é tão verdadeira, ou mais, que a declaração inicial. (Veja os exemplos na seção anterior,

"A investigação: as quatro perguntas e inversões". Você também pode encontrar ajuda em thework.com/portugues/ ou no aplicativo The Work App, que inclui um tutorial com Byron Katie.) Ao longo desse processo, se abra para possibilidades além do que você acredita saber. Não há nada mais emocionante que descobrir a mente que-não-sabe.

O Trabalho é meditação. É como mergulhar em si mesmo. Contemple as perguntas, vá até as profundezas de si, escute e espere. A resposta virá ao encontro da sua pergunta. Não importa o quanto você pense ser fechado ou sem esperança, a polaridade mais gentil da mente (que eu chamo de coração) vai de encontro à polaridade que está confusa porque ainda não foi iluminada para si mesma. Você pode começar a experienciar revelações sobre si mesmo e seu mundo, revelações que vão transformar sua vida para sempre.

Perguntas e respostas

Tenho dificuldade para escrever sobre outras pessoas. Posso escrever sobre mim?

Se você quer se conhecer, sugiro que escreva sobre outra pessoa. No começo, aponte O Trabalho para fora, e você verá que tudo fora de você é um reflexo direto de seu próprio pensamento. Tudo é sobre você, a maioria de nós tem apontado críticas e julgamentos em nossa própria direção por anos, e isso ainda não resolveu nada. Julgar outras pessoas, questionar esses julgamentos e fazer a inversão deles é o caminho mais rápido para o entendimento e a autorrealização.

Tenho que escrever? Não posso só fazer as perguntas e fazer as inversões na minha mente quando tiver um problema?

A tarefa da mente é estar certa, e ela pode se justificar mais rápido que a velocidade da luz. Pare a parte do seu pensamento que é a fonte do seu medo, raiva, tristeza ou ressentimento transferindo-a para o papel. Quando a mente é parada no papel, é muito mais fácil investigar. Com o tempo, O Trabalho começa a desfazer você automaticamente, mesmo sem escrever.

E se eu não tiver um problema com outras pessoas? Posso escrever sobre coisas, como meu corpo?

Pode. Faça O Trabalho sobre qualquer coisa que seja estressante. Conforme você se familiariza com as quatro perguntas e as inversões, você pode escolher objetos como corpo, doença, carreira ou até mesmo Deus. Então experimente usar a expressão "meu pensamento" no lugar do objeto quando fizer as inversões. Por exemplo: "Meu corpo deveria ser forte, flexível e saudável" se torna "Meu pensamento deveria ser forte, flexível e saudável". Uma mente equilibrada e saudável não é o que você realmente quer? Um corpo doente é o problema, ou é seu pensamento sobre o corpo que causa o problema? Investigue. Deixe que seu médico cuide do seu corpo enquanto você cuida do seu pensamento. Tenho um amigo que não consegue movimentar o corpo, e ele ama a vida, porque ama o que pensa. A liberdade não exige um corpo saudável. Liberte sua mente, e o corpo vai segui-la.

Ouvi você dizer que você é uma amante da realidade. E quanto a guerra, estupro, pobreza, violência e abuso infantil? Você os aprova?

Como eu poderia aprová-los? Eu não sou louca. Simplesmente noto que se acredito que não deveriam existir quando existem, eu sofro. Eu posso eliminar a guerra dentro de mim? Posso parar de estuprar a mim e aos outros com meus pensamentos abusivos? Se não, continuo a fazer em mim exatamente aquilo que quero acabar no mundo. A sanidade não sofre, nunca. Você pode eliminar a guerra no mundo todo? Através da investigação, você pode começar a eliminá-la em um ser humano: você. Esse é o começo do fim da guerra no resto do planeta. Se a vida o perturba, bom! No papel, julgue as pessoas que promovem a guerra, investigue e faça a inversão. Você quer mesmo saber a verdade? Todo sofrimento começa e termina com você.

Então o que você está dizendo é que deveria simplesmente aceitar a realidade como ela é e não brigar com ela. É isso mesmo?

Não cabe a mim dizer o que qualquer um deveria ou não fazer. Eu apenas pergunto: "Qual é o efeito de brigar com a realidade? Que sentimentos isso causa?". O Trabalho explora a causa e o efeito de se apegar a pensamentos dolorosos, e nessa investigação encontramos nossa liberdade. Simplesmente dizer que não deveríamos brigar com a realidade apenas acrescenta mais uma história, mais um conceito espiritual. Isso nunca funcionou.

Amar o que é soa como nunca querer nada. Não é mais interessante querer coisas?

Minha experiência é que eu quero alguma coisa o tempo inteiro. O que eu quero é o que é. Isso não é apenas interessante, é empolgante! Quando quero o que tenho, pensamento e ação não ficam separados; eles se movem como um, sem conflito. Se alguma vez você encontrar algo faltando, escreva seus pensamentos e os investigue. Descobri que a vida nunca deixa de corresponder às expectativas e não exige um futuro. Tudo de que preciso é sempre fornecido, e não tenho que fazer nada por isso. Não há nada mais emocionante que amar o que é.

A investigação é um processo do pensamento? Se não, o que ela é?

A investigação parece ser um processo de pensamento, mas na verdade é um jeito de *desfazer* pensamentos. Pensamentos perdem o poder sobre nós quando nos damos conta de que eles simplesmente surgem na mente. Eles não são pessoais. Através d'O Trabalho, em vez de escapar dos nossos pensamentos ou suprimi-los, aprendemos a ir ao encontro deles com amor e compreensão incondicionais.

Eu não acredito em Deus. Ainda posso me beneficiar d'O Trabalho?

Pode. Ateu, agnóstico, cristão, judeu, muçulmano, budista, hindu, pagão, todos temos uma coisa em comum: queremos felicidade e paz. Se você está cansado de sofrer, eu o convido a fazer O Trabalho.

Entendo intelectualmente o processo de investigação, mas realmente não sinto nada mudar quando o faço. O que estou deixando passar?

Se você responder às perguntas superficialmente com a mente intelectual, o processo vai fazê-lo se sentir desconectado. Tente fazer a pergunta e ir mais fundo. Você pode ter que fazer a pergunta algumas vezes para permanecer focado, mas à medida que pratica, uma resposta vai surgir lentamente. Quando a resposta vem de dentro, os entendimentos e mudanças vêm naturalmente.

Tenho usado as inversões sempre que faço julgamentos, e de algum modo isso não faz nada além de me deixar deprimido e confuso. O que está acontecendo?

Simplesmente fazer as inversões dos pensamentos mantém o processo intelectual e tem pouco valor. O convite é para ir além do intelecto. As perguntas são como sondas que mergulham na mente, trazendo o conhecimento mais profundo para a superfície. Faça as perguntas primeiro, então espere. Quando as respostas surgirem, a mente superficial e a mente profunda se encontram, e você sente as inversões como verdadeiras descobertas.

INFORMAÇÕES DE CONTATO

Para saber mais sobre O Trabalho de Byron Katie, visite: thework.com/portugues.

Byron Katie International, Inc.
P.O. Box 1206
Ojai, CA 93024
1-805-444-5799
Internacional (001) 805-444-5799
E-mail info@thework.com.

Ao visitar o site, você encontrará instruções detalhadas sobre O Trabalho; assistirá a vídeos de Katie facilitando a investigação com pessoas em uma ampla gama de questões; verá a agenda de eventos de Katie; poderá baixar o material gratuito; inscrever-se para uma edição da Escola d'O Trabalho [The School for the Work, em inglês], um intensivo No-Body, um programa de fim de semana ou a Casa Turnaround; encontrar um facilitador; aprender sobre o Instituto para O Trabalho e seus facilitadores certificados; baixar o Formulário Julgue Seu Próximo; escutar entrevistas antigas; baixar aplicativos para iPhone, iPad ou Android; assinar a newsletter gratuita, e comprar na loja online. Também convidamos você para conhecer o Facebook, Twitter, Google+ e a página do Pinterest de Katie. Para vídeos, visite o canal *O Trabalho de Byron Katie*, e para eventos ao vivo em streaming, visite livewithbyronkatie.com.

Convidamos você a nos ajudar a levar O Trabalho para o mundo com apoio a bolsas de estudo para a Escola d'O Trabalho e outros projetos da Work Foundation, uma organização beneficente. Valorizamos profundamente sua doação, que pode ser feita no site da fundação, theworkfoundationinc.org; por telefone para Byron Katie Internacional em 1-805-444-5799; ou enviando um cheque para The Work Foundation, P.O. Box 638, Ojai, CA 93024.

AGRADECIMENTOS

Gostaríamos de expressar nossa gratidão a Martha Beck e Tania Fierro, cujo entusiasmo perspicaz forneceu o impulso necessário em um momento crítico; a Josh Baran e John Tarant, que leram o manuscrito inicial e ofereceram soluções úteis; para Michele Penner, que recolheu algumas passagens que foram inseridas aqui e ali; para nossa agente, Linda Loewenthal, que sabia e continuou a saber exatamente o que fazer; e para Gideon Weil, nosso editor, cujo questionamento astuto fez com que este livro chegasse a sua forma final.

Este livro foi impresso pela Eskenazi,
em 2022, para a HarperCollins Brasil.
O papel do miolo é pólen natural 70g/m²,
e o da capa é cartão 250g/m².